"十四五"职业教育国家规划教材　　　高等职业教育新形态一体化教材

U0732464

YOU'ER JIAOSHI LIYI

幼儿教师礼仪

（第三版）

主　编　杨廷树　李以盛

副主编　张维维　田　颖　马　玲
　　　　唐婉贞

编　委　王　敏　贺罗爱星　练　文
　　　　沈　甜　邹晓兰

中国教育出版传媒集团
高等教育出版社·北京

内容提要

本书是"十四五"职业教育国家规划教材,高等职业教育新形态一体化教材。

本书注重理实一体,坚持理论素养与职业技能相结合、专业思想与职业精神相结合、学习过程与岗位需求相结合。注意吸收新时期国内外礼仪教育的研究成果和实践经验,强调内容的可读性和可操作性,体现了职业教育和师范教育的特色。

本书以幼儿园教师的成长要求和工作需求为主线,按任务驱动模式编写。全书分为 10 个项目 43 个任务,包括礼仪导论、幼师生礼仪规范、幼儿园教师仪容礼仪、幼儿园教师仪态礼仪、幼儿园教师服饰礼仪、日常交往礼仪、幼儿园教师沟通礼仪、幼儿园教师教育教学礼仪、幼儿园教师公务礼仪、通信及互联网交流礼仪等方面。任务完成后另配有经典故事,项目结束后配有案例分析、项目测评,以加深学习者对内容的理解,检验学习效果。

本书可作为高等职业院校、职业本科院校、应用型本科院校及中等职业学校学前教育专业、早期教育专业、婴幼儿托育服务与管理专业的教材,也可作为幼儿园教师教学活动的参考书。

本书配套建设有二维码链接的视频资源,便于学习者随扫随学。学习者可以登录"智慧职教"网站(www.icve.com.cn)浏览课程资源,详见"智慧职教服务指南"。教师可以发送邮件至编辑邮箱 gaojiaoshegaozhi@163.com 获取教学课件。

图书在版编目(CIP)数据

幼儿教师礼仪/杨廷树,李以盛主编. -- 3 版. --
北京:高等教育出版社,2024.3
ISBN 978 - 7 - 04 - 061512 - 8

Ⅰ.①幼…　Ⅱ.①杨…②李…　Ⅲ.①幼教人员-礼仪-高等职业教育-教材　Ⅳ.①G615

中国国家版本馆 CIP 数据核字(2024)第 012853 号

策划编辑　张庆波	责任编辑　张庆波	封面设计　李沛蓉	版式设计　李彩丽
责任绘图　裴一丹	责任校对　刁丽丽	责任印制　赵义民	

出版发行	高等教育出版社	网　　址	http://www.hep.edu.cn
社　　址	北京市西城区德外大街 4 号		http://www.hep.com.cn
邮政编码	100120	网上订购	http://www.hepmall.com.cn
印　　刷	山东润声印务有限公司		http://www.hepmall.com
开　　本	787mm×1092mm　1/16		http://www.hepmall.cn
印　　张	13.75	版　　次	2014 年 9 月第 1 版
字　　数	330 千字		2024 年 3 月第 3 版
购书热线	010 - 58581118	印　　次	2024 年 12 月第 2 次印刷
咨询电话	400 - 810 - 0598	定　　价	32.00 元

"智慧职教"服务指南

"智慧职教"（www.icve.com.cn）是由高等教育出版社建设和运营的职业教育数字教学资源共建共享平台和在线课程教学服务平台，与教材配套课程相关的部分包括资源库平台、职教云平台和 App 等。用户通过平台注册，登录即可使用该平台。

● 资源库平台：为学习者提供本教材配套课程及资源的浏览服务。

登录"智慧职教"平台，在首页搜索框中搜索"幼儿教师礼仪"，找到对应作者主持的课程，加入课程参加学习，即可浏览课程资源。

● 职教云平台：帮助任课教师对本教材配套课程进行引用、修改，再发布为个性化课程（SPOC）。

1. 登录职教云平台，在首页单击"新增课程"按钮，根据提示设置要构建的个性化课程的基本信息。

2. 进入课程编辑页面设置教学班级后，在"教学管理"的"教学设计"中"导入"教材配套课程，可根据教学需要进行修改，再发布为个性化课程。

● App：帮助任课教师和学生基于新构建的个性化课程开展线上线下混合式、智能化教与学。

1. 在应用市场搜索"智慧职教 icve"App，下载安装。

2. 登录 App，任课教师指导学生加入个性化课程，并利用 App 提供的各类功能，开展课前、课中、课后的教学互动，构建智慧课堂。

"智慧职教"使用帮助及常见问题解答请访问 help.icve.com.cn。

第三版前言

党的二十大报告指出：要全面贯彻党的教育方针，落实立德树人根本任务，深入开展社会主义核心价值观宣传教育，提高全社会文明程度，实施公民道德建设，推动明大德、守公德、严私德，着力培养担当民族复兴大任的时代新人。

礼仪是人与人交往过程中形成的、约定俗成的、共同遵守的仪态、仪容、仪表、仪式等方面的行为规范。纵观社会历史发展进程，大到国家，小到部门、家庭乃至个人，礼仪时时处处体现集体的文明程度和个体的综合素质。

荀子曾说："礼者，所以正身也；师者，所以正礼也。无礼，何以正身？无师，吾安知礼之为是也？"幼儿园教师的言谈举止、仪容仪表，乃至一颦一笑，都蕴含着教育的力量。幼儿具有向师性，在幼儿心中，老师就是榜样，在潜移默化中幼儿会不自觉地学习和模仿老师的言行举止。加强幼儿园教师礼仪教育，不仅是幼儿园教师职业形象的需要，更是正确引领幼儿成长、提高民族素质的需要。幼儿园教师只有具备良好的礼仪修养，才能在工作中做到举止端庄、谈吐得体、处事有度，才能真正为人师表，给幼儿树立榜样。

《幼儿教师礼仪》是一本在多年礼仪教育教学实践中，以及与幼儿园长期合作过程中形成的，针对学前教育专业在校生良好职业素养养成的教材。出版以来，被国内多所院校选用，并入选国家规划教材，对各校教育教学、科学研究、人才培养发挥了积极作用。近些年，国家大力发展学前教育，全社会对幼儿园教师的关注度和要求也越来越高。随着幼儿园教师资格考试在全国全面实施，幼儿园教师职业准入门槛也在逐步提升。为了体现规划教材的时代性、前瞻性和实用性，针对前版教材存在的不足，编者们对教材进行了认真的修订，以适应学前教育发展和新时代幼儿园教师工作的需要。此次修订主要体现在以下几个方面：

一是进一步彰显职业教育特色。在理念上注重理实一体、工学结合。坚持理论素养与职业技能相结合、专业思想与职业精神相结合、学习过程与岗位需求相结合。在编写体例上采取项目任务式，体现幼儿园教师工作过程的职业需求，突出幼儿园教师的职业特点，使学习者在学习中能充分感受幼儿园教师职业岗位礼仪规范的重要性。

二是进一步凸显师范教育特色。立足于当前学前教育师资培养的实际需要，贯彻《幼儿园教育工作规程（试行）》《幼儿园教育指导纲要（试行）》及《3—6岁儿童学习与发展指南》的精神，依照《幼儿园教师专业标准（试行）》《教师教育课程标准（试行）》的要求，体现了新时代学前教育发展的新思想和新观点。教材内容重视职前教育与职后学习相统一，不仅注重幼师学生的仪容、仪态、服饰等通用礼仪，还关注幼儿园教师工作、生活的礼仪规范。

三是进一步体现应用型特色。本书以培养应用型人才为出发点,根据"实践与理论并行、技能与素质并重"的人才培养目标,强调个人礼仪思想修养及行为规范。书中充分吸收新时期国内外礼仪教育的研究成果和实践经验,注重内容的可读性和可操作性,并增强示范性和指导性。文字叙述力求简明扼要,通俗易懂;注重培养学生的实践能力;基础理论贯彻以实用为主、够用为度的教学原则;基本技能训练贯穿教学始终。另外,每个任务完成后都配有经典故事,每个项目结束后都有案例分析、项目测评,以加深学习者对内容的理解,检验学习效果,做到外化于行,内化于心。

四是进一步突出数字化特色。在内容上,增加了通信及互联网交流礼仪等方面的内容,使得教材进一步与时俱进。针对重要知识点和关键内容,书中还添加了二维码视频讲解,体现了新形态教材的特色。

《幼儿教师礼仪》教材曾入选贵州省职业院校人才培养质量提升工程项目,是省级精品在线开放课程(2016年)、省级学前教育骨干专业(2016年)、省级职教名师杨廷树工作室(2017年)、省级学前教育重点专业群(2018年)等项目的阶段性成果,并得到了贵州省教育厅的资助与肯定。

此次修订由铜仁幼儿师范高等专科学校杨廷树和贵州省教师发展中心李以盛教授担任主编,杨廷树负责全书统稿。内蒙古师范大学青年政治学院马玲,贵州省教师发展中心唐婉贞,铜仁幼儿师范高等专科学校张维维、田颖、贺罗爱星、王敏、邹晓兰、沈甜、练文参加了编写工作。铜仁幼儿师范高等专科学校田洪参与了图片的拍摄与制作工作。铜仁幼儿师范高等专科学校卢道静、常伟苹、万秋生、代英、刘强、刘敏、肖立红、杨馨贻、周兴、谭映月等,铜仁市爱弥儿幼儿园园长朱农慧,铜仁市睿力国际幼儿园园长丁勤等为书稿修订做了大量工作,贵州省团校李志东教授在课程建设过程中做了指导,在此一并表示感谢。

此次修订借鉴了有关专家学者的观点,在此一并表示感谢。

本书参考学时48学时,包含16个实训学时。

因时间仓促加之水平有限,书中可能存在错误和不足之处,我们真诚希望各位专家学者和使用本书的师生批评指正。

编　者
2024年2月

第一版前言

2013 年 12 月，中央办公厅印发《关于培育和践行社会主义核心价值观的意见》，倡导"富强、民主、文明、和谐，自由、平等、公正、法治，爱国、敬业、诚信、友善"的社会主义核心价值观。礼仪教育正是培育和践行社会主义核心价值观"文明、和谐、诚信、友善"的重要载体。在现代社会中，"礼仪"不仅关系到整个社会的精神文明和社会风气、民族风貌，也关系到文化事业、经济事业、民族和睦、国际交往等各个领域的基础建设。同时，它对各类团体和社会组织来说，不仅反映了团体或组织的管理水平，也反映了员工应具备的综合素质。

对在校师范生来说，礼仪学习有着双重意义。除了要通过认真的系统学习和有意识的训练，培养真诚友善、谦虚和蔼、理解宽容的待人态度和形成端庄大方、友好热情、谈吐文雅、有礼有节的行为举止外，还应把它作为一项基础的职业素养，言传身教，实施新时期的幼儿园礼仪教育。

本书的编写宗旨是使学前教育专业学生了解现代礼仪的基本理论，掌握现代礼仪的工作方法和技巧，掌握人际交往以及职业场合中的基本礼仪规范，树立起良好的个人职业形象，了解幼儿园礼仪教育的途径与方法，并形成学前教育专业学生礼仪示范性与教育性的职业意识。本书有以下特点。

突出"高职高专"特色。本书以高职高专培养应用型人才为出发点，注重培养学生的实践能力。基础理论贯彻"以实用为主、必须和够用为度"的教学原则，基本知识采用广而不深、点到为止的教学方法，基本技能贯穿教学的始终。文字叙述力求简明扼要，通俗易懂。

突出新观念。本书贯彻《幼儿园工作规程》《幼儿园教育指导纲要（试行）》和《3—6 岁儿童学习与发展指南》的精神，依照《教师教育课程标准（试行）》和《幼儿园教师专业标准（试行）》的要求，体现了当代教育的新观念，以就业为导向，以能力为本位，以质量为核心，用科学发展观系统地、规范地指导学生学习。

突出新思路。本书紧紧抓住"幼儿教师礼仪"这个主旨，力求跳出现有同类教材面面俱到的框框，构建专业性强、实践性突出、易学习、好操作的编写体系，以学前教育专业培养目标为依据，将职前与职后一体化培养相结合，职前依据师范生行为规范，幼儿教师特殊性，突出学生个性特点，强调个人礼仪思想修养及行为规范；职后依据职场工作要求，突出幼儿教师的职业特点，使学生在学习及工作中能充分体现本专业、本岗位的礼仪规范。

突出新内容。本书依据现代礼仪思想，体现高职高专教育特点，增加了现代礼仪的一些要求，添加示意图，促进学生理解，图文并茂，增强示范性和指导性。教材内容不仅注重幼师学生仪容、服饰、仪态、沟通交际等通用礼仪,而且还专门列出三章来体现幼儿教师岗位礼仪。

　　兼顾知识拓展。本书既注重幼儿教师职业特点,又通过"小小故事""拓展阅读"来拓宽学生的礼仪知识和文化认知。

　　本书由铜仁幼儿师范高等专科学校李以盛、运城幼儿师范高等专科学校武彩霞担任主编,李以盛负责全书统稿。铜仁幼儿师范高等专科学校杨廷树、李洪屏、喻华,咸宁职业技术学院朱焕芝、姚建华,丽江师范高等专科学校张志慧,北京汇佳职业技术学院韩艳,铜仁市第一幼儿园胡国华、刘珺,运城幼儿师范高等专科学校附属幼儿园申江霞、杨俊丽、董赛霞参加了编写工作。田洪、吴燹儿、代志坚、代英、李姿潼参与了照片的摄制和图片的绘制工作。

　　本书参考了一些同类教材与书籍,并借鉴了有关专家学者的研究成果;"小小故事"板块中的一些内容和训练材料来自百度文库、书通网、中华礼仪网等公共服务网站。安远奎教授、包兵兵老师在百忙之中审稿并提出修改意见,在此深表感谢!

　　本书参考学时 48 学时,包含 16 个实操学时。

　　因时间仓促,加之水平有限,书中可能存在错误和不足之处,我们真诚地希望各位专家、学者、同行和使用本书的师生批评指正。

编　者

2014 年 10 月

目　　录

项目一　礼　仪　导　论

学习目标

知识目标：了解礼仪的起源与发展，熟悉礼仪与幼儿园教师礼仪。

能力目标：初步掌握培养礼仪修养的途径，学会把礼仪的原则和功能用于实践中。

素养目标：积极学习礼仪的相关知识并提升自己礼仪文化修养。

作为幼儿园老师，你想受到他人的尊重吗？你想成为一个高尚的人吗？你想成就一番事业吗？

学会尊重他人，你就会受到他人的尊重；学会帮助他人、体谅他人，你就是一个高尚的人；学会与人和睦相处，你的事业就会一帆风顺。所有这些，都要求我们懂得礼仪，做人做事不失礼。

任务一　了解礼仪的起源与发展

《礼记·冠义》中提到：凡人之所以为人者，礼义也。人之所以是人，是因为人懂礼仪，讲礼仪，用礼仪。《礼记》成书于汉代，距今约两千多年。在那个时代，人们已经意识到礼仪的重要性，并把礼仪作为区别人与动物的重要标准。中国人非常重视血缘和亲情，尊老、敬贤、睦亲友，注重礼尚往来。礼仪是中华文明的一种行为规范，是千百年来人们文化生活的积累，凝聚了中国的人文理念和思维模式。现代人理应继承传统的礼仪，把礼仪文化发扬光大。

一、礼仪的起源

关于礼仪的起源，学界存在诸多争论，众说纷纭。主要集中在如下五种起源说：一是天神生礼仪；二是礼为天地人的统一体；三是礼产生于人的自然本性；四是礼为人性和环境矛盾的产物；五是礼生于理，起源于俗。归纳起来主要有两种：一是宗教活动，二是协调主客观矛盾的需要。

礼仪的起源

（一）礼产生于原始宗教的祭祀活动

礼起源于祭祀。《说文解字》说："礼者，履也，所以事神致福也，从示从豊。""示"是会意字，说明"礼"与祭祀有关，"豊"是盛食物的器皿。古代祭祀主要分为两种，一是祭祀自然神，二是祭祀祖先。在远古时期，人们的认识水平有限，无法解释雷、电、雨、雪等自然现象，对某些

自然现象充满恐惧、敬畏，认为这些自然现象来自神灵，所以对自然神灵顶礼膜拜，希望它们赐福消灾，这就是祭祀自然神。同时人类对自身的生老病死等现象，也是难以理解的，认为人去世后灵魂不灭，灵魂既能保佑生者，也能给生者带来灾难。为了自身的平安、幸福，远古的人们准备各种美味佳肴祭祀祖先，祈求祖先的神灵给自己的生活带来幸福。尤其在商代，对鬼神的信仰相当广泛。《礼记正义》说"殷人尊神，率民以事神，先鬼而后礼。"商人信仰多神，崇拜天神、地祇、人鬼，有着狂热的宗教感情。这些祭祀活动在历史发展中逐步形成完善的规范和制度，正式成为祭祀礼仪。

（二）礼的产生是人类协调主客观矛盾的需要

1. 礼的产生是为了维护生存环境和保障社会秩序

随着认识水平的提高，人们在崇拜自然的同时，也在观察自然、思考自然现象。对于自然来说，四时运行不悖，就会物产丰茂，反之就发生自然灾难。这里包含遵循规则的道理。既然四时运行遵循一定的规则，那么人类也应如此，这就是由"观乎天文"到"观乎人文"的转变。仅以祭祀天地、鬼神和祖先为礼，已经不能满足人类日益发展的精神需要和现实需要。在社会生活中，人们逐渐认识到男女有别，老少有异，这既是一种天然的人伦秩序，又是一种需要被所有成员共同认定和维护的社会秩序。于是，人们将事神致福等一系列祭祀行为，从内容和形式扩展到了各种人际交往活动，从最初的祭祀扩展到社会各个领域各种各样的礼仪。

由此，为保障社会秩序，有必要制定一定的规则来规范人们的生活。张晋藩的《中国政治制度史》认为，最初的礼，原是人们供奉鬼神的一种习俗。随着国家的产生，阶级关系的复杂化，奴隶主贵族为了巩固他们的统治，需要制定出一套统治秩序，于是把礼逐渐由祭祀仪式发展成为调整人们社会关系的行为准则。[①]

2. 礼起源于人类寻求满足自身欲望与实现欲望的条件之间动态平衡的需要

对欲望的追求是人的本能。在追寻欲望的过程中，人与人之间难免会发生矛盾和冲突，为了避免与缓解这些矛盾和冲突，就需要为"止欲制乱"而制礼，用礼法来规范统治伦理、社会纲常、家族家庭秩序等，用礼来平衡自身的需要与追求，同时也平衡与他人之间的关系。

二、中国礼仪的发展

礼仪在传承沿袭的过程中不断变革。从历史发展的角度来看，中国礼仪演变过程可以分四个阶段。

（一）礼仪的萌芽时期：夏朝以前（公元前 21 世纪前）

中国礼仪
的发展

在夏朝以前，我国还处在原始社会时期，社会生产力低下，社会生产关系较为单一，人们无法解释大自然的各种现象，对大自然心存敬畏之心。原始社会是礼仪的萌芽时期。在原始社会中，礼仪较为简单和虔诚，没有阶级性。内容包括：制定了明确血缘关系的婚嫁礼仪；区别部族内部尊卑等级的礼制；为祭天敬神而确定的一些祭奠仪式；制定一系列表示礼节和恭敬的行为动作。这些内容构成了人类社会礼仪的雏形。

---

①　张晋藩.中国政治制度史［M］.哈尔滨：哈尔滨工业大学出版社,1987.

（二）礼仪的形成时期：夏、商、西周三代（公元前 21 世纪—前 771 年）

人类进入奴隶社会之后，为了巩固自己的统治地位，统治阶级把原始的宗教礼仪发展成符合奴隶社会政治需要的礼制。礼被打上了阶级的烙印。在这个阶段，中国第一次形成了比较完整的国家礼仪与制度。如"五礼"就是一整套涉及社会生活各方面的礼仪规范和行为标准。"五礼"指的是吉礼、凶礼、宾礼、军礼和嘉礼。这些礼仪内容，对后世人们的行为规范、人际交往以及社会公德的形成，都产生了极大的影响。

（三）礼仪的发展、变革时期：春秋战国时期（公元前 771 年—前 221 年）

春秋战国时期是我国历史上学术界、思想界最活跃时期，出现了百家争鸣的局面，以儒家为代表的诸子百家对礼教给予了研究，对礼仪的起源、本质和功能进行了系统阐述，第一次在理论上全面而深刻地论述了社会等级秩序的划分及其意义。

孔子对礼仪非常重视，把"礼"看成是治国、安邦、平定天下的基础。他认为"不学礼，无以立""质胜文则野，文胜质则史。文质彬彬，然后君子"。他要求人们用礼的规范来约束自己的行为，要做到"非礼勿视，非礼勿听，非礼勿言，非礼勿动"；倡导"仁者爱人"，强调人与人之间要有同情心，要相互关心、彼此尊重。孟子把"礼"解释为对尊长和宾客严肃而有礼貌，即"恭敬之心，礼也"，并把"礼"当作人的善性的发端之一。荀子把"礼"作为人生哲学思想的核心，把"礼"作为做人的根本目的和最高理想，"礼者，人道之极也"。他认为"礼"既是目标、理想，又是行为过程。"人无礼则不生，事无礼则不成，国无礼则不宁。"

（四）礼仪的强化时期：秦汉到清末（公元前 221 年—公元 1911 年）

在我国封建社会，礼仪一直为统治阶级所利用，是维护封建社会等级秩序的工具，内容涉及国家政治的礼制和家庭伦理两类。这一时期的礼仪构成了中华传统礼仪的主体，强调"三纲五常"（三纲指君为臣纲、父为子纲、夫为妻纲，五常指仁、义、礼、智、信）和"三从四德"（三从是未嫁从父、既嫁从夫、夫死从子，四德是妇德、妇言、妇容、妇工），其特点是尊君抑臣、尊夫抑妇、尊父抑子。在漫长的历史演变过程中，它逐渐变成了妨碍人类个性自由发展、阻挠人类平等交往、窒息人类思想自由的精神枷锁。

（五）现代礼仪的发展

辛亥革命以后，资产阶级的自由、平等和博爱思想开始传播，冲击了封建意识和等级观念。新文化运动的兴起，对腐朽、落后的封建礼教进行了清算，符合时代要求的礼仪被继承、完善，一些繁文缛节逐渐被抛弃。新的礼仪标准、价值观念得到推广和传播。新中国成立后，确立了同志式的合作互助关系和男女平等的新型社会关系，而尊老爱幼、讲究信义、以诚待人、先人后己、礼尚往来等中国传统礼仪文化中的精髓得到继承和发扬。改革开放以来，随着中国与世界各国的交往日趋频繁，一些西方礼仪、礼节陆续传入我国，同我国的传统礼仪一道融入社会生活的各个方面，构成了现代礼仪的基本框架。礼仪从内容到形式都在不断变革，进入了全新的发展时期。

现代礼仪则是指在现代社会条件下形成的、适合不同经济文化背景的人们的交际规则和道德行为规范。

第一，现代礼仪促进了交际的文明。交际是人类社会活动的基本形式。交际的文明程度取决于礼仪修养水平和道德修养水平的高低。社会的发展使礼仪在人际交往中发挥的作用更加明显。俊秀的风度仪表，潇洒的行为举止，高雅的谈吐等规范的现代礼仪行为表现更容易引起人们的信任与沟通。简化、注重实际的礼仪形式更使人乐于接受。现代礼仪使人们的交际文明程度大大提高了,交际的观念逐渐发生了变化,由注重物质转向注重精神,由注重形式转向注重实际,由注重习俗转向注重高雅和富有现代情趣。例如,祝贺朋友结婚,亲临送上一束美丽的鲜花;同学毕业分手,举办一场告别舞会;拜访老师,奉上一本自己写的书;好友多日未见,周末郊外小游;节庆假日,单位同事好友举行一次节日宴会。这种交际的文明,是个人礼仪修养的展示,也是社会的文明和进步。

第二,现代礼仪促进社会和谐和稳定。现代礼仪的核心是平等和相互尊重。人人都是施礼者,也是受礼者;人人都要尊重别人,同时也受到别人的尊重。要想别人尊重自己,自己必须首先尊重别人。现代礼仪的这种进步性,更有利于促进人际关系的协调和发展,形成和谐的人际关系和社会氛围,减少人际矛盾和冲突。同时,礼仪的平等性也要求个体必须自觉地用礼仪规范约束自己的行为。以礼待人、以礼处事,起到法律所起不到的自我约束作用,促进社会的稳定。

第三,崇尚现代礼仪已逐步成为一种社会时尚。现代礼仪具有大众性和广泛的社会参与性。人们社会活动范围的扩大,人际交往的增多,对人的礼仪修养提出了更高的要求。"人无礼则事不成",激烈竞争的市场经济,使人们更加认识到这句话的真谛。学习礼仪、研修礼仪,提高自己的礼仪修养水平,已成为国人的共识。崇尚礼仪已成为一种社会时尚。人们已不再把礼仪仅仅看作是一种形式而是当作生活的美。通过礼仪,来表现自己的翩翩风度;通过礼仪,美化自己丰富多彩的生活。这种礼仪内涵的拓展本身就是一种社会的文明和进步。

中国是礼仪之邦,有产生礼仪文明的沃土。随着社会的发展,现代礼仪也得到迅速发展和普及。中国现代礼仪正以独特的魅力,向世界展示中华民族现代精神风貌。

经典故事

千里送鹅毛

"千里送鹅毛"的故事发生在唐朝。云南一位少数民族首领为表示对唐王朝的拥戴,派特使缅伯高向太宗进献天鹅。路过沔阳河时,好心的缅伯高把天鹅从笼子里放出来,想给它洗个澡。不料,天鹅展翅飞向高空。缅伯高忙伸手去捉,但只扯得几根鹅毛。缅伯高急得顿足捶胸,号啕大哭。随从者劝他说:"已经飞走了,哭也没有用,还是想想补救的办法吧。"缅伯高一想,也只好如此了。

到了长安,缅伯高拜见唐太宗,并献上一个精致的绸缎小包。唐太宗令人打开,里面是几根鹅毛和一首小诗。诗曰:"天鹅贡唐朝,山高路途遥。沔阳河失宝,倒地哭号啕。上复圣天子,可饶缅伯高。礼轻情意重,千里送鹅毛。"唐太宗莫名其妙,缅伯高随即讲出事情原委。唐太宗连声说:"难能可贵! 难能可贵! 千里送鹅毛,礼轻情意重!"

任务二　理解礼仪与幼儿园教师礼仪

孔子曰:"不学礼,无以立。"幼儿园教师礼仪是幼儿教育工作者不可或缺的职业素养。学习和掌握礼仪,是幼儿园教师进入教育领域的"通行证"。学礼仪,了解礼仪的起源与发展;懂礼仪,加强自身综合修养;用礼仪,体现幼儿园教师学为人师、行为世范的良好形象;传播礼仪,体现幼儿园教师教书育人的职责。学礼仪、懂礼仪、用礼仪、传播礼仪是每一位幼儿园教师应尽的责任与义务。

一、礼仪的相关概念

(一) 礼

"礼"的含义较为丰富,它既可以指为表示敬意和隆重而举行的仪式,也可泛指社会交往中的礼貌礼节,是人们在长期的生活实践中约定俗成、共同遵守的行为规范。在《中国礼仪大辞典》中,将"礼"定义为特定的民族、人群或国家基于客观历史传统而形成的价值观念、道德规范以及与之相适应的典章制度和行为方式。"礼"的本质是"诚",有敬重、友好、谦恭、关心、体贴之意。"礼"是人际交往乃至国际交往中,相互表示尊重、亲善和友好的行为。

礼、礼貌、礼节与礼仪的概念

(二) 礼貌

礼貌指人们在交往过程中相互表示敬意和友好的行为准则与精神风貌,是一个人待人接物时的外在表现。它通过仪表及言谈举止来表示对交往对象的尊重。它反映了时代的风尚与道德水准,体现了人们的文化层次和文明程度,是一个人良好道德品质的真实体现。礼貌是礼仪的内在基础。

(三) 礼节

礼节是指人际交往过程中的行为规范,是礼仪的外在表现。它具体规定人际交往言语、行动的规则和形式。礼节是礼貌的具体表现,具有形式化的特点,主要指日常生活中的个体礼貌行为。礼节处在表层,一般表现为一定的动作、行为。

(四) 礼仪

礼仪包括"礼"和"仪"两部分。"礼",即礼貌、礼节;"仪"即"仪表""仪态""仪式""仪容"。礼仪是对礼节、仪式的统称,指人们在各种社会交往中,为了表示相互尊重,在仪表、仪态、仪式、仪容、言谈举止等方面约定俗成、共同认可的规范和程序。礼是仪的本质,仪是礼的外在表现。从广义的角度看,礼仪泛指人们在社会交往中的行为规范和交际艺术。而狭义的礼仪,通常是指在较大或隆重的正式场合,为表示敬意、尊重、重视等所举行的合乎社交规范和道德规范的仪式。

二、礼、礼貌、礼节与礼仪的关系

礼是人们社会交际中的行为准则,是一种社会道德规范。礼貌、礼节、礼仪都属于礼的范畴。礼貌表示言行规范,尊重他人;礼节表示尊重的惯用形式和具体要求;礼仪是由一系列具体表示礼貌的礼节所构成的完整过程。

礼、礼貌、礼节与礼仪之间的关系

礼貌、礼节、礼仪三者尽管名称不同,但都是人们在相互交往中表示尊敬、友好的行为,其本质都是尊重人、关心人。三者相辅相成、密不可分。有礼貌而不懂礼节,往往容易失礼;谙熟礼节却流于形式,充其量只是客套。礼貌是礼仪的基础,礼节是礼仪的基本组成部分。礼仪在层次上要高于礼貌、礼节,其内涵更深、更广,它由一系列具体的礼貌、礼节所构成。

知识链接

"热爱学前教育事业,具有职业理想,践行社会主义核心价值体系,履行教师职业道德规范。关爱幼儿,尊重幼儿人格,富有爱心、责任心、耐心和细心;为人师表,教书育人,自尊自律,做幼儿健康成长的启蒙者和引路人。""衣着整洁得体,语言规范健康,举止文明礼貌。"

——《幼儿园教师专业标准(试行)》摘录

三、幼儿园教师礼仪的特点

幼儿园教师礼仪是指幼儿园教师在教育教学过程中表现出来的仪容仪表、言谈举止等方面的行为规范,是幼儿园教师在工作岗位上待人接物、为人处世的行为规范;也是幼儿园教师的师德修养、文化素质、风度气质、行为操守的外在表现。

(一)规范性

礼仪约束着人们在交际场合的言谈举止,使之合乎事宜。礼仪的规范性旨在通过制定一些行为准则,去约束人们从事各种活动时的言行举止,以提升个人职业形象和职业素养,树立良好的个人形象。同时,礼仪的规范性也是评判他人是否具有良好素质的一种尺度。

幼儿园教师礼仪是幼儿园教师在交际中、待人接物时必须遵守的职业规范。要想成功地开展幼儿教育,使幼儿、家长、同事、领导和其他社会人员都有一个和谐而轻松的交际环境,就需要幼儿园教师遵守人际交往的基本规则。如果幼儿园教师不遵守人际交往的基本规则,不遵守人们共同认可的教师行为规范,自行其道,自认其理,就很难与幼儿、家长、同事、领导以及其他社会人员沟通,就难以与他人合作共事及顺利开展工作。

(二)示范性

幼儿园教师是幼儿成长的启蒙者、引领者,更是幼儿学习的榜样。在幼儿的心目中,老师是神圣的,尤其是对于喜欢和崇拜的老师,幼儿不仅会认真地学习该老师教授的所有内容,还会模仿老师的语言和行为。无论是幼儿园教师的衣着打扮,还是言谈举止、为人处世,都会使孩子们耳濡目染,产生潜移默化的教育作用。因此幼儿园教师的知识、品格及一言一行等,都对幼儿有重大的影响。当下,"颜值控""偶像控"成为很多人的追求,个人形象在个人职业素养上的地位变得越来越重要。社会发展需要幼儿园教师承担为人师表、率先垂范的重要角色。幼儿园教师唯有重视礼仪修炼,才能胜任这一崇高职业,正确引领幼儿健康成长。

(三)审美性

美人之美,美美与共。美的教育才是人民满意的教育。礼仪文化具有很高的审美价值。幼儿园教师礼仪的审美性主要表现在教师端庄的仪容、仪表会让幼儿和他人赏心悦目。爱美之心,人皆有之,幼儿当然也不例外。幼儿具有较强的向师性,较为喜欢长相甜美、谈吐优雅、穿着得体,富有朝气、活力的幼儿园教师。作为"人类灵魂的工程师",内在的学识修养和外在的衣饰打扮和谐统一,才能让人于朴实大方中见高雅情趣,于整洁得体中见丰富涵养,才会给幼儿以美的熏陶和感染。幼儿园教师优雅的风度也体现了教师礼仪的审美性。风度直接作用于人的感官,是幼儿认识教师、评价教师的重要因素。

(四) 平等性

"礼"指的是尊重,即在人际交往中既要尊重自己,也要尊重别人。古人讲"礼仪者敬人也",实际上是一种待人接物的基本要求。我们通常说"礼多人不怪",只有充分重视别人,才可能赢得别人的重视。顾名思义,礼仪的"仪"字,仪式也,即尊重自己、尊重别人的表现形式。在人际交往中,尊重是前提,平等是基础。在师生关系中也是如此。幼儿园教师从事的是"蹲下来"的教育,需要放下身架,放平心态,与幼儿平等对话,走进幼儿心里。在工作中、生活中,时时处处都应体现平等性,为幼儿成长营造良好环境。

(五) 传承性

任何国家或者民族的礼仪都具有自己的特色,任何国家的当代礼仪都是在继承本国古代礼仪的基础上发展起来的。幼儿园教师礼仪作为现代礼仪的重要组成部分,是在传承了中国传统礼仪文化的基础上,将国际通用礼仪与幼儿园教师人际交往中的一系列习惯、做法相结合而形成的,具有鲜明的职业特色。

在继承传统的同时,礼仪随着社会的发展而发展,随着历史的进步而进步。同时,随着国际交往日益密切,礼仪相互影响,相互渗透,不断推陈出新。幼儿园教师礼仪也不是一成不变的,我们应当取其精华,去其糟粕,用发展的态度去看待它,从而进一步传承和创新中华传统文化。

(六) 服务性

随着社会发展,社会的分工越来越细,各行业的服务要求越来越高。幼儿教育是一种面向学龄前儿童提供教育服务的工作。从幼儿教育活动主客体的关系上来看,幼儿是主体,幼儿教育工作者发挥着主导作用。然而只要离开了幼儿和家长的配合、认同和肯定,幼儿教育工作就是无的放矢,失去了工作的意义。所以,幼儿园教师必须准确地定位自己的社会角色,确立以幼儿和家长为中心的服务意识,学礼仪、懂礼仪、用礼仪、传播礼仪,规范工作流程、提升操作水平,树立良好形象,有效推动科学的家园合作、师幼合作,服务于幼儿成长,让家长放心满意,促进教育事业高质量发展。

经典故事

小李的心事

在幼儿园实习的小李是一位非常聪明的姑娘,性格开朗、大方,对人坦诚,喜欢帮助别人,可心中装不下事情,总喜欢将自己的一些事情说给同事听,也喜欢打听同事们的事情。刚开始,同事都很喜欢她,但时间长了,都开始躲着她。她很不理解,索性换了另一家幼儿园实习,可过了一段时间,又出现了相同的情况。小李非常苦恼,为什么我对别人那么真诚,别人却不喜欢我呢?

任务三　掌握礼仪的基本原则与功能

幼儿园教师掌握礼仪的原则,是指关于幼儿园教师掌握礼仪的具有共同性和指导性的规律。了解和掌握幼儿园教师礼仪的原则,有利于更好地学习和运用幼儿园教师礼仪。幼儿园教师重视礼仪学习和修养,能有效地提升个人素质,塑造良好的幼儿园教师形象,既有利于人际沟通与交流,又有利于维护所在单位的形象。

一、礼仪的基本原则

（一）尊重原则

尊重是礼仪最基本的原则。人们在社会交往中,要有尊敬他人之心,要做到尊重他人的人格、职业、兴趣爱好、思想观点、风俗习惯等。处处不可失敬于人,不可伤害他人的尊严,更不能侮辱对方的人格。尊敬他人,也包括尊敬自己,维护个人乃至组织的形象,不可有随意贬低他人、抬高自己,甚至损人利己的言行。尊重是礼仪的起点,是人际交往的基础。

礼仪的基本原则

（二）平等原则

人与人是平等的,在礼仪面前更应该人人平等。在人际交往中,不论职务高低,不论家庭贫富,人格总是平等的,所以我们提倡:对所有的人都应当一视同仁,平等交往,给予同等程度的礼遇,决不能厚此薄彼。具体运用礼仪时,可以因人而异,但是在对他人表示恭敬和尊重态度上,一定要一视同仁。

（三）热情原则

能否积极主动解决服务对象的各种问题、满足他们的各种心理需求,是衡量工作及服务质量的一个重要标准,因此,交往活动中的礼仪行为应该是积极主动、充满热情的。

（四）合宜原则

现代礼仪强调人与人之间的交往与沟通必须把握适度性,注意社交距离,控制感情尺度,应牢记过犹不及的道理。礼仪行为要特别注意在不同情况下,礼仪运用程度、礼仪运用方式的区别,坚持因时、因地、因人的合宜原则。

（五）宽容原则

礼仪的宽容原则,指不过分计较对方礼仪上的差错过失。在运用礼仪时,既要严于律己,更要宽以待人,要多理解他人、体谅他人,有"海纳百川"的胸襟,切不可求全责备、斤斤计较,甚至咄咄逼人。面对他人提出的过分甚至是失礼的要求,应冷静且耐心地解释,决不要穷追不放。当他人有过错时,我们要"得理也让人",学会宽容对方,让对方体面地"下台阶",保全对方的面子。在他人对我们提出批评意见时,本着"有则改之,无则加勉"的态度,认真倾听。

知识链接

子曰："克己复礼为仁。一日克己复礼，天下归仁焉。为仁由己，而由人乎哉？"颜渊曰："请问其目。"子曰："非礼勿视，非礼勿听，非礼勿言，非礼勿动。"颜渊曰："回虽不敏，请事斯语矣。"

——出自《论语·颜渊篇》第十二颜渊问仁

仲弓问仁。子曰："出门如见大宾，使民如承大祭。己所不欲，勿施于人。在邦无怨，在家无怨。"仲弓曰："雍虽不敏，请事斯语矣！"

——出自《论语·颜渊篇》第十二仲弓问仁

（六）自律原则

礼仪的最高境界是自律，即在没有任何监督的情况下，仍能自觉地按照礼仪规范约束自己的言行。教师不仅要了解和掌握具体的礼仪规范，而且要在内心树立起一种道德信念和行为修养理念，从而获得内在的力量。从自我约束入手，时时检查自己的行为是否符合礼仪规范，加强自我要求、自我约束、自我对照、自我反省、自我检查，把礼仪规范变成自觉行为、内在素质。

（七）入乡随俗原则

入乡随俗就是指交往各方都应尊重相互之间的风俗、习惯，了解并尊重各自的禁忌，如果不注意风俗、习惯、禁忌，就很可能会在交际中造成麻烦。每个人的民族、文化背景不同，我们必须坚持入乡随俗的礼仪规则，与绝大多数人的习惯做法保持一致，切忌目中无人、自以为是。《礼记》中说："礼从宜，使从俗。"意思是当时的情况适宜用什么样的礼节，就用什么样的礼节。各地风俗不同，必须入境随俗。正如《汉书》中说："是以百里不同风，千里不同俗。"意思是各地的风俗不同。到一个地方或国家，应当提前了解当地的风俗，根据当地的风俗习惯实施相应的礼仪。

遵守礼仪的原则是对我们提出的基本要求，更是人格素质的基本体现。在交往中遵守礼仪原则，才能赢得他人的尊重，确保交际活动达到预期目标。当然只知道这些原则还不够，关键在于努力践行。

二、礼仪的功能

（一）教育功能

礼仪是人类社会进步的产物，是传统文化的重要组成部分。礼仪蕴涵着丰富的文化内涵，体现着社会的要求与时代精神。礼仪通过评价、劝阻、示范等教育形式纠正人们不正确或者不良的行为习惯，指导人们按礼仪规范的要求去协调人际关系，维护社会正常生活。一个人讲求礼仪，才能成为文明的人，才能被别人接纳，才能有较好的发展空间。提倡人人都接受礼仪教育，从整体上提高国民的综合素质。

礼仪的功能

（二）协调功能

在人际沟通与交往中，礼仪承担着十分重要的"润滑剂"作用。礼仪的原则和规范，

约束着人们的动机,指导着人们立身处世的行为方式。如果交往的双方都能够按照礼仪的规范约束自己的言行,不仅可以避免某些不必要的感情对立与矛盾冲突,还有助于建立和加强人与人之间相互尊重、友好合作的新型关系,使人际关系更加和谐,社会秩序更加有序。

(三)沟通功能

在人际交往中,交往双方只有按照礼仪的要求,才能更有效地向交往对象表达自己的尊重、敬佩、善意和友好,人际交往才可以顺利进行和延续。热情的问候、友善的目光、亲切的微笑、文雅的谈吐、得体的举止等,不仅能唤起人们的沟通欲望,彼此建立起好感和信任,还可以促成交流的成功和交流范围的扩大,进而有助于事业的发展。

(四)维护功能

礼仪作为社会行为规范,对人们的行为有很强的约束力。在维护社会秩序方面,礼仪能弥补法律之外的约束作用。社会的发展与稳定,家庭的和谐与安宁,邻里的融洽与和睦,同事之间的信任与合作,都依赖于人们共同遵守礼仪的规范与要求。社会上讲礼仪的人越多,社会便会更加和谐稳定。

(五)塑造功能

礼仪讲究和谐,重视内在美和外在美的统一。礼仪在行为方面指导着人们不断地充实和完善自我,潜移默化地熏陶着人们的心灵,促使人们的谈吐变得越来越文明,人们的装饰打扮变得越来越富有个性,举止仪态越来越优雅,并符合大众的审美原则,体现出时代的特色和精神风貌。

📖 经典故事

程 门 立 雪

"程门立雪"说的是宋代学者杨时和游酢向程颢、程颐拜师求教的事。杨时、游酢二人,原先以程颢为师。程颢去世后,二人已四十岁,而且已考上了进士。他们继续找程颐求学。

相传,杨时、游酢来到嵩阳书院拜见程颐,正遇上程老先生闭目养神,坐着假睡。外面开始下雪。两人恭恭敬敬侍立一旁,不言不动。如此等了大半天,程颐才慢慢睁开眼睛,见杨时、游酢站在面前,吃了一惊,说道:"啊,啊! 你们两位还在这儿没走?"这时候,门外的雪已经积了一尺多厚了,杨时和游酢并没有一丝疲倦和不耐烦的神情。

这个故事在宋代以来的读书人中流传很广。后来人们常用"程门立雪"表示求学者尊敬师长和心诚意坚。

(来自百度文库)

任务四　了解礼仪文化的学习途径及意义

《颜氏家训》提到:禁童子之暴谑,则师友之诫不如傅婢之指挥。这句话意思为禁止小孩粗暴的行为,老师、朋友的告诫不如傅婢的教育。这表明家庭教育在孩子的成长中有重要的作用。

一、加强礼仪修养的途径

个人礼仪的养成途径是多方面的,主要通过家庭教育、社会教育、学校教育及自我教育四个途径来完成。

学习礼仪文化的途径

(一) 家庭教育

1. 家庭教育的地位

家庭是个人特别是幼儿接受教育的基本场所。家庭教育是个人礼仪教育和养成的起始阶段,起到了联系学校、社会的纽带作用,关乎广大学生的健康成长和国家民族的长远发展。个体在家庭中形成文明习惯,对以后的发展有极大影响。如果孩子在家庭教育中经受了较好的礼仪教育,孩子就会养成礼仪习惯,能够与人友好相处,在学校将会受到师生的爱戴,在社会上将会受到他人的尊重。每个家庭都应该重视家庭礼仪教育,使家庭成员成为懂礼貌、有教养的人。从点上落实立德树人的根本任务,培养德、智、体、美、劳全面发展的社会主义建设者和接班人。

2. 家庭教育的方式

家庭教育主要来自两个方面:一是父母对孩子的教育。父母对于孩子礼仪的培养起着重要作用。孩子在家庭中受到的教育,主要来自父母。父母是孩子的第一任老师,对孩子进行启蒙教育。父母对孩子的教育,有自己的独特优势。父母的言行举止,对孩子礼仪的培养有重要影响。二是家庭中其他成员对孩子的教育。家庭中其他成员包括爷爷奶奶、外祖父母、兄弟姐妹等,他们都是影响孩子成长的重要因素。家庭成员间在相互接触、交流以及教育中会影响孩子礼仪习惯的养成,因此实施家庭礼仪教育要注意家庭中每个成员的言行举止是否良好。只有良好的言行举止,才能对孩子起到正面的影响。值得注意的是,家庭中其他成员的教育不能替代父母的教育。

(二) 学校教育

1. 学校教育的地位

学校教育是个人礼仪培养的主要途径,对个人礼仪的养成起到举足轻重的作用。学校教育通过制定计划,系统地向学生传授文化知识、社会规范、道德准则,其中一个重要方面是培养学生良好的行为习惯,为其今后踏上工作岗位以及未来人生的发展奠定良好的基础。

2. 学校教育的方式

学校教育的方式主要有四种:学校行为规范落实;人文学科礼仪知识的渗透;开设礼仪课;教师以身示范。

(1) 学校行为规范落实。礼仪教育的实施,以日常生活规范的教学与落实为基础,从基础抓起,逐步提高完善。在日常生活中更要让自己的学生去实践,切身体会使用礼仪知识所带来的益处。只有长时间不断训练,学生才会主动形成对道德行为准则的自律转变,他们会逐渐认识到所掌握的礼仪常识并不是一种表面的形式,而是有其特定内涵的。

(2) 人文学科礼仪知识的渗透。人文学科是人文教育课程的核心内容。人文教育主要目标是提高人们的人文素养,让学生做文明的现代人;使人有更开阔的胸襟;使人更加注重精神追求。人文素养,即做人的基本修养,它体现在一个人对自己、他人和社会的认识、态度和行为准则当中,自然也包括礼仪知识。现在学校也开设相关的课程,特别是人文学科,一般都包含了一定的礼仪知识。

(3)开设礼仪课。有些学校着手开设礼仪课,对学生进行礼仪养成教育。礼仪课要求学生理解在人际交往和服务接待中礼貌、礼节的基本知识,掌握礼仪的基本要求和规范,培养学生良好的礼貌行为以及礼仪基本技能,提高礼仪交际能力,为将来走上工作岗位打下良好的基础。

(4)教师以身示范。进入学校后,学生会以自己的老师为楷模,从他们身上学习有关礼仪知识。因此,许多学校都在加强教师的思想道德教育和行为规范教育。要求教师从日常生活的一言一行做起,切实提高自身的礼仪修养,认真负责地当好学生人生引路人,努力践行规范的文明礼仪,树立良好的礼仪典范。

(三)社会教育

社会教育是个人礼仪培养的重要途径,是礼仪教育的有力补充。社会教育的途径主要有两种:一是社会风气对个人的影响,二是各种媒体对个人的影响。

1. 社会风气对个人的影响

社会是个人礼仪培养的外部环境,社会风气的好坏对个人的礼仪培养起着重要作用。好的社会风气容易塑造好人,坏的社会风气容易滋生坏人。目前社会上存在各种不道德、不文明的现象,给好多人带来了消极影响,如道德困惑、认知失调和心态失衡等,以至于人们对传统的社会伦理价值标准的认同度降低,出现了反社会、反传统道德规范的行为。因此要加强社会教育,扶持社会正气,为孩子的成长营造良好的环境。

2. 各种媒体对个人的影响

媒体对礼仪的培养发挥着越来越重要的作用。媒体覆盖面广,渗透到现代人生活的方方面面,影响力强。然而,一些市场化的大众传媒为追求商业效益,会迎合一些庸俗消极甚至不健康的思想潮流,主要表现是大众媒体的娱乐化、低俗化倾向。凶杀、暴力、色情等负面信息对青少年的影响是潜移默化的,扭曲了社会的真实环境,容易引起青少年盲目效仿。我们应当弘扬社会主旋律,把思想性、教育性和娱乐性统一起来,以青少年喜闻乐见的艺术形式吸引和打动他们。

(四)自我教育

良好礼仪的养成,只有家庭、社会、学校等方面的教育是不够的,关键还得靠自身觉悟,不断加强自我教育,严格要求自己。

1. 加强道德修养

道德品质的修养和礼仪行为的养成有着密切的联系,二者是相辅相成的一个统一过程。礼仪行为从广义上说就是一种道德行为,处处渗透着道德精神。一个人想要在礼仪方面达到较高的造诣,离开了道德品质方面的修养是不可能的;一个人要形成高尚的道德品质,就应该从日常礼仪规范这一基础层次做起。

2. 提高文化素质

礼仪学是一门综合性很强的学科,它和公共关系学、社会学等许多学科都有密切关系。一个人只有具备广博的文化知识,才能深刻理解礼仪的原则和规范。因此,要提高自身的礼仪修养,必须有意识地广泛涉猎多种科学文化知识,提升综合知识素养,提高文学、艺术欣赏能力,提高审美能力。

3. 自觉学习礼仪知识

世界各国的礼仪风俗千差万别,我国各个民族礼节、习俗也是各不相同。在涉外工作和沟通交流中,如对其他国家的礼仪知识不了解,只凭经验办事,轻则闹笑话,重则影响工作效果,甚至造成工作失误。在日常生活中,我们应该注意收集、学习和领会各种礼仪知识,以便在实践中运用。

4. 积极参加礼仪实践

对礼仪知识的学习,仅仅停留在从理论上弄清礼仪的含义和内容,而不去实践和运用,是远远不够的。要以积极的态度,坚持理论联系实际,将自己学到的礼仪知识积极运用于社会实践的各个方面。在文明礼仪氛围较浓的环境里去接受熏陶,增强自己的文明意识,培养自己的礼貌行为,去除各种粗俗不雅的不良习惯,提高礼仪修养水平。在工作岗位上,时时处处自觉从大处着眼、小处着手,以文明礼仪的规范来要求自己的言谈举止,在社交场所多听、多看、多学,通过各种人际交往,不断提高自己的礼仪修养。

5. 养成良好的行为习惯

礼仪是人们交际活动中的一种行为模式。这种行为模式只有通过长期的自觉练习,变成自身一种自觉的动作,形成习惯,才能在交际活动中更好地发挥作用。礼仪修养实际上就是人自觉用正确的思想战胜不正确的思想,用良好的行为习惯纠正不良行为习惯的过程。检验一个人的礼仪修养如何,很重要的一条标准就是看其是否已把交际礼仪规范变成自身个性中的稳定成分,在各种交际场合自然而然地遵循交际礼仪要求。

二、学习礼仪文化的现实意义

（一）学习礼仪是适应现代社会发展的需要

信息时代,科学技术高速发展,时刻影响着人们的生活和交往方式。社会交际活动离不开礼仪。现代社会呼唤人们学礼仪、懂礼仪。交谈讲究礼仪,可以变得文明;举止讲究礼仪,可以变得高雅;穿着讲究礼仪,可以变得大方;行为讲究礼仪,可以变得美好。只有懂礼仪的人,才能在经济飞速发展、信息传播快捷、人与人联系更为密切、处处充满竞争的时代中占有一席之地。

学习礼仪文化的意义

（二）学习礼仪有利于与他人建立良好的人际关系

礼仪是人际交往的前提条件,是交际生活的钥匙。同时,社交礼仪本身就是一种特殊的语言,我们学习和掌握了社交礼仪的基本知识和规范,就能顺利地开启各种交际活动的大门及建立和谐融洽的人际关系。

（三）学习礼仪是教师为人师表的需要

教书育人、传道授业是教师的职责。教师担负着教书育人、为人师表的使命。教师礼仪体现教师的职业形象美和仪表风度美,是整个师者风范的重要内容。作为一名教师,在任何场合,都应自觉地保持良好的仪表,待人接物温和自然,举止态度庄重,这样才能赢得学生的爱戴、家长的信任及社会的尊重。

经典故事

孩 子 抗 议

幼儿园金老师,年轻漂亮,喜欢穿高跟鞋。有一次,孩子午睡时,金老师走路发出嗒嗒声响,打搅了孩子们的睡眠,遭到了家长的投诉。她这才知道,细小的事情也会给自己的教师形象造成不好的影响。自此之后,金老师一到幼儿园,就会换上软底鞋。

案例分析

永远微笑服务

希尔顿于1919年把父亲留给他的1.2万美元连同自己挣来的几千美元投资出去,开始了他雄心勃勃的经营旅馆生涯。当他的资产奇迹般地增值到几千万美元的时候,他欣喜、自豪地把这一成就告诉母亲,母亲却淡然地说:"依我看,你跟以前根本没有什么两样……事实上你必须把握比5 100万美元更值钱的东西:除了对顾客忠诚之外,还要想办法使希尔顿旅馆的人住过了还想再来住,你要想出简单、容易、不花本钱而行之久远的办法来吸引顾客。你的旅馆才有前途。"

母亲的忠告使希尔顿陷入迷惘:究竟什么办法才具备母亲提出的这四大条件呢? 他冥思苦想不得其解。于是他逛商店串旅馆,以自己作为一个顾客的亲身感受,得出了"微笑服务"这一准确答案,它同时具备了母亲提出的四大条件。从此,希尔顿实行微笑服务这一独创经营策略。每天他对服务员说的第一句话是:"你对顾客微笑了没有?"他要求每个员工不论如何辛苦,都要对顾客报以微笑。

1930年西方国家普遍爆发经济危机,也是美国经济萧条最严重的一年,全美旅馆倒闭了80%。希尔顿的旅馆也一家接一家地亏损,曾一度负债50亿美元。希尔顿并不灰心,而是充满信心地对旅馆员工说:"目前正值旅馆亏空、靠借债度日的时期,我决定强渡难关。请各位记住,千万不可把愁云挂在脸上。无论旅馆本身遭遇的困难如何,希尔顿旅馆服务员的微笑永远是属于顾客的阳光。"经济萧条刚过,希尔顿旅馆便率先进入了繁荣时期,跨入了黄金时代。

【分析】

众所周知的有美国"旅馆之王"之称的希尔顿,是世界上非常有名气的酒店业者,是国际酒店第一管理者,也是经营最长久的一个。在从1919年到1976年的57年时间里,美国希尔顿旅馆从一家店扩展到70家,遍布世界五大洲的各大城市,成为全球性的旅店集团。50年来,希尔顿旅馆生意如此之好,财富增加得如此之快,其成功的秘诀之一,就在于服务人员微笑的魅力。

(来自百度文库,有删减)

项目测评

自测项目	分值	评分标准	自评分	小组评分	实得分
礼仪发展	25	1. 了解礼仪发展脉络 2. 能对比古今中外礼仪差异 3. 了解各民族礼仪及风俗			
礼仪原则	25	1. 能结合礼仪原则分析案例 2. 生活中能践行礼仪原则 3. 能给同伴提出 5 条礼仪建议			
礼仪功能	25	1. 讲礼仪故事 2. 参与礼仪活动 3. 收集礼仪名人名言			
礼仪教育	25	1. 查找礼仪故事资料 2. 开展礼仪教育活动 3. 编礼仪操、唱礼仪歌			

项目二　幼师生礼仪规范

学习目标

知识目标：了解幼师生在不同阶段礼仪的主要内容。

能力目标：掌握校园、见习实习、求职及辞职礼仪等相关要求。

素养目标：在日常生活及学习中学会运用相应的规范礼仪。

幼儿园教师是学前教育工作的实施者，既是儿童的指导者，也是家长的合作者，及幼儿教育的社会宣传员。幼儿园教师的角色是多元的、全面的。在职业发展中，幼儿园教师要经历大学学习阶段、幼儿园见习实习、毕业求职面试、入职等过程，在每一过程中都充当着不同的角色主体。幼儿园教师在角色过渡过程中应该保持怎样的行为规范和礼仪呢？我们一起来了解幼师生礼仪规范。

任务一　了解校园礼仪

校园礼仪是指教师和学生在校园内要遵守的道德和行为规范。以往，人们通常会认为高学历就等同于高素质，然而当今部分大学生的种种表现却不容乐观。在校园里能听见不文明的语言，看见不文明的举止；在食堂里会看到浪费现象；在教室里会发现"课桌文学"；在宿舍里会发现同学之间的相处并不融洽

校园礼仪

等。这些都说明了一个问题：高智商、高学历并不能简单地等同于高素质。我国自古以来就是礼仪之邦，大学生是国家未来的栋梁，礼仪教育是提高大学生综合素质的重要载体。作为准幼儿教师、未来幼儿教育的主要承担者，我们要学礼、知礼、讲礼，不断提高自身师德修养水平，为将来为人师打下基础。因此，对学前教育及其相关专业的大学生进行礼仪教育，尤为重要。

一、人际交往礼仪

如何行之有效地经营人际关系是一个人成长历程中的一项重要课题。良好的人际关系是促进个人成才、成长的重要条件。美国著名心理医生 Robert Waldinger 经过长期调研得出结论："真正使人们生活快乐的并不是财富和名利，而是良好的人际关系。"对于大学生而言，在校要涉及的人际礼仪主要是尊敬师长、友爱同学。

（一）尊敬师长

百年大计，教育为本。教育大计，教师为本。教师作为教育工作的传播者、组织者和实施

者,承担着传道授业解惑的使命,在学生成长过程中发挥着指点迷津、拔节孕穗的作用。正所谓"一日为师,终身为父",教师理应受到学生的尊重。

首先,学生要尊重教师的劳动。最基本的是遵守校纪校规,能够做到按时上下课、不迟到、不早退、不缺课。上课认真听讲,充分吸收专业知识。

其次,学生要保持谦虚、平和的心态,能够虚心接受教师的批评。大学生虽然已经成年,但却一直生活在"象牙塔"里,很多人在心理上并不成熟。有的在家里被过分宠溺,存在标榜自己所谓"个性"的现象,刚愎自用,听不进别人的批评建议。大学生面对批评,应该懂得爱之深而责之切的道理,主动检查自己的言行,有则改之,无则加勉。即使认为自己有理,也不能发脾气和老师抬杠,这不是"个性"的体现,而是没教养的表现。

（二）友爱同学

在学校,与自己相处时间最多的就是身边的同学。大学生应处理好同学关系,做到相互谦让,相互容忍。在学校中不善于处理人际关系的学生,步入社会之后也容易碰壁。俗话说:"一支筷子容易断,一把筷子不易折。"学生在学校里就应当学会与人和睦相处。首先,同学之间应当做到平等相待,互相尊重,不伤害对方的自尊心;其次,做到互帮互助,团结友爱,同学之间营造出相互学习、共同进步的氛围;再次,做到讲究礼貌,注意礼节,态度诚恳,认真倾听,以真心待人。

知识链接

"不学礼,无以立。"　　　　　　　　　　　　　　　　　　——《论语·季氏》

"君子以仁存心,以礼存心。仁者爱人,有礼者敬人。爱人者人恒爱之,敬人者人恒敬之。"　　　　　　　　　　　　　　　　　　　　　　　　　——孟子《孟子·离娄下》

"礼尚往来。往而不来,非礼也;来而不往,亦非礼也。"　　　——《礼记·曲礼上》

"举止是映照每个人自身形象的镜子。"　　　　　　　　　　——歌德《亲和力》

二、公共场所礼仪

公共场所是个人活动中不可缺少的,也是展现个人素养的重要窗口。良好的公共场所礼仪能够使人与人之间的交往更加和谐,使社会生活环境更加美好。大学生在校园内的公共场所(包括教室、图书馆、食堂、宿舍等)应该遵守相应的礼仪。

（一）课堂礼仪

荀子曰:"礼者,所以正身也;师者,所以正礼也。"作为学生,讲究礼仪,提高修养,首先要从尊师敬长开始,因为尊敬师长是礼仪之源泉。

1. 上课、下课礼仪

上课铃响后,学生应当安静地坐在教室里,准备好上课要用的书本、文具等,恭候老师的到来。

老师登上讲台,全体同学应向老师行注目礼或问好。问好时全体应起立,问候老师好,等老师答礼后,学生方可坐下。坐下时动作要轻,不要使桌椅发出响声。起立时动作不要迟缓,也不要半站半坐、鞠躬低头,更不要未等老师答礼就坐下。

下课铃响后,老师宣布下课,同学们应当全体起立,恭敬地目送老师走出教室,然后方可自由活动。若下课铃响后,老师还未宣布下课,学生应安心听课,不要忙着收拾书本、文具,或者频繁看手表。这些不耐烦的表情和动作都是不尊重老师的表现。若对老师"拖堂"的情况存在意见,可以在课后与老师单独沟通。

2. 课堂礼仪

听课时,要保持正确的听课姿态,坐姿要端正、聚精会神。课堂中切不可左顾右盼,交头接耳,也不能目光呆滞、无精打采或看其他书籍,更不能在老师讲课时睡觉,这些都是不尊重老师劳动的表现。

课堂上老师提问时,要踊跃举手。回答问题声音要响亮清晰,站立时切忌动作迟缓,或起立后东张西望,双手玩弄文具等。不会回答或不清楚时,可以说"对不起,我不太清楚"或"我不知道",不要起立后低头不语。当老师为你提示或纠正答案时,应点头微笑表示感谢。听到老师说"坐下"后,方可坐下。课堂作业要及时完成,课后作业要按时上交,这是尊重老师教学的表现。不做作业是不礼貌的行为。

上课时,个别同学因急事、急病需要离开教室,或者身体不舒服,需要伏在课桌上小憩时,应向老师举手说明。

"金无足赤,人无完人。"老师在讲课过程中,难免出现讲错题、说错话、批评错人或没讲明白等情况,作为学生,切不可失去理智,不讲礼貌,当面讥笑、议论甚至顶撞老师,刻意让老师出丑。正确的做法是在不影响老师讲课的情况下,举手示意发言,得到老师允许后,以谦虚的方式心平气和地提醒老师,也可以等到下课再同老师交换意见。只要你说话入情入理,态度真挚诚恳,老师定会欣然接受,并会由衷地感谢你。

3. 迟到时的礼仪

学生应按时到教室上课,这是遵守纪律的基本要求。如果确实因特殊原因导致迟到,应特别注意举止的文明和礼仪的周到。

学生应在教室门外轻轻停下脚步。如果教室的门关着,应先轻轻敲门;如果门开着,应等到讲话停顿时再喊"报告"。得到老师允许后,才能进入教室。切不可鲁莽地推门而入,惊扰老师和同学们上课。

当老师询问迟到原因时,要实事求是地报告给老师。如果受到老师的批评,应诚恳地承认错误,接受批评。如果老师误会,使你感到委屈,也应等到课后,平心静气地当面向老师解释清楚。

(二)教室礼仪

教室是学校的重要组成部分,是师生共同生活的地方,也是学生进行学习生活最多的场所。在教室中保持良好的礼仪,不仅有利于构建良好的学习环境,还有利于促进和谐学习氛围的形成。

1. 教室穿着礼仪

学生在教室中学习,应当保持整洁的形象,穿着大方整齐,面容干净。不穿奇装异服,不穿拖鞋、背心等不文雅的装扮进入教室。女同学不浓妆艳抹,男同学注意保持个人卫生。

2. 教室卫生礼仪

为了维持良好的学习环境,应当始终保持教室的干净、整洁。比如,教室内学生多,空气不清新,应当注意室内空气的流通;注意保持教室的安静,不在教室内追逐打闹;注意合理使用教室内的设施设备,不在桌椅、黑板、墙壁等处乱涂乱画,爱护公共财产;注意保持教室的清洁卫生,不带零食进教室,不在教室课桌内、地面上乱扔垃圾。

(三)图书馆、阅览室礼仪

图书馆和阅览室是大学生学习的重要场所。学生通过在图书馆、阅览室学习,能够获取更多有效信息、拓宽视野。良好的图书馆、阅览室礼仪能够让师生在其中更好地学习。具体而言,学生应当遵守以下几个方面的礼仪:

(1)衣着规范,整洁大方。图书馆、阅览室是公共学习场所,要注意衣着整洁,不能穿汗衫和拖鞋入内。

(2)借还有序。办理借还书手续及进图书馆时要按次序,不要拥挤。看完图书或者借阅到期,应及时归还。

(3)做到轻、静、洁。坐下时,移动椅子不要发出声音。走动时脚步要轻。阅读时不要出声,更不能大声喧哗,高声谈话。保持室内清洁,不吃东西,不吸烟,不乱扔果皮、纸屑。

(4)爱护图书。查阅图书和卡片时,要轻拿、轻翻、轻放。不可在图书上乱涂乱画,不折角、不剪裁图书。

(5)有序取阅,物归原处。对开架图书应逐册取阅,阅后立即放回原处。

(6)遵守规定。进入阅览室要存放书包,不要为朋友占座位。在电子阅览室要爱护电脑,不能进行网上非法活动。

(7)尊重工作人员。图书馆、阅览室的老师每天工作很辛苦,对他们要态度诚恳,语言文明,服从管理人员的安排。

(四)餐厅礼仪

部分高校食堂打饭存在学生不排队、相互推挤等没有秩序的现象。高学历与低素质在这里形成了鲜明的反差。有秩序地排队、就餐、不浪费粮食、吃完后将餐具归位等是大学生在食堂中应做到的礼仪规范。

1. 注意公共卫生

在食堂,不随地吐痰,不向地面泼水、扔杂物,吃饭应尽量不剩饭菜,剩余的饭菜应倒在指定的位置。

2. 按规定时间就餐,遵守秩序,互相礼让

自觉按先后次序排队购买饭菜,不要拥挤或插队,更不应该打闹、起哄以及有其他不文明行为;就餐时,不要争抢桌椅,坐姿要端正;不能坐桌子、踩椅子。

3. 排队有序

在窗口买饭时,应当自觉有序排队,正确使用饭卡,爱护刷卡设备;如果同学之间因不小心相互碰撞而打翻了饭菜,弄脏了衣服,要相互原谅,相互道歉,切不可相互指责、谩骂甚至动手打架。

4. 尊重他人

打饭时说话应当有礼貌,尊重食堂工作人员;如对饭菜质量、卫生状况、服务态度等有意见,最好不要当场提出,饭后可向学校后勤主管部门或学生会生活部提出;如发现饭菜有异物或质量有问题,可找相关人员有礼貌地说清楚,以帮助食堂改进工作,提高服务质量。切不可大发脾气,吵闹不休。

5. 文明进餐

就餐时,应做到小口吞咽、闭嘴咀嚼,尽量不发出响声;不能一边说话一边吃饭,不利于自己身体健康,更影响他人就餐;对不爱吃的菜以及肉骨鱼刺等物,不可吐在地上,要放在餐盘内,饭后自己倒在指定地方。

6. 勤俭节约

粮食来之不易,进餐时应注意节约粮食。购买饭菜,以吃饱为度,不要超量购买,以免造成浪费。

(五)寝室礼仪

寝室是学生共同的家,也是反映学生精神文明和礼仪修养的一个窗口。学生要格外重视寝室礼仪。一部分学生在中学时就已在学校住宿,具备一定的集体生活经历,但是大部分学生是考上大学后第一次离开父母、离开家,开启集体宿舍生活。学习寝室礼仪很有必要。寝室礼仪要做到以下几点:

1. 要搞好寝室的环境卫生

寝室是大家共同生活的场所,要创造一个整洁、美观、舒适、充满生活情趣的环境,需要大家共同美化和保护。寝室美化可以分为两个部分,即室内公共部分和个人小天地两部分。两部分的美化既要各具特色,又要协调一致。

公共部分一般用花卉、盆景、书画、牌匾、工艺品等进行装饰。个人小天地的美化则是对该基调的丰富和深化,要突出个人的生活情趣,富于想象力和创造力,不拘泥于统一的形式。个人小天地一般用图片、手工艺品、玩偶、小型字画来美化。学前教育相关专业的学生应当结合专业特色,充分发挥专业特长,手工制作寝室装饰物。个人小天地的美化要注意与整个寝室的美化相协调,不要过于强调自己的爱好而破坏了整体的和谐美。此外,还应当注意保持寝室内的整洁、清新、舒适,不因个人卫生状况而影响室友们的正常生活和集体荣誉。最后,寝室值日者要认真负责,大胆监督其他同学。

2. 要遵守学校的作息时间和寝室的各项规章制度

为了保证同学们的正常生活,在寝室内进行活动应当遵守时间规定,自觉维护集体生活秩序。早上按时起床,晚上按时就寝。尤其是在午休时段和晚上熄灯后,应当保持安静,以免影响他人休息。此外,在休闲娱乐时也要为他人着想,避免打扰别人。比如,当有室友也在寝室时,应当使用耳机听音乐,不使用音响播放,或需要使用音响也应征得室友同意,并注意调低音量。

3. 要注意语言优美,举止高雅

不能随意翻看室友的资料文件。如需借用同学的东西一定要经过物主同意,并尽快归还。

寝室里如有人生病,要像亲人一样细心照料;同学在生活方面有了困难,要主动给予力所能及的帮助。

当某位室友的朋友来到寝室,而该同学不在时,应礼貌待人,比如可以请拜访者在寝室内等待,其间可以为其倒水或者寒暄。切不可开门后说"不在",然后"砰"的一声使劲关上门。

搞好自己寝室内部文明礼仪的同时,也要处理好同周围寝室的关系,无重要事情一般不要到他人的寝室逗留较长时间,更不要在他人的寝室留宿。

遵守礼仪规范,就是要做到心中有他人,尊重他人,这样我们自己才能得到别人的尊重。校园礼仪是大学生社交礼仪的重要组成部分,目前很多高校都将"社交礼仪"设为公共选修课。无论是听老师课堂讲授还是自学,社交礼仪是每个大学生都应学习的必修课。人们常说21世纪最需要的就是"人才",教育、科技、人才三位一体。高校是培养"人才"的地方,学生要"知书",更要"达礼"。

(六)功能室礼仪

幼儿园教师这一职业具有一定的特殊性,其教学对象是学前阶段的幼儿,因此还需掌握钢琴、舞蹈、绘画等专业技能。琴房、舞蹈室和画室等功能室是幼儿园师生经常出入的场所,学习相应的礼仪必不可少。

1. 保持功能室的环境卫生

琴房、舞蹈室和画室等均为公共教室,各年级各班级的幼师生都会使用,因此保持环境的整洁,不仅为了方便自己使用,更是尊重他人的表现。严禁在室内乱扔纸屑、吐痰等;严禁在钢琴设备、画板等处乱涂乱画;需更换专业舞蹈服、舞蹈鞋,方可进入舞蹈教室,并保持其清洁。

2. 服从安排,遵守纪律

学生必须有秩序地进入功能室,并保持室内安静。不要争先恐后、喧哗打闹。上课时,应当按任课教师的规定,坐在自己固定的位置上。未经教师允许,任何人不得离开座位或随意调换座位。

3. 爱护室内设施

在钢琴课上,应当正确使用钢琴,不能重击乱弹,如有故障应当及时向任课教师提出,损坏设备者应照价赔偿;有意破坏者,一经查实,除赔偿外,还需给予相应的纪律处分。在绘画课上,课程结束后,需将画室的画板等工具归回原位。

4. 注意安全

在琴房,因目前大部分高校为幼师生配备的学琴设备为电钢琴,若使用不当,会存在很大的安全隐患,所以不能乱动琴房的电钢琴接线、电源插座等设备线路,严禁携带火种以及雨具等进入琴房。电钢琴使用完毕后,应关机并切断电源,整理好设备,依次离开琴房;在画室上绘画课过程中也应注意画板、颜料等工具的正确使用,避免压伤手指或颜料不慎入眼;在舞蹈室,上课前应提前拉伸筋骨、做热身活动,舞蹈时注意舞蹈动作的规范性。若不慎受伤,应及时联系校医治疗。

经典故事

帽子戴歪了

元世祖忽必烈一次召见应聘官员,应聘者中有一位学士叫胡石塘。此人生性粗心,不拘小节,歪戴着帽子就去觐见忽必烈。忽必烈看见他,问道:"你有什么本事啊? 说来我听听。"胡学士回答说:"我有治国平天下的学识。"忽必烈听了哈哈大笑:"你连自己头上的帽子都戴不正,还能平天下吗?"胡学士汗颜。从此回家教书,第一课即教学生注重仪容仪表——"衣贵洁,不贵华,冠必正,纽必结,袜必履。俱紧切。"

(来自百度文库,有整理)

任务二   掌握见习、实习礼仪

实践是检验真理的唯一标准。见习、实习,即在实践中学习,是将在校园中学到的理论知识拿到实际工作中去应用和检验,以锻炼工作能力。作为未来的幼儿园教师,见习、实习是应用和检验自己所学专业知识和技能的有效方式,也是促进专业技能提升的必要环节。只有积极参加社会实践,才能不断充实和完善自身知识结构,培养自我教育、自我管理和自我发展的能力,提高自我适应能力和社交能力,从而积累社会阅历和工作经验,走出成功就业的第一步。在见习、实习过程中的相关礼仪和规范,是准幼儿园教师必须明了和遵守的。

实习礼仪
基本原则

一、见习、实习礼仪的基本原则

准幼儿园教师在见习、实习过程中,与幼儿、实习单位、家长等接触较多,其言谈、穿戴、举止、仪表、气质等,不仅是个人形象的体现,也是幼儿效仿和学习的对象,更是实习单位所看重的内容。因此,作为幼儿教育行业的见习、实习生,应当努力达到实习单位的标准和要求,获得幼儿的尊重,取得实习单位的信任与肯定。

(一)严于律己,遵纲守纪

作为一名幼儿教育行业的见习、实习生,在见习、实习期间必须以自己的实际行动来遵守实习单位的相关规定和制度。

1. 必须遵守法律法规

实习生在实习期间必须遵守法律法规,做到认真守法,有法必依。

2. 必须遵守实习纪律

实习中要认真听取实习单位和指导教师的意见和建议,衣着穿戴符合幼儿园规范,保障幼儿及个人的人身安全。比如指导幼儿进餐时必须戴口罩,女实习生进入幼儿园必须把头发整理好,不浓妆艳抹,不戴首饰,不留长指甲等。

3. 遵守实习单位相关的规章制度

遵守幼儿园的管理制度、教育活动安排制度以及作息制度等。

(二)文明礼貌,助人为乐

见习、实习生要尊重实习单位的教师及工作人员,见面时要热情主动地问候。要注意勤快做事,保持办公室卫生。如别人遇困难,应尽可能提供帮助。主要注意以下几点:

1. 尊重他人,体现细节

尊重体现在迎送、问候、言谈、举止之间,要做好这些细节需要在实际的工作中长期积累,比如看到来访者应该主动问好,并询问来访缘由,让来访者感受到自己被尊重。

2. 与人交往,不分厚薄

在日常工作和人际交往中,见习、实习生不可因贵贱亲疏而区别对待幼儿家长、同事及伙伴,更不应该以貌取人。

3. 礼貌用语,长挂嘴边

在见习、实习过程中要处理好人际关系,多使用礼貌用语,比如在欢迎客人时多说"您好"

"请"等敬语。

4. 失言失行，及时致歉

在见习、实习工作和与人交往过程中，难免会有言语和行为不得当的时候，这时，我们应当坦诚地承认自己的失误，由衷地致歉，必须学会说"对不起"等致歉用语。

5. 平等相待，持之以恒

见习、实习生和见习、实习单位的员工在工作和生活中是平等的关系。在与见习、实习单位的幼儿园教师交往的过程中，应该互相关心，礼貌相处。

（三）虚心学习，取长补短

作为一名新人，见习、实习生在校期间也许各方面都很优秀，但从学校步入社会，将会面临全新的挑战。在见习、实习单位，应当向见习、实习单位指导教师主动问好，虚心求教，切莫骄傲自大。

1. 态度诚恳，不卖弄自己

对于见习、实习生而言，在教育教学活动中有不明白、不清楚的地方应该主动、自觉地向见习、实习指导教师请教，不能因为自己的自尊心而不懂装懂，要有严谨的工作态度。切忌使用诸如"这个你就错了，某某书这样说……""我们老师说过这样该怎么做……""这个你不懂"等狂妄的话语。

2. 虚心请教，不自以为是

见习、实习生在幼教机构见习、实习时一定要服从带队老师的领导，主动配合指导教师开展工作，虚心向指导教师请教，学习爱岗敬业精神和教育教学经验，从而让自己获得提升，同时还要按时写好实习报告，上交给见习、实习指导教师审阅，恳请他们给予指导。当自己取得成绩时，应该感谢实习机构给自己提供实习的机会，并感谢指导教师的辛勤付出和帮助，做一个懂得感恩的人。

（四）尊重隐私，谨言慎行

礼仪的核心是尊重。相互尊重是处理好任何一种人际关系的基础。要获得尊重，形成和谐的同事关系应注意以下几点：

1. 搞好团结，不拉帮结派

见习、实习期间，见习、实习生要团结一致，切忌拉帮结派，形成小圈子，更不能在圈子中散布小道消息，充当"小灵通"。

2. 他人隐私，不妄加评论

见习、实习生不要过于关注指导教师或者实习机构工作人员的学历、待遇、家庭等问题，而要注意学习他们在工作上的优点，对有损别人形象的话和事，不能说、也不能做，更不能在其他人面前妄加评论。

3. 注意礼貌，不乱用称呼

在见习、实习期间，应该把见习、实习单位的所有工作人员都看作是自己的学习对象，不论其学历高低，职位高低，都要以礼相待、以诚相见，不乱用称呼。

二、见习、实习生个人礼仪

学龄前儿童具有较强的向师性，幼儿园教师的一言一行对于幼儿而言，是有很大权威的。虽然见习、实习生还没有正式入职，但在幼儿心目中，他们的身

实习生个
人礼仪

份已经是一位老师了。因此,见习、实习生的个人礼仪对幼儿有着重要的影响。见习、实习生应当注重个人礼仪,主要从以下几方面的要求入手:

(一)装扮礼仪

原则:自然和谐、秀外慧中。

见习、实习教师在一天工作中,无论是保育工作还是教学工作,都与幼儿接触较多,因此,在装扮上要注意符合自身形象和身份。

具体要求:

头发——前不挡眼后不披肩,过肩长发应束起或盘起,发型不夸张,不剪过短的头发,不染夸张彩发(如红、蓝、金黄等)。

手部——勤洗手、勤剪指甲、不留长指甲、不涂指甲油。

面部——保持牙齿洁白,口腔无异味;保持眼部整洁,不戴墨镜和有色眼镜。

妆容——自然、大方、淡雅的日常生活化妆,与肤色相配,杜绝浓妆,不使用气味过浓的化妆品。

着装——柔和大方、便于活动。不穿吊带背心、超短裙等过于暴露或透明的服饰。

鞋子——带班时只能穿平底鞋,不穿高跟鞋、拖鞋等。

佩饰——带班时不佩戴戒指、耳环、耳钉、胸针、项链和手链等。

(二)行为举止礼仪

原则:自然规范、亲切优雅。

见习、实习听课期间要有正确的坐姿,站着讲课时要有正确的站姿。声音温柔适中,上课期间面带微笑,不指责和体罚幼儿。

具体要求:

脸部——真诚微笑,神态自然,给人亲切、和蔼、可信之感,不故意掩盖笑容,忌面色阴沉、横眉立目。

眼神——亲切有神,转动幅度适宜,合理分配目光,让每个幼儿都感受到教师的关注,不可长时间凝视一名幼儿。

守时——按时上下班,参加各类会议及活动不迟到、不早退。

坐姿——入座、起座动作轻缓,面对幼儿坐姿端正,双腿并拢,上身挺直,双手自然摆放。

站姿——身体挺直,挺胸收腹,抬头沉肩,双腿靠拢,双目平视,双手自然垂放或交握在腹前。

走姿——上身保持不动,双肩平稳,重心前倾,速度适中,步幅恰当,轻手轻脚,忌连蹦带跳或步履过缓,不可多人并排而行。

蹲姿——身体保持直立,双膝靠近,臀部向下,使用脚掌支撑,不可在行走中突然下蹲。与幼儿说话时,宜蹲下来。

手势——准确适度,自然大方,忌拘谨僵硬、当众搔头、抓痒、挖鼻孔等。带班时不双手交叉抱臂或双手后背。

(三)言谈礼仪

原则:主动热情、文明礼貌。

见习、实习生在园期间,与幼儿、园长、教师及家长之间交谈也应当注重礼仪。

1. 礼貌言谈

恰当使用礼貌用语,主动向他人问好。多使用"您好""谢谢""请""麻烦"等词语。

2. 注意称谓

称谓要注意场合,要尽快记住园方园长、教师以及幼儿的名字。不用绰号称呼幼儿。见习、实习生之间也应以"老师"相称。

3. 注意小节

不要在别人背后说三道四,不要言而无信或者轻许承诺,不说脏话和粗话,不要大声喧哗。

4. 对待幼儿

对待幼儿的无意过失,要耐心安慰,不指责埋怨幼儿。如伤着没有? 下次小心。

对待幼儿的有意过失,要坚持正面教育,及时解决。如有事好好说,不能动手。相信你是好孩子,以后不会再做这种事。

组织活动——语速适中,指令简洁明了,语言生动有趣,要儿童化。如:请吃完点心的小朋友轻轻地把小椅子搬到旁边。

师幼互动——热情温和,积极应答,仔细观察,不断提示,给予评价,鼓励欣赏。如:你能想到"0"(数字)也是"O"(字母),还是圆圈。真是一个爱动脑的宝贝!

遇到困难——鼓励幼儿增强自信,不讽刺挖苦。如:你肯定能行,试试看吧! 别着急,我来帮助你。

日常生活——亲切关爱,体贴入微,注重对幼儿用心用情地关爱。不随便给小朋友食物,不讲粗话、脏话,不训斥幼儿,保持同理心。如:有点不舒服是吗? 让我看看裤子湿了没有。

（四）交往礼仪

原则:态度诚恳、尊重他人。

人际交往与我们的工作、生活密切相关,在良好的交往中,人与人之间产生多渠道正面的互动,从而提高自我的认知。见习、实习生在幼儿园交际过程中,应当注重各方面的礼仪,待人亲切有礼,以达到事半功倍的效果。

1. 与见习、实习园长的交往

主动与园长打招呼问好,遵照执行园长对园所的规定和要求,虚心接受指导,并运用于自身实践工作之中。同时尊重园长的工作,尽量不打扰园长工作。

2. 与见习、实习指导教师的交往

主动虚心向指导教师学习和请教,积极配合指导教师的工作,服从指导教师的工作安排,见习、实习上课期间要提前写好活动设计方案,认真做好相关玩教具的准备工作。若出现意见分歧的情况,可以提出自己的见解,多运用商量的语气,虚心与指导教师讨论交流。

3. 与见习、实习生之间的交往

幼师生共同在一个幼儿园见习、实习,既是同事也是同学,应当相互帮助相互学习。比如可以相互听课、评课,以提高教学技能。面对遇到的问题,也应当齐心协力,共同解决。实习生们只有具备了集体观念,才能共同成长、共同进步。

4. 与幼儿家长的交往

幼儿园阶段,家长每天接送幼儿。作为幼儿园教师,与家长接触频繁。见习、实习生应当注意形象,转变教师角色,热情有礼地与家长交往,尊重家长的意见,不与家长发生冲突矛盾,如实、客观并婉转地向家长反馈幼儿在园情况,共同促进家园合作的实现。

5. 与幼儿的交往

与幼儿平等相待,富有耐心、爱心、责任心,多用赞赏的眼光、动作、语言鼓励幼儿,让孩子感受到教师的爱意。一视同仁,不可重点对待个别幼儿。同时,鼓励幼儿的好奇心与自信心,尊重幼儿的想法,引导幼儿科学地活动。此外,与幼儿互动交谈时应蹲下,与幼儿身高保持同一水平线,以平等的角色进行对话,不可俯视幼儿。

三、见习、实习结束时的礼仪

首先,应当在见习、实习开始时,与园方进行对接,告知园方此次见习、实习的时间安排,并在接近尾声时,向幼儿园园长、指导教师、搭班老师等提前告知自己离园的时间。

其次,应当做好离园前的各项工作。完成校方安排给幼师生的见习、实习日志、教学活动方案、教学设计等的撰写;请园方、指导教师在见习、实习记录上撰写评语并出具见习、实习证明;与指导教师做好工作交接,虚心听取园方给予的评价及建议;给园方或指导教师撰写感谢信,以表达感谢。

再次,临走时应当与指导教师及班级幼儿告别,尽量选择室内集体教学时间离园,以免影响幼儿园正常教学秩序,做到安静离园。

经典故事

一口痰事件

某制药厂濒临倒闭,政府为他们引进外商投资。在签约之前,该厂长陪同外企领导到该厂视察。参观期间,这位厂长不经意间吐一口痰。外企领导看到后,当时就结束了视察,并告知政府领导不再签约。他的理由很简单,这是制药厂,是关乎人命的,怎么能随地吐痰。这家工厂本来可以借助外商投资起死回生并且兴旺发展,但厂长在社交场合一个不经意的失礼和失误,导致了制药厂之后的破产。

(来自百度文库,有整理)

任务三　掌握求职及辞职礼仪

大学生经过大学阶段的培养,最终要毕业走向社会,开启职业生涯。求职是大学生走向社会的第一步,这一步迈得成功与否,直接影响到将来的工作和生活。在求职过程中,礼仪广受面试者的重视,面试礼仪已然成为一种日益重要的行为范式。因此,学习正确的求职及辞职礼仪,养成规范的职业习惯,是每一位大学生都应努力掌握并运用自如的职业要求。加强礼仪学习,提高自身修养,有利于幼师生成功走向职场。

一、求职前的礼仪准备

求职中的表现是能否获得工作机会的关键因素之一。在求职面试前,必须做好思想、材料、技能、形象等各方面的充分准备,才能有利于求职面试成功。具体而言,有以下几个方面:

（一）具备良好的思想准备

拥有积极的思想、乐观的态度，树立充分的信心，便能事半功倍。因此，求职前，思想一定要端正，应当十分重视工作机会，认真准备。同时，也要保持一颗平常心，端正好心态，沉着应对求职，切忌由于紧张而带来失误。

（二）进行充分的材料准备

面试时应递上个人材料，以便评委老师更全面地了解自己。比如，简历、就业推荐表、荣誉证书、学科课程成绩单、党员证明、学生干部聘书等。值得注意的是，材料的准备旨在结合所求职岗位，本着人职匹配、人岗相宜的原则，突出自己优势、专长，应当条理清晰、简明扼要。同时，手写部分应注意书写格式、字迹工整，这不仅是对评委的尊重，也能反映出求职者良好的态度和性格。

（三）有扎实的技能准备

如何在短暂的面试时间内，更充分地展现自己的能力，其中相应的技能准备是必不可少的。在面试前，求职者应当准备好 3 min 和 1 min 两个版本的自我介绍，必须力求突出个人优点，避免平铺直叙。同时，应提前准备面试中可能会涉及的问题以及对应的合理回答，并进行模拟自我介绍和面试，能够流利自如地表达。此外，对于幼师生而言，掌握优秀的教学技能，熟悉多种才艺技能也是必不可少的。因此，在面试前，应当针对幼儿园大、中、小班，健康、语言、科学、社会、艺术"五大领域"课程，各准备一节精品课程活动。此外，应结合自己的特长，熟悉幼儿园五大技能，如古典舞、绘画、讲故事、歌曲演唱、钢琴演奏等，并根据准备的课程活动和才艺，提前准备相关的教具和道具，以便充分展现自我能力。

（四）个人仪表形象的打造

良好的个人形象能够给评委老师留下更为深刻的印象。保持个人着装整洁，头发、面部、服饰、鞋子等都保持清洁。女生可以化淡妆，以展现出更好的自我气质。同时，在面试场合中，需着一套适宜的面试服装，男生多以西服、西裤、皮鞋、衬衫配领带或领结为主，女生多以衬衫搭配小丝带、西裤或职业裙装、搭配 3 cm 黑色小高跟鞋为主；在技能展示场上，为了便于幼师生更自如地展现出舞蹈等专业技能，应着宽松、便于活动的服装，但不可太随意，以偏正式的休闲服搭配休闲鞋或运动鞋为最佳。此外，在服饰的搭配上，全身着装颜色尽量不超过三种，鞋子的颜色要与服装相匹配，不能佩戴过于夸张的饰品。

二、求职面试礼仪

面试礼仪对于求职的成功与否起着关键性作用。面试时，除了展现自身的能力、素质和水平外，得体的穿着、流利的谈吐、大方的举止，都能增加招聘单位对应聘者良好的印象，为求职加分。具体而言，可以从以下几个方面着手：

（一）较强的时间观念

较强的时间观念有两层含义。一方面，面试者要准时入场。面试都有约定的时间，准时进入面试考场，不仅可以说明应聘者是一个有诚意、讲究信用、可靠的人，同时还是一个讲求效率、懂礼貌的人。通常面试时应提前 10～15 min 到达指定面试地点，因为只有这样才能表明本人求职的诚意和对用人单位的重视。到达面试地点后，求职者不要急于入室，可以在外边等待、准备，如先在大堂里稳定一下情绪，调整思路并熟悉环境，以适应紧张的气氛，或到洗手间梳理一下头发，然后进入面试地点。据调查，求职面试迟到者获得录用的概率只相当于不迟到者的1/8。迟到是面试的大忌，如果迟到是迫不得已的，必须诚恳道歉并做解释，以求得谅解。解释时不要唠叨个不停或为此而感到不安，以免影响求职形象和个人能力的正常发挥。另一方面，面试者要遵守面试约定的时间长度。求职者都一定要好好把握，在规定的时间内，表达出主要观点、展示出自身的实力，以体现个人对时间的把控和办事效率。

（二）入场通报有礼貌

没有一位面试官愿意招聘一名不懂礼貌的员工。一般而言，求职者进门前一定要有礼貌地通报。入场时应该先敲门，敲门的声音应该适中，不可过大或过小。得到入场允许后，方可轻轻推门而入。有的考生会大步迈入考场，把身后的门重重关上，这样很容易给考官留下毛躁的印象，而且会令自己紧张。在入场后，要轻轻把门带上。同时，考生可以利用入场的时间再一次调整自己的心理，尽量放松自己。面试时，表情自然，面带微笑，以饱满的热情正视评委的眼睛，端庄地坐在为应聘人员准备的椅子上，坐下后切忌扭动身体，抖动腿脚。大方地向评委介绍自己："尊敬的评委老师，您好！我是××，应聘的是××岗位。"这样既有问候又有介绍的开场白，可以迅速消除彼此之间的陌生感。

（三）面试中的握手礼仪

面试时考官可能会与面试者握手，这时一定要注意握手礼仪规范。与人握手，神态要专注、热情、友好、自然，面带笑容，目视对方双眼，同时向对方问候。面试中握手作为一种礼节，应把握四个要点：

（1）注意握手姿势。握手用力要适度，应面带微笑，目光正视对方前额。千万不能两只手与面试官相握，这样做是非常轻率的表现。

（2）注意伸手的顺序。求职时，应试者不宜先伸手求握，应待面试官有握手示意后，再伸手相握。

（3）注意握手力度。握手一般以紧而不捏痛为宜。

（4）注意握手时间。握手的时间应为 3~5 s，不可时间太久，尤其当对方是异性的时候。

（四）面试中的语言礼仪

一个人的言谈能客观地反映其文化素质和内在修养，面试时出色的语言礼仪对面试成功有极大的帮助。

1. 交流中注意倾听

良好的交谈建立在善于倾听的基础上。倾听是一种很重要的礼节，是有教养、懂礼仪的人在言谈交流中应有的表现。面试过程中考官的每句话都是非常重要的，一定要专心致志、认真聆听，记住他们所说的每一句话，然后可以更好地有针对性地回答他们的问题。对方提问时不要左顾右盼，以免被误认为缺乏诚意和兴趣。

在面试的言谈交流中，一定要保持微笑，谦恭和气，身体微微向前倾，适时做出一些如点头、会意的表情等。切记不能随意打断考官的讲话，考官问什么，就相应答什么，不要答非所问、文不对题。

2. 音量和节奏

面试过程中应聘者的说话声音不能太小或者太大，以免给考官留下不好的印象。同时也要注意讲话的节奏，控制好语速，保证考官能听清楚你在讲什么。切忌不顾及对方感受，一味地滔滔不绝。

3. 讲话的艺术

应聘者无论是自我介绍还是回答问题，语言都要准确、概括、简洁。同时要注意语言逻辑，做到层次分明、重点突出，最好有自我的见解，以便展现出个人的风格和特色。同时，要避免方言和口头语，以免对方难以理解。

（五）恰当运用形体语言

美国著名职业指导专家玛丽·布朗所做大量统计研究结果表明，影响面试成败的因素依次为：形体 55%、语调 38%、语言 7%，这也就意味着，不恰当的形体语言是导致面试失败的最大原因。因此，求职者在面试中要学会克服不恰当的形体动作，善于用适宜的目光、面部表情等来表现和烘托自己。

1. 形态

走路进入面试现场时，应抬头、挺胸、收腹，双臂自然下垂，大方、从容、自信地迈入。站立时，女生的脚呈丁字步，男生的脚并拢或呈八字步。坐下时，动作尽可能轻，不发出噪声，坐椅子前 1/3 的位置，腰背挺直，女生双腿并拢向右微微倾斜，男生双腿并拢垂直即可。

2. 表情

面试时要注意保持微笑。微笑是世界上最美的语言。面带自然微笑，会给考官们添一份好心情，并对你留下好印象。微笑要做到表里如一，要让笑容与自己的举止、谈吐相呼应。要笑得适时，笑时精神饱满、气质典雅，自然地反映个人的文化修养和精神追求。

3. 目光

眼睛的作用不可忽视，一个人的文化素养、内心修养都可以通过眼睛折射出来。在与考官交谈时要注视对方，不要低着头或看别的地方。如果同时有几位考官在场，目光要注意照顾到每个人。这样做不仅能表现出对考官的尊重，还能表现出自己的自信，更能表明应聘者主动与考官沟通，给人留下热情、开朗、积极进取的印象。有的求职者，眼神躲躲闪闪、游移不定，会被考官认为是害羞、害怕、风度欠佳、没有礼貌，甚至觉得面试者另有隐情而进一步追问。这样一来会让面试者更紧张，最终影响面试成绩。另外，若紧盯着考官，又难免会给人以压迫感。所以，在面对考官提问时，应落落大方，将坚定、自信的目光停留在对方的脸上，并在对方眼睛与鼻子之间的三角位置上移动。

4. 手脚

手脚要放好，卷领带、挖鼻孔、剔指甲、抚弄头发和关节、扶眼镜、玩弄考官递过来的名片等动作会令考官极为反感，将严重影响自己的形象与风度。当然，也不能将手握得太紧，如果将手指紧紧地绞在一起，会暴露自己的紧张和不安。在面试时若要借助手势来表达感情，手离开身体的距离不要超过肘部的长度，如果手移动的幅度过大，会给人一种张狂的感觉。腿不停晃动、前伸、跷起等，不仅会人为制造紧张气氛，而且还会显得心不在焉，相当不礼貌。面试时，最好是双腿自然并拢，身体微微前倾。

5. 眉毛

眉毛在面试中也发挥着重要作用。一般来说，求职者的眉毛应平直，给人以自信、坚定的感觉。不论在什么情况下都不要皱起眉毛或是将眉毛上扬。

6. 嘴形

嘴形应该自然闭合，谈话时不能频繁变换嘴形，更不要打哈欠或张开嘴巴露出牙齿，以免给人留下不拘小节的印象。

（六）面试结束时礼仪

无论面试的结果如何，在退场时都要有礼貌，控制好自己的情绪，维护好自己的形象，做到善始善终。有时候退场的一瞬间也能改变考官对你的看法。当主考官宣布面试结束时，应一面徐徐起立，一面正视对方，并可乘机做最后的表达，以显示自己的满腔热情。比如，"谢谢您今天给我这个面试机会，请不吝指教并保持联系""如果能有幸进入贵单位服务，我必定全力以赴，请多多指教"等。

离开时，要收拾好自己的东西，眼睛平视考官并面带微笑，然后向在场的考官鞠躬道别。起身后退一步把座椅摆正，退出面试间轻轻把门关上。出面试间后，先到候客室或前台，向刚才传达或接待你的工作人员道谢，再行离开。

（七）面试结束后礼仪

面试结束后，一定要耐心等待，不要过早地打听面试结果。一般而言，用人单位会告知面试成绩公示时间。如果通知结果的时间已经到了，还没有收到对方的任何答复，并且在对方官方网站上也未查询到相关信息时，可以打电话给招聘单位人事部门咨询，了解最终面试结果。

> **知识链接**
>
> 面试礼仪中的禁忌：1. 不准时到场； 2. 进门不主动打招呼； 3. 着装和举止不得体； 4. 当面询问自己的面试结果； 5. 急于表现自己，一味地吹嘘自己； 6. 面试过程中手机响或接电话； 7. 为一些小事或失误而过多地解释或道歉； 8. 随意打断考官的话； 9. 小动作过多。

三、辞职礼仪

当今社会是一个日新月异、人才流动性大的社会。进入职场后，工作环境不适合自己、有更好的工作机会、有更大的发展平台、进一步深造、求学等因素都可能是辞职的原因。辞职成为越来越普遍的社会现象，在一定程度上有利于人才的合理流动。如何体面地向单位提出辞职，是一门艺术，需要具备一定的辞职礼仪，以便妥当处理好与原单位、领导、同事之间的关系。

首先，应当提前与领导沟通，出具书面辞职信，表达出自己辞职的意愿和缘故，经领导同意批准后，办理辞职相关手续。期间，应与领导诚恳地谈话，不与其发生争执、冲突。任何需要带走的资料、物品，需经领导同意、签字。未经允许的任何物品，不可"顺手牵羊"带走。

其次，应当与同事做好工作上的交接，保证工作不因本人辞职而受到重大影响。在本人离岗前，认真完成各项工作，不因即将离开单位而敷衍了事。同时，应当与原单位、原同事保持联系。即便辞职，或许今后在其他单位也是同行，保持交流，能够促进双方资源共享，共同进步。

总之，作为一名准幼儿园教师，要时时处处理解他人、尊重他人、设身处地为他人着想。要用礼仪观念滋润心灵，用礼仪准则规范言行，只有不断进取、不断学习、不断追求，才能更好更快地踏入职场，发展成一名优秀的幼儿园教师。

经典故事

自嘲解除尴尬

有一位40多岁的大学数学老师，像葛优一样秃了头，露出一片"不毛之地"，同学们背地里把他叫秃顶老师。后来他在课堂上向同学们讲明了因生病而秃发的原因后，还加上这样一句自嘲："秃顶好处可多了，在家可以省钱（理发、洗发），教书时可以省电（当灯泡用，上课时教室里的光线可以明亮多了）。"同学们被逗乐了。此后，大家不好意思再叫他"秃顶老师"了。由此看来自我嘲讽是一种良好修养，是一种充满魅力的交际技巧，不仅使自己活得轻松洒脱，还能使别人感受到你的幽默，有时还能有效地维护面子，积极调适自己的心态。

（来源百度文库，有整理）

案例分析

尴尬的介绍

小顾有心介绍老张和自己的新朋友小朱认识，正好一次小朱陪小顾看展览，遇到老张。小顾马上热情地招呼老张。小顾先对小朱说："这就是我常和你提起的老张，是泥塑高手。"随即对老张说："老张，这是我新认识的朋友小朱，对泥塑挺有研究的。"已是中年的老张见小朱只是个20多岁的普通青年，不禁感到尴尬，打了个哈哈就走了。他不仅没接受小朱这个朋友，连小顾也被冷落到一边儿去了。请结合所学知识分析，小顾的此番介绍为什么以失败告终？

【分析】

根据社交礼仪的规范，处理这一问题时必须遵守"尊者优先了解情况"的法则，其含义是：在为他人做介绍前，首先要确定双方地位的尊卑，然后先介绍位卑者，后介绍位尊者，这样做，可以使位尊者优先了解位卑者的情况，以便见机行事，在交际中掌握主动权。小顾显然违反了这一法则。老张与小朱相比年龄上应属于长者，应先介绍年幼者，后介绍年长者。老张是泥塑高手，而小朱是初有研究，老张应为长辈，小朱应为晚辈，小顾应先介绍小朱，后介绍老张。

（来自百度文库，有整理）

项目测评

自测项目	分值	评分标准	自评分	小组评分	实得分
校园礼仪	30	1. 了解人际方面的礼仪 2. 掌握在公共场所的礼仪			
见习、实习礼仪	35	1. 理解见习、实习礼仪的基本原则 2. 掌握见习、实习生个人礼仪 3. 了解见习、实习结束时的礼仪			
求职及辞职礼仪	35	1. 掌握求职前的礼仪准备 2. 掌握求职面试礼仪 3. 了解辞职礼仪			

项目三　幼儿园教师仪容礼仪

学习目标

知识目标:了解幼儿园教师的仪容礼仪、仪容规范以及具体的职业形象要求。

能力目标:掌握幼儿园教师在工作场合的仪容规范,并能在工作上中以运用。

素养目标:展现教师端庄大方、亲和友善的专业素养。

作为幼儿园教师,我们的言行举止都是幼儿模仿的对象,都对幼儿产生潜移默化的影响。我们教育幼儿要德智体美劳全面发展,其中的"美"就包括了形象美。什么样的形象才符合幼儿园教师的职业呢? 下面,我们一起来学习幼儿园教师仪容礼仪。

任务一　了解幼儿园教师职业形象与仪容

一、职业形象的定义

职业形象是指个人在职场中树立的公众印象,包括外在形象、品德修养、专业知识能力等方面。通过个人的衣着打扮、言谈举止、专业态度和技能等综合方面,共同反映出个人的素质和修养。

二、职业形象的原则

幼儿园教师的角色定位和职业性质要求其职业形象在符合角色的前提下,需要遵守相关原则:

1. 尊重区域文化的要求

不同文化背景、不同民族、不同地域对个人的职业形象有不同的要求,不能以偏概全、统一要求,更不能我行我素,不尊重本地文化,不尊重他人。

2. 尊重职业要求

不同的行业、不同的岗位,都会受集体倾向性的影响。只有当个人的职业形象符合主流规范和趋势时,才会有助于工作的开展。

三、仪容仪态规范

(一) 仪容规范

仪容是个人仪表美的重要组成部分,是幼儿园教师精神风貌的外在表现,能展现出幼儿园教师的外在形象、职业修养。幼儿园教师通过仪容规范和言行举止,为幼儿树立良好的榜样,培养幼儿良好的仪容规范和行为习惯。那么,作为一名幼儿园教师,在整体职业形象和仪容规范上要遵守哪些原则呢?

1. 角色匹配度原则

幼儿园教师的形象对幼儿成长影响甚大,对 3—6 岁幼儿身心发展影响尤为明显。因此,幼儿园教师要清楚意识到自己在幼儿成长过程中担任的角色,同时呈现出与角色相匹配的仪容仪表规范。对幼儿园教师职业形象的要求随着社会的发展有所不同,新时代幼儿园教师群体需要有亲和力和包容性,展现新时代幼儿园教师群体良好的精神风貌,端庄大方、得体自然、待人亲和、妆容淡雅清秀。通过个人良好的仪容向他人展示专业性和职业性的形象,体现出对职业和他人的尊重,并为幼儿树立讲礼貌的好榜样。

2. 首轮效应原则

首轮效应,也称为"第一印象",是指最初接触到的信息所形成的印象对个人以后的行为活动和评价的影响。其中"55387 原则"是首轮效应中不可忽视的。即在人际交往中的第一印象,有 55% 体现在仪容等方面,38% 体现在肢体语言及语气上,谈话内容只占到 7%。因此,幼儿园教师要时刻注意自己的形象、肢体语言、谈吐、着装打扮,展示出作为一名教师应有的综合素养。

首轮效应

(二)仪态规范

1. 微笑礼仪

微笑是最好的名片,是人与人之间传递感情和交流情感的最有效的表达方式,也是一种可以跨越种族、宗教、国籍等客观因素的沟通方式。微笑不仅有助于塑造幼儿园教师满怀亲和力的形象,还能改善人际关系,更有利于营造和谐的工作环境。

富有亲和力的幼儿园教师,容易被幼儿及家长接纳。而微笑是愉悦情感的外在流露,是塑造亲和力的有效形式。一般而言,大方得体的微笑是发自内心,最自然、最真挚的一种情感交流状态。在一般情况下,以露出 6—8 颗牙齿(根据每个人的脸型不同而定)为宜。同时注意眉、眼、面整体的统一协调,否则容易被误解为讥笑、嘲笑。

微笑的四要:①微笑是由衷地感到高兴时传递出的一种真实情感。微笑时要注意口、眼、鼻、眉、面部五官的协调统一,充分展示自己内心深处的情感。发自内心的微笑,会自然调动面部的五官,呈现眼睛略眯、眼角上扬、脸肌上提、嘴角上翘等微表情。②微笑时要注意神情结合,要精神饱满、表情亲切甜美。③微笑时要注意声情并茂,通过言语和动作的统一,让他人理解、接纳你的情感,从而在沟通上达到锦上添花的效果。④微笑要与个人言行举止协调一致,从仪容、仪表、仪态上形成完美统一的效果。

微笑的"四不要":①不要强装笑脸,这是缺乏诚意的表现。②不要在露出笑容后立即变脸,给人一种假笑的感觉。③不要在场合不对或者话题不对的情况下微笑。④不要吝啬你的微笑,不要仅仅把微笑留给领导、朋友等少数人。

2. 目光礼仪

幼儿园教师的恰当目光礼仪可以让人如沐春风。在与人交流沟通时,我们目光的位置不同,所传递的信息也不同。"眼睛是心灵的窗户",在不同的场合下,如何合理运用目光来展示亲和力,需要把握一定的标准。一般情况下,我们分为三种类型:

（1）小三角。以额头为顶点，以面部颧骨为底点。目光在此区域内游走，给人一种压迫感和强势的感觉，适合用于谈判时、初次见面时。

（2）大三角。以额头为顶点，以两肩为底点。目光在此区域自由游走，给人一种亲和的感觉，适用于亲密朋友间。

（3）倒三角。以眉为顶点，以下嘴唇为底点的区域，适用于社交场合。

经典故事

微笑的哲理故事

前几天参加一个心理学培训，身边一个女孩引起了我的注意。她一直面带微笑，给人的感觉是阳光、积极、健康。午餐时我们就自然而然地坐到了一起。通过交流得知，女孩从一所一般大学本科毕业，现任高中心理健康教师。女孩任职的学校是市级重点高中，通常研究生毕业都要经历层层选拔才能录用。看到我的好奇，女孩向我细细道来。

原来，去年暑期，这所学校的负责人一行去女孩毕业学校所在的城市招聘，当时应聘者有成百上千人，不仅有硕士，还有博士。女孩之所以在众多出类拔萃的应聘者中脱颖而出，是因为微笑。面试完她后，招聘方代表也就是她现在的校长，说道：这么多应聘的，第一次看到一张笑脸。最后，她因为这张笑脸以及笑脸背后的智慧赢得了这个职位。

有人说，一颗阴暗的心托不起一张阳光灿烂的脸。是的，相由心生。当你心中充满平和、安详、宁静，还有感恩的时候，你的眼睛自然会流露出柔美的光亮，你的眼神是微笑的。美好的心境生成的干净笑容，可以让你在通往成功的路上更顺畅。

（根据网络资料整理）

任务二　理解仪容修饰原则

化妆是仪容修饰的重要内容，也是美化自我形象的重要手段。通过化妆，可以使我们的面容调整形色，掩饰缺陷，扬长避短，增强立体印象，使自己变得端庄自然、大方得体。通过化妆塑造更好的个人形象，不仅可以让自己心情愉悦，达到美化视觉感受的综合效果，还能让自己在与人交往中更有自信。良好的自我形象有助于在社会交往中被他人接纳，也能更得体地展示自我。

幼儿教师职业妆原则

一、仪容修饰的重要性

（一）良好的仪容，体现个人的修养

一个有修养的人，从个人的外在形象上可以体现。一个生活有规律、做事有原则、尊重他人的人，时刻都能以最好的形象呈现在他人面前；而形象不得体的人，会给人一种生活懒散、作风拖沓、不尊重他人的印象。幼儿园教师每天和幼儿接触，是幼儿学习的榜样，自己的仪容尤为重要。良好的修养与活泼健康的生命力，会给幼儿树立良好的形象，受到家长和幼儿的欢迎。只有每天用最好的状态迎接工作与生活，你才会有更大的工作动力，增加自己从事幼教事业的自信心和自豪感。

（二）良好的仪容，体现学校的形象

当下，各行各业都十分注重树立良好的形象，以凸显行业的软实力。国家对学前教育日益重视，树立良好的幼儿园形象，是办好人民满意教育的要求，也是赢得社会和人民肯定的重要因素。

幼儿园的形象主要由园所硬件设施、教育教学形式、师资水平等综合决定。师资水平的高低则通过教师的整体素养来体现。家长往往通过良好的教师形象、优秀的教师素养、科学的教育教学方式来选择园所；幼儿往往通过直观的感受来表达对园所的喜爱。我们经常可以听到幼儿说"我喜欢我们老师，因为我们老师很亲切"，就足以证明教师的外在形象对幼儿的影响甚大。家长也容易因为幼儿的言论而更加信赖园所，对园所的评价也会更高。由此可见，良好的教师形象是园所形象不可或缺的部分。

（三）良好的仪容，有利于协调人际关系

在人际交往过程中，良好的仪容、端庄的形象更容易被他人接受。在交往的过程中，良好的仪容能直观地体现出你的个性、修养，甚至工作作风、生活态度，提高对方的接受程度，继而进一步影响双方的沟通与交往。良好的仪容，也在一定程度上满足了每个人爱美、求美的心理需求。同时，良好的仪容也能在沟通过程中，让对方感受到被尊重。

在幼儿教育活动过程中，我们要通过与幼儿近距离接触，甚至手把手地指导来教育幼儿；工作中，我们与同事之间也是近距离沟通交流。在整个过程中，仪容美不可忽视。通过适当化妆，幼儿园教师良好的形象气质能够吸引幼儿的注意力，让幼儿从内心喜欢你、接受你，有助于拉近与幼儿之间的距离，以达到良好的教育效果。同时，适当的化妆也是塑造幼儿园教师良好形象的方式之一，在赢得他人尊重的同时，也会增加自己的自信。此外，良好的形象有助于在同事之间营造一种相互欣赏、相互尊重、相互勉励、共同进步的友好氛围，让教育在和谐的环境中进行，以达到更好的教育目的。

（四）良好的仪容，体现了单位的管理水平和教育教学质量

随着社会经济的发展，对幼儿教育行业的综合考察提出了更高的要求，尤其以教师队伍的管理为重点。在教育事业的发展过程中，教师素质对教育教学质量的影响显而易见，而仪容正是教师素质的重要体现之一。俗语说"相由心生"。一位优秀的幼儿园教师会从自己的职业角色出发，对自己的仪容进行形象管理，通过"外相"表达自己的"内心"，让自己从内到外呈现的状态都与幼儿园教师的职业形象相符合，在教育教学过程中言传身教，充分展示教师的人格魅力。一个幼儿园如果连教师队伍的基本形象都管理不好，在工作场合出现不合适或者不得体的仪容仪表，又如何全面提高整体实力以满足社会发展的需要并立足于整个社会群体中呢？因此，教师仪容是体现学校管理水平和教师素质的重要因素之一。

（五）良好的仪容，是当代职业角色的需要

随着社会经济的发展，人们越来越追求社会地位平等，对职业仪容的要求也在发生变化。外在的仪容修饰，不仅让人信心倍增，展现自信的魅力，给人以美的享受，也能反映出新时代的精神风貌。因此，幼儿园教师通过适宜的妆容修饰、适当的服饰和发型，以及个人良好的修养、优雅的谈吐、端庄的仪表等，不但能营造良好的工作氛围，还能提升育人效果。

二、幼儿园教师职业妆容的原则

（一）自然原则

作为一名幼儿园教师，在工作场合中要呈现自然协调的妆容形象。幼儿园教师的角色要求大方得体、简单自然，因此妆容上不宜过度夸张。幼儿园女教师的妆容忌浓妆艳抹，尤其是在与幼儿及家长沟通时，过度浓艳的妆容会让人产生距离感和压迫感；忌用味道过浓的香水或者化妆品，以免引起他人不适，或给对香水过敏者带来不便；忌烟熏妆、大红色口红等颜色过于突出的化妆品；忌用厚重的眼线及假睫毛。总之，要呈现出大方自然、亲和力强、朴实无华、清新靓丽、充满活力的形象。

（二）简洁原则

教师的角色决定了教师的仪容要求必须符合教师这一角色，也就是角色匹配度，因此，妆容上要求简单、洁净、素雅。不能过分突出女性的妆容特点，让人感觉脂粉味儿十足。

（三）健美原则

幼儿园教师的外在形象可以通过化妆来美化。化妆不仅使人容颜美丽，而且还可以保护皮肤，塑造健美的仪容形象。如用防晒霜可使皮肤免受阳光的刺激和伤害，延缓皮肤衰老；用爽肤水可使面部毛孔收缩，爽滑细腻；同时，应当了解各种美容化妆的科学知识和技巧，了解护肤品、化妆品的特点和护肤常识，做到科学化妆，避免因化妆品使用不当而引起皮肤过敏等有损健康的现象。

（四）庄重原则

幼儿园教师在化妆的时候，要牢记自己的身份要求和角色匹配度，要适当考虑工作场合和接触对象，谨慎跟风最新、最时尚的鬼魅妆容、烟熏妆、舞台妆等不符合身份的妆容，以免给人一种不庄重、不严谨的印象。幼儿园教师的妆容应当做到不夸张、不突兀，庄重又不失活泼，得体又不失自然。

（五）矫正原则

每个人的外在形象都有不完美之处，幼儿园教师也要时刻注意自己的形象，并通过化妆的方式来矫正不足之处。化妆可以弥补或矫正面部缺点，淡妆既要扬长，也要避短，恰当地展示出自己的优点。比如，通过使用高光和修容产品，修饰鼻梁的不足之处，让塌鼻梁显得更高挺，让短鼻显长；通过使用眼影、眼线，调整眼睛偏小或下垂现象；通过使用口红，达到改变唇形、提升气色的目的。总之，化妆可以弥补和改善面部不太满意的部位，使人展示出自信，以达到美好、自然、和谐的沟通效果。

（六）适度原则

仪容的修饰要适度，要根据个人职务、身份、年龄、场合、季节等因素来确定。适度的原则有助于在工作中提升沟通效果、提升工作效率、提升单位形象。幼儿园教师的职业决定了我们在日常工作中应选择大方、亲和、自然为主妆容，呈现容光焕发、充满活力的形象。

（七）美学原则

幼儿园教师可以通过化妆进一步提升自己的形象，但要注意美学原则。化妆的时候既要强调整体搭配效果，如色彩协调、服装搭配；也要因人而异，如个人皮肤、面部结构等的不同，要用不同的化妆技巧。尤其是幼儿园教师在工作场合中,交往对象多是幼儿或者幼儿家长,因此整体上要呈现青春活力又不失庄重的美学搭配。

三、化妆的分类

幼儿园教师除了在工作场合的妆容要求自然大方以外,根据场合的不同,还可以选择其他的妆容。根据化妆部位、化妆色彩、化妆目的、化妆速度、化妆作用、化妆风格等做出以下分类:

(一)根据化妆部位分类

1. 全面化妆

主要指对整个面部进行化妆修饰,化妆完成后要进行全面细致的检查,观察是否达到了化妆目的和效果。注意整体效果是否自然真实、健康协调,色彩是否自然柔和,妆面有无缺漏,并及时做好补妆或修整的准备。

2. 基面化妆

根据化妆对象的需要和个人面部皮肤的底色(即妆面的基面颜色),运用基本的化妆品,如肤色修颜液、粉底液等,针对个人面部整体色彩进行局部调整,使其与自身皮肤融为一体,展现为无明显的化妆痕迹,同时对面部不完美之处进行修饰和弥补,使面部明朗而富有生机。

3. 基点化妆

针对化妆对象五官某一点缺陷或不足,比如嘴、鼻、眼生长不协调、不对称,可以进行某部位的具体化妆修饰,从而弥补缺陷或不足,增强美感。

(二)按化妆色彩分类

1. 根据色彩的强弱

(1)淡妆。指轻描淡画的化妆,重点体现女性自然美。如生活妆、职业妆等,这是在日常生活中运用较多的妆容。

(2)浓妆。指浓艳涂抹的化妆。主要是选择高浓度色彩的化妆品,通过专业的化妆手法,呈现比较夸张的妆容效果。这样的妆容多用于晚宴、舞台等特定的场合。

2. 根据色彩的冷暖性质

(1)暖妆。指妆面多采用红、橙、黄等暖色调进行搭配。这样的妆容与东方女性温柔之美、柔和大方之美相贴切,适合工作场合或日常生活。

(2)冷妆。指妆面多采用蓝、青等冷色调进行搭配。这样的妆容具有神秘、冷酷的效果,适合于舞台或者晚宴场合。

(三)根据化妆速度分类

1. 一般化妆法

一般化妆法主要采用比较标准的程序:清洁面部—护肤—防晒—粉底(遮瑕)—定妆—画眉—眼影—眼线—睫毛膏—侧影—高光—涂腮红—涂口红,最后检查脖颈线与面部肤色是否一致。

2. 快速化妆法

快速化妆法是指在很短的时间内完成的化妆。在特殊情况下,为了节约时间,可减少或省略某些化妆步骤，也能达到预期的化妆效果。例如省略高光、轮廓或鼻侧影的修饰等。

四、化妆步骤

1. 清洁皮肤

使用洗面奶等清洁产品，将脸部的油垢及尘埃、细菌洗净，保护皮肤免受细菌、灰尘的损伤。

2. 爽肤

清洁皮肤后，用化妆水及时滋润皮肤，收缩毛孔，平衡皮肤的酸碱度，这也是对皮肤进行的第二次清洁。根据个人皮肤类型选择合适的化妆水，将化妆水浸透化妆棉片并自上而下地涂抹于面部，轻拍至皮肤吸收。

3. 润肤

润肤霜也叫日霜，可以滋润、保护皮肤，并能隔离有色化妆品直接进入毛孔带来的伤害。润肤需要根据个人的肤质，选择合适的润肤乳，例如油性皮肤适合清爽型乳液，干性皮肤则适合保湿性强的润肤霜。

4. 涂粉底

粉底液（遮瑕膏）可以掩盖皮肤毛孔粗大和面部瑕疵，让肤色呈现均匀细腻的最佳状态。

5. 定妆

定妆是为了让整体妆面固定，也是保证妆面干净持久的关键步骤。用蘸有蜜粉的粉扑在皮肤上轻拍按压，使蜜粉在皮肤上与粉底充分融合，再用粉刷将多余的浮粉扫掉。

6. 画眉

画眉是修饰眼睛最好的措施之一，在修饰脸形的同时，也让面部五官更和谐。

7. 眼影

眼影的使用可以突出眼部结构，也能让整体妆面风格更有韵味，但要注意选择符合妆容、场合以及自身眼睛特点的眼影颜色。

8. 眼线

适当地使用眼线可以增强眼妆效果，甚至起到画龙点睛的效果。眼妆效果的好坏对整个妆容有重要作用，画好眼线能让眼睛更传神，让人显得更神采奕奕。

9. 涂腮红

腮红的使用主要为了体现气色健康红润，并突出面部立体感。腮红颜色的选择根据场合的不同而有所差异，幼儿园教师在工作中建议选择与眼影色、口红色、肤色相协调的腮红颜色。

10. 涂口红

口红主要是赋予唇部色彩，改善唇部颜色和唇部轮廓，让人气色更佳。

11. 涂睫毛膏

睫毛膏可使睫毛纤长浓密，达到长、卷、翘、浓的效果，使眼睛更加有神、动人。

12. 化妆检查

化妆的最后一个步骤是检查整体妆容。要全面、仔细地查看妆容效果，尤其是注意查看面部妆容肤色和脖颈肤色是否统一。

五、女教师的仪容保养

作为幼儿园女教师，良好的仪容既是展示教师职业形象和个人良好素质的有效途径，也是尊重他人的表现之一，更是与人沟通的润滑剂。第一印象中讲究的"55387"定律①阐明，个人的仪容、仪表等因素在第一印象中占了55%，而皮肤在个人外表形象中又占高比例，因此，干净健康的肌肤很重要。

（一）皮肤的分类及其保养重点

皮肤对于人体而言，有很重要的保护作用，它不仅可以防止外界细菌侵入身体，也能保护个人的内脏不受损伤。通过科学、合理、适当的方法进行皮肤管理，保持健康的皮肤状态，可以在自我保护的同时，让人焕发出更健康向上的精神风貌，给人清新的美感。因此，学习区分肤质并做好护肤工作，也是我们的必修课。在一般情况下，根据皮肤性质可以分为：干性皮肤、油性皮肤、中性皮肤、混合型皮肤和敏感型皮肤。下面，就5种肤质做进一步了解。

1. 干性皮肤

干性皮肤是指因皮脂分泌的减少，以及皮肤屏障损伤造成的表皮失水增加，从而造成皮肤角质层水分低于10%的肤质。该类肤质毛孔不明显，可分为缺水和缺油两种情况。

皮肤特征：皮肤肤质细腻偏薄，毛孔不明显，皮脂分泌少而均匀，不泛油光，无油腻感，整体皮肤状态呈现亚光状；皮肤偏干燥，肤质易老化、长皱纹，尤其眼部周围、嘴角等处易产生干纹、细纹、色斑、皮屑，不易生粉刺和痤疮。但受外界刺激，如风吹日晒等，皮肤会出现潮红，甚至是灼痛。

保养重点：用温和滋润的洁面乳进行清洁后，立刻使用滋润保湿型的乳液、乳霜等含油量高的护肤品，并配合3~5 min按摩，促进血液循环，加强营养输送和新陈代谢；慎用碱性强、含果酸和磨砂的洁肤产品，不要过度去角质，以免抑制皮脂和汗液的分泌，使皮肤更干燥。饮食应配合营养均衡的食物，以高脂肪食物，如牛奶、鸡蛋、猪肝、黄油、鱼类、香菇、南瓜及新鲜水果等为主，忌烟，保持充足睡眠，同时避免室内过于干燥。

2. 油性皮肤

油性皮肤是由于皮脂腺过度亢奋，人体皮脂分泌旺盛所导致的。

皮肤特征：皮脂分泌旺盛，毛孔粗大，肤色较暗，易泛油光，但不易老化、生皱纹。通常洗完脸不紧绷，但两至三小时以后就会产生油腻感。油性皮肤容易出现皮肤疾病，容易受到黑痣、粉刺和痘印的困扰。因此，控制皮脂腺过度分泌、减轻出油症状，是保持油性皮肤健康的关键所在。

保养重点：注意皮肤清洁，可增加洗脸次数，使用清洁力较强的洗面产品和30℃左右温水洗脸；使用含微量酒精的收缩水抑制油脂分泌，调节皮肤酸碱平衡，注意收缩毛孔，但皮肤敏感的油性肤质慎用含有酒精的化妆水；皮肤易出油，是因为当身体的水分不够时，皮肤自动分泌出油脂来保护身体的水分，因此油性皮肤在控油的同时一定要注意及时补水，并做好保湿工作；同时，应及时去角质及敷面，面膜和爽肤水对于深层清洁收缩毛孔也是非常有效的。油性

---

① 55387定律由美国心理学家和传播学家艾伯特·梅拉比安提出，即决定一个人第一印象的55%体现在外表、穿着、仪容、态度等，38%是讲话时的语气、语调、肢体语言等，只有7%是由讲话的内容决定。

肤质要注意以下几个问题:不宜化浓妆;在饮食方面以清淡为宜,少吃油腻食物,多吃含维生素B的食物,如蛋类、豆类、贝类、牛肉、牛奶、菠菜、黄瓜、紫菜、芋头等,节制甜食,不喝浓咖啡或过量的酒,避免熬夜,多运动,保证充足的睡眠。

3. 中性皮肤

中性皮肤皮脂分泌通畅,分泌量介于干性和油性皮肤之间,油脂适中,角质层的含水量适中,对外界刺激不敏感,是健康理想的皮肤类型。

皮肤特征:毛孔细小,纹理细腻,皮肤透感有光泽,面色红润有光泽,无瑕疵、有弹性;皮肤易受季节变化影响,冬天较干燥,夏天较油腻。中性皮肤油脂和水分均衡,皮肤不油腻也不紧绷,痘痘和色斑等常见的皮肤问题较少,但易受季节变化的影响,要根据季节的变化而选择适合的护肤品。

保养重点:注重皮肤日常保养,注重保湿,注意防晒;补充必需营养素,如维生素 C、维生素E、维生素 B2 等;保证每天摄入适量水分;适量运动,加快身体新陈代谢,有助于美容养颜;保证充足睡眠;避免烟、酒及辛辣食物的刺激。

4. 混合性皮肤

混合性皮肤兼有油性皮肤与干性皮肤的共同特性,是最常见的肤质,尤其在青春期之后多见。

皮肤特征:面部 T 区域(额头、鼻子至下巴的区域)油脂分泌旺盛,皮肤油腻;其余部位(内眼角下方、外眼角下方至嘴角三点连起来的三角区域)呈干性肤质,皮肤干燥,容易产生皱纹。

保养重点:根据季节的不同和面部不同部位的情况使用不同的护肤品,平衡 T 区和两颊的保养,预防粉刺等皮肤问题的产生;选择清洁力度强的洗面奶,重点是 T 区油性皮肤处,还可采用冷热水交替洁面(可用温热水将 T 区清洗干净,再用冷水将整个脸部清洁干净);根据不同的情况选择面膜,在 T 区域可使用油性专用面膜;而其余部分可使用干性皮肤专用面膜;多喝水,多吃新鲜水果、蔬菜,少吃油腻、辛辣食品;日常注意涂防晒霜,防止紫外线对皮肤的伤害,不宜化浓妆。

5. 敏感性皮肤

敏感性皮肤是一种对刺激的耐受性降低,容易受环境因素影响而产生刺痛、烧灼、紧绷、瘙痒等症状的皮肤状态。

皮肤特征:皮肤较薄、偏干、容易泛红、面部红血丝明显,对环境的冷热或者环境变化比较敏感。

保养重点:注重保湿等基本保养,增加肌肤含水量;使用温和无刺激成分的护肤品,慎用去角质产品;不宜大量使用化妆品,以免皮肤受刺激;注意防晒,避免日光伤害皮肤;养成良好的生活习惯,多喝水,合理调整饮食结构,减少外界的刺激等。

(二)日常皮肤护理的步骤

皮肤护理常规步骤:清洁(卸妆)—护肤—化妆。

1. 清洁皮肤

在皮肤护理过程中,最基础的工作是皮肤的清洁,只有清洁工作做好了,护肤等其他工作方能奏效。清洁皮肤包含卸妆和日常洁面,选择适合自己皮肤的卸妆用品,彻底卸除脸上的化妆品、表面油脂及污垢,然后,用日常洁面用品再次深度清洁皮肤。先卸妆后洁面,每天早、晚各一次。

（1）卸妆。卸妆时，用卸妆棉蘸取适量的卸妆液，由内向外小心擦拭，连续擦拭2次左右，确保卸妆棉上无粉底液等化妆品残留痕迹，注意力度不宜过大。卸妆后需再次使用洁面乳进行清洁，用指腹以画圈的手法自下而上、由内向外进行清洁。

眼妆、唇妆要分别进行卸妆清洁。眼部和唇部是脸部皮肤最娇嫩和敏感的地方，在清洁时要选用专用的清洁用品。

眼部清洁：眼部肌肤娇嫩敏感，而且眼部彩妆防水又牢固，要选用温暖且卸妆力度强的专业眼部卸妆液，这样不刺激眼部。

在卸除睫毛膏时，先将卸妆液倒在化妆棉上并覆盖在睫毛处10 s左右，然后再用化妆棉朝外轻轻擦拭睫毛即可；卸除眼线时，可将化妆棉对折后，用棉角清除眼线，再用棉签擦拭残留部分即可。

唇部清洁：先用化妆棉蘸取纯净水，轻轻按压唇部，软化唇部肌肤和唇妆；再将卸妆液倒在化妆棉上，轻盖于唇部几秒钟，再由唇部中间向两边、由下往上或者由上往下擦拭，注意避免来回擦拭，造成第二次污染。最后可用棉签蘸卸妆水后，再次擦拭唇部。

此外，用温水清洁皮肤，能有效地把面部油脂清除干净。应当注意确保擦拭面部毛巾的洁净。

（2）选择适合自己肤质的清洁产品。由于每个人的肤质不同，如果皮肤没有清洗干净，不仅护肤品不易被吸收，残留在皮肤上的化妆品还有可能造成皮肤问题，比如：肤色晦暗、毛孔阻塞、易滋生粉刺和痤疮。洁面产品主要有洁面泡沫、洁面乳、洁面水、洁面皂。

洁面泡沫：状态为乳液或者啫喱状，加水后可以有丰富的泡沫，清洁力强，洗完后面部感觉清爽。适合各种肤质和各个季节使用。

洁面乳：状态为乳液和乳霜状，质地温和、无泡沫，洁肤后感觉光滑滋润。建议干性皮肤、中性皮肤、敏感性皮肤使用，宜在秋冬季节或干燥的环境使用。

洁面水：状态为水状，配合化妆棉擦拭面部，清洁力度温和，适合敏感型皮肤使用。

洁面皂：状态为固体状，清洁力度绝佳，使用后清爽干净不油腻，尤其适合油性皮肤和混合型皮肤使用。

清洁要适当，不宜过度清洁皮肤，否则可能会破坏角质层的屏障保护功能，造成水分流失，导致皮肤干燥，甚至过敏。

2. 护肤

（1）面膜。贴面膜是护肤过程中最基本的步骤，它可以弥补清洁过程中的不足，有利于清除肌肤表皮细胞新陈代谢的产物和累积的油脂类物质，而面膜中的营养成分渗入表皮角质层，使皮肤通透柔嫩、肌肤自然光亮有弹性。

面膜使用方法：洁肤后以热毛巾敷面三分钟，使毛孔扩张后，再使用面膜，注意避开眼部；敷面后要避免表情肌的扯动，最好采取卧位；时间以10～15 min为宜，之后自上而下用轻压法撕去面膜，并配以双手轻轻打圈按摩面部，可以进一步去除死皮，促进对营养成分的吸收。

（2）爽肤。爽肤是为了再次清洁肌肤，补水保湿，软化角质，收缩毛孔，促进后续润肤和皮肤吸收营养，增加肌肤的柔软感和湿润度。

爽肤用品分类：主要分为爽肤水和柔肤水。其中爽肤水适合中性皮肤和油性皮肤，柔肤水适合干性皮肤和中性皮肤。

使用方法：充分沾湿化妆棉后擦拭面部及颈部，进行面部皮肤的二次清洁、促进后续营养的吸收，注意避开眼部。可进行重复擦拭，尤其注重 T 区。

（3）眼霜。眼霜要在面霜之前使用，涂抹时用无名指腹在眼周部位使用，逆着皱纹生长方向轻轻涂抹，切忌用力涂抹。

（4）润肤。涂抹乳液或面霜润肤，其作用是加强肌肤保养，让肌肤进一步补充水分和养分，使肌肤柔润光滑有弹性。对面霜的选择要根据自己肤质的实际情况购买，比如乳液比较适合中性皮肤和油性皮肤，面霜比较适合干性皮肤和中性皮肤，还要考虑环境、气候、年龄等因素，配合使用补充性保养品，保养才能发挥更好的作用，达到均衡滋养的最佳效果。

3. 化妆

（1）粉底。粉底可以调整皮肤的色调，遮盖皮肤瑕疵；保护皮肤，防止化妆品和灰尘接触皮肤；平衡皮肤油脂，调整皮肤性质；让面部更加光泽湿润；增加妆面持久度，保证妆面干净整洁；不同的粉底，适合不同的肤质。常见粉底可分为以下三种：

化妆的作用

粉底液：油脂少、易涂抹，妆面自然，但遮瑕效果差。适合中性、油性的无瑕疵皮肤春夏季节使用，可用于日妆、广告妆、透明妆。

粉底膏：油脂高，遮盖力强，适合有瑕疵的皮肤，用于晚妆、舞台妆等场合。

粉饼：含油脂较少，耐久性好，遮瑕力强，使皮肤细滑、柔和，不易脱妆，使用方便，适合油性皮肤春夏季节使用。

粉底使用方法：取适量粉底，分别在额头、两颊、鼻子和下巴处点击，然后用指腹或者海绵蛋将粉底由内向外均匀推开。注意发际交接处和脖子处的颜色应当自然融合。

粉底色选择及适合肤色如下。

象牙色、粉红色：适合皮肤偏黄、很白的人群使用，让皮肤看起来细腻红润。

米色：适用于肤色较白的人群，让皮肤看起来细腻自然。

浅咖啡色：适合肤色偏深的人群以及男士使用。

（2）定妆。定妆主要是用定妆粉在化妆后固定粉底和面部整体妆容，吸收面部多余油分和水分，减少面部油光，保持面部妆容持久洁净。定妆粉主要有两种。

透明蜜粉：特点是透明、自然、透气性好，可以还原皮肤底色。

有色蜜粉：特点是遮瑕力强，弥补粉底色的不足。有轻质蜜粉和重质蜜粉之分，轻质蜜粉粉质细腻，适合干性、毛孔细小、无瑕疵的皮肤；重质蜜粉粉质较粗，适合油性、毛孔粗大、有瑕疵的皮肤。

（3）眼部妆容。"眼睛是心灵的窗户"，通过眼睛，可以感受他人的热情，传递内心的温度和真实情感，因此眼睛的妆饰在整个妆容中非常重要。眼部妆容主要包括眼影、眼线、眼睫毛、眉毛。

眼影：眼影是通过使用不同颜色的眼影粉在眼睑处涂抹，来增加眼睛的光彩，增强眼部神采，使眼睛更加迷人。要根据个人的气质和角色选择适合自己的眼影。涂眼影的位置多在眼睑处，可局部或全部涂抹眼睑，并与眉毛间留有一些空隙；涂抹眼影时要均匀，要有深浅的变化。

眼线：眼线可以修饰眼睛形状，加强眼部轮廓感，让眼睛神采奕奕。画眼线主要使用眼线笔和眼线液。眼线笔笔芯较硬,容易操作,适合淡妆使用;眼线液线条清晰、持久度强、不易花妆,适合浓妆。眼线画在睫毛根部,长度根据眼睛形状而定并长于眼梢。描画眼线时下笔要轻,力道要松,避免画过重过粗的眼线。

眼睫毛:睫毛可以美化和保护眼睛,弯曲上翘、长而浓密的睫毛让眼睛显得生动有魅力,可以通过夹睫毛、涂睫毛膏和粘贴睫毛的手段改善睫毛问题。其中,夹睫毛可以塑造睫毛的弯曲上翘,涂睫毛膏会使睫毛长而浓密,粘贴睫毛可以同时达到最佳效果,让眼睛大而有神。

画眉毛:眉毛可以保护眼睛、防止尘土、汗水流入眼睛。眉毛与眼睛的形状相互协调可以让眼睛看起来更美,因此要结合自己的眼睛形状和脸型来确定眉型。

(三)皮肤保养的注意事项

1. 保持积极向上的生活态度

心态平衡、情绪稳定,能使身体各个器官更好地运行。轻松、快乐、充满活力的情绪自然会让皮肤焕发光彩,青春常驻。

2. 积极进行体育锻炼

"生命在于运动",体育锻炼能提高身体机能、促进血液循环、确保内分泌正常,让皮肤更健康。

3. 保证良好充足的睡眠

睡眠有助于皮肤的修复和营养补给。一般晚上10点到次日清晨4点为最佳睡眠时间;早睡早起,避免熬夜,同时注意睡眠质量;不要暴饮暴食,七分饱即可;睡前不饮咖啡和茶,不做剧烈运动;睡前用温水沐浴或热水烫脚;保持室内空气流通和正确的睡姿;改掉睡前不良习惯,如玩手机等。

4. 待妆时间不宜过长

待妆时间过长会损害皮肤,尤其是油性皮肤、过敏性皮肤,特别注意保持皮肤呼吸顺畅和排泄功能,待妆时间最好不超过4 h。

六、化妆注意事项

(一)注重色彩协调

幼儿园教师在工作场合中,要正确合理地运用色彩进行面部调整、描画,保证妆容和谐自然,使整体形象大方得体、清新自然。

(二)注重整体格调

幼儿园教师的妆面整体效果要与年龄、气质、身份、服饰、发型相适应,同时还要考虑时间、场合、季节等,达到整体格调和谐一致,才能充分体现出美感和角色匹配度。

(三)切勿涂抹过于浓厚

幼儿园教师要根据自己出席的场合而选择妆容。工作场合,妆容要以清新自然为宜,妆面要均匀细腻,不留明显的化妆痕迹,展现自然美感;浓妆或者烟熏妆则适合特定的场合。化妆结束后,注意检查整体仪容,及时清除面部粉迹。

(四)忌随意补妆

注意自己妆容残缺情况,尤其是出汗、休息、长时间带妆后要及时补妆,但补妆要注意场合,避免在公众场合、工作场合随意补妆;避免在幼儿家长面前补妆,切忌抱着一种"大家都很熟悉了,随便点没关系"的态度,对你而言可能是一种方便,但可能让对方产生不必要的误解。因此,选择合适的场合补妆,也是幼儿园教师在工作中需要注意的细节。

知识链接

梅 花 妆

　　南北朝时期,宋武帝的女儿寿阳公主天生丽质。有一天,她在宫里玩累了,便躺卧于宫殿的檐下,当时正逢梅花盛开,一阵风过去,梅花片片飞落,有几瓣梅花恰巧掉在她的额头。梅花渍染,留下斑斑花痕,寿阳公主被衬得更加娇柔妩媚。宫女们见状,都忍不住惊呼起来。从此,爱美的寿阳公主就常将梅花贴在前额。寿阳公主这种打扮被人称为"梅花妆"。传到民间,许多富家大户的女儿都争着效仿。但梅花是有季节性的,于是有人想出了法子,设法采集其他黄色的花粉制成粉料,用以化妆。这种粉料,人们便叫作"花黄"或"额花"。由于梅花妆的粉料是黄色的,加之采用这种妆饰的都是没有出阁的女子,慢慢地,"黄花闺女"一词便成了未婚少女的专有称谓了。

(根据网络资料整理)

(五)忌随意使用他人化妆品

化妆品属于私人的贴身之物,是直接接触皮肤的物品,随意使用他人的化妆品,或者混用他人的化妆品,不仅不礼貌,还容易因为卫生问题引起过敏或者传染其他皮肤病。

(六)忌随意评价他人妆容或讨论他人化妆品

每个人的审美、习惯、肤色、面部情况不同,呈现的仪容也会不一样,随意评论他人的妆容,是素质不够高的体现,更容易引起他人的不愉快。切忌讨论他人的化妆品,化妆品属于私人物品,随意讨论有打探隐私之嫌。

任务三　了解幼儿园教师职业发式修饰

幼儿园教师的角色决定了其工作形象应当大方得体、知性自然、干净简洁,时刻保持端庄文雅、彬彬有礼,展现新时代幼儿园教师良好的风貌。这就需要幼儿园教师不仅要考虑妆容,还要选择适合自身的职业发式,充分展示个人素养。

一、发型的重要性

女教师发型要求体现庄重又不失亲切的整体风范;男教师的发型要体现男教师的精气神,以寸头和偏分为主,不能因过分追求时尚而选择夸张的发型,更不能标新立异。长度要求"三不"原则,即:前不覆额、侧不掩耳、后不及领。

1. 前不覆额

前不覆额指头发长度不能遮盖住额头或者眉毛。不能留过长的发型,或者

幼儿教师
发型发饰
的要求

因过分追求发型而留长头发。

2. 侧不掩耳

指发鬓两边的头发长度不能掩盖耳朵,不能因追求潮流而把头发留得过长,不留大鬓角。

3. 后不及领

指头发后面的长度不要到达衬衣衣领的位置,以免显得拖沓。同时,如果后面的头发过长,也会把衬衣衣领弄脏,给人一种不洁净的感觉。

二、发型的分类

（一）场合分类

1. 日常生活发型

日常发型自然大方、简单干净、符合身份和工作场合为宜,以低盘发、马尾、丸子头等简单易梳理、实用又大方的发式为主。

2. 宴会发型

晚宴发型要求高贵典雅、光彩照人,符合宴会性质和要求。既能展现个人魅力,也能符合宴会高贵的气场。

3. 舞台表演发型

要求发型新颖、夸张、奇特,可根据节目内容和舞台效果,塑造适合自身气质和节目内容的发型,通过发型体现出强烈的视觉冲击力和艺术感染力。

（二）脸型的分类

1. 椭圆形脸

即脸型酷似鹅蛋,又称为"美人脸""鹅蛋脸",这是最理想的一种脸型。这样的脸型只需要根据自身的喜好、场合、年龄、气质等来确定适合的发型即可。

2. 圆形脸

又称"苹果脸",额头饱满、圆润、颧骨圆滑不突出,下巴有肉感。圆脸给人一种温柔可爱的感觉,在选择发式时,侧重于朝椭圆形脸型去修饰打造,从视觉上让脸型显长。在处理发型时,要提升顶部头发,额头可以用蓬松刘海遮盖;或没有刘海时,脸颊两侧用头发向内遮盖面部,使脸型显得瘦长。忌中分发型。

3. 方形脸

包括长方形或者正方形,脸型棱角分明,给人一种严肃、生硬的感觉。长形脸额头宽大,颧骨突出,下巴方,脸偏长,要从视觉上缩短脸型的长度,发型上不要提升头顶高度,适合刘海,削弱脸型长度。方形脸型轮廓与圆形脸相似,适合显脸长的发型,提升顶部头发。但与圆形脸相比较,方形脸轮廓更明显、棱角更突出,适合用头发的长度来遮盖庞大的脸部、用刘海遮盖方大的额头或加长面部视觉感,增加头顶发型的蓬松感。

4. 菱形脸

额头和下巴偏小偏短,颧骨较突出,类似菱形的脸型。这样的脸型需要增加额头的宽度而非高度,头顶的发型不宜过高,两侧头发要蓬松,同时切忌用中分发型暴露额头缺陷,更适合用三七分。

5. 正三角形

额头偏小,下巴宽大,又称"梨形脸"。在发型的选择上,适合增加额头饱满度的发型,需要注意两侧头发的蓬松感,同时用发型遮挡脸颊的宽度,从视觉上缩小脸型的不平衡。

6. 倒三角形

即额头饱满、下巴尖小,整体呈现上大下小特征。这样的脸型需要通过发型来遮挡额头的宽度,头发不宜太高及太蓬松,适当的刘海可以完美解决由脸型带来的问题。

(三) 根据身材选择发型

1. 身材高大的人

适合线条优美的蓬松发型,比如长发款的马尾式、波浪式;不宜选择短发型,会使人显得更加高大。

2. 身材矮小的人

适合显得挺拔的短发、中发,头顶部可略微高耸;适合发髻,让自己显得挺拔,发髻还可以给人文静高雅、神清气爽的美感;尽量避免留长发,否则会显得身材矮小。

3. 脖子短的人

发型不宜留长发,否则会更显脖子短,后侧头发留长些,从视觉上可增加脖子的长度。

4. 脖子长的人

脖子长的人适合各种发型,但选择短发时,要注意将后侧的头发留长些,避免太单调。

(四) 根据头发实际情况选择发型

1. 根据发量选择

发量多的人:头部容易显大,因此要避免披发,长发要梳理紧密,或者保持短发。

发量少的人:要让头发显多,增强头发密实感。因此不适合太短的发型或者太长的发型,中长发为宜。在梳理时应注意发型的蓬松感和立体感,从视觉上达到增加发量的效果。

2. 直发和卷发的梳理

直发梳理:直发是指保持自然生长状态,未经烫过的头发,梳理时要顺着发根至发梢的方向轻轻梳通,保持直发垂性、柔顺性和光泽度。

卷发梳理:卷发是指经过烫卷或是自然卷等带有弯曲效果的头发。卷发的梳理要避免使用密齿梳或大力度梳理,以免使头发凌乱。

3. 中长发、短发的梳理

中长直发梳理:发量较多,梳理时应与发量多的人做同样处理,长直发也可采用盘发、束发的方法来造型;发量较少,梳理时应与发量少的人做同样处理,中长发既能展现女士的优雅温柔,又能展示当代职场女性的严谨和女性魅力。

短发梳理:短发在梳理时要尽量使头发显得蓬松,让长度不足的头发从视觉上看有增加发量的效果,短发会使职场女性显得优雅干练及具有专业气质。特别需要注意的是,不管梳理什么样的发型,都要保持头发的光泽度。

三、头发的护理

(一) 定期清洗头发

要养成定期洗发的习惯,让头发保持干净清爽,让整个人都自信从容。每周最好清洗 3 次左右,但油性头发建议每天清洗,清洗时注意用手指指腹轻揉头皮,避免伤害头皮。洗发还要根据季节变化、头发长短、所处地域或者特殊情况(如运动、下雨、参加活动等)而定。同时上班前要注意检查是否有落发、头屑,做到及时清理干净,保持干净整洁的个人形象。

(二)选择适合的清洗方法

勤洗头才能保持头发卫生,洗头时要根据自己发质类型选择不同的清洗方法,不同发质选用不同的清洗用品。发质通常分为干性、油性、中性三种类型。

干性发质。干性头发油脂分泌少,无油腻感,但发质干燥粗糙、暗淡无光,容易长头皮屑。建议选含蛋白质的洗发水或者滋润型洗发水。

油性发质。油性发质的人头皮毛囊油脂分泌旺盛,头发容易油腻显脏,头发细小柔软。建议每天清洗,清洗时为避免刺激皮脂腺,要轻揉头皮,并选用适合油性发质的洗发水。

中性发质。中性发质头发柔顺不油腻,头发粗细适中,适合各种洗发水,但要注意保护发质。

经典故事

有个性的面试搭配

小庆即将大学毕业,怀着满满的不安全感和某种小小的紧张感,在求职之路上摸索前行。

第一次面试时,小庆穿上了自己最喜欢的 T 恤。即使内心无比紧张,小庆依然昂首阔步地走进面试公司。等待面试的共有五个人,大都是刚毕业从没参加过面试的求职者。只有一个女孩是经历了五六家单位面试的"过来人",她穿着一件白色衬衣搭配黑色半身裙,有点职业范,气质也不错。在穿衣方面一直追求新潮的小庆看来,这种打扮根本不适合自己。

五个面试者依次自我介绍,大家各有想法,表现也不相同。到了面试官提问环节,小庆这里仅仅停留了一分钟! 没错就是一分钟,后面几个人也都差不多。唯独到了衬衣女生那里停留了很久,此时的她虽然讲起话来带点羞涩,但有一种独特的魅力吸引着小庆,那种职业感与精气神是一名职场女性才有的气质。

面试结束后,不出所料,着衬衣的女生通过了面试。小庆并没有因此觉得失望而愤愤离场,反而领悟到,面试是一件需要互相"吸引"的事情,当端庄整洁的面试官坐在你面前,而你却没有给对方一个彼此尊重的良好印象,你的起点就已经被拉低了。

(来源:大学生,2017,(10),有整理)

任务四　掌握幼儿园教师面部及肢体修饰

用最完美的形象展示在他人面前,以示对他人的尊重,这是社交礼仪中要遵循的原则。作为幼儿园教师,要时刻注意自己的形象,其中面部妆容是个人形象的重要部分。完美的容貌是所有人都渴望拥有的,但每个人的容貌或多或少存在着一些缺陷和不足。因此,需要通过面容修饰来弥补缺陷,达到美化外形的目的。面部修饰主要是对脸部、口部进行装饰。

一、面部化妆效果微调技法

面部的和谐美是由五官的比例和结构决定的,审美标准通常以"三庭五眼"为标准。每个人的脸型都会有不足之处,可以通过化妆的方式进行调整,让面部呈现最美的状态。

二、五官的矫正

(一)眉形

眉毛不仅可以保护眼睛免受灰尘、汗水的伤害,同时眉毛对眼睛和面部的神态表情的点缀起着绝妙的作用,所谓"眉者,媚也"。眉形要根据自己的实际情况选择,才能达到美化的效果。眉部的化妆主要分眉毛的修整和画眉两个步骤:修眉,既剪去过长、多余的、形态不好的眉毛,对眉形作适当的修整,但不宜多剪、多拔,以保留自然的眉毛为主;画眉,利用眉笔或眉粉将已整修过的眉毛作勾描加深处理,使眉毛显得又自然、又好看。切忌作过分的修改,以免失去眉毛的本真。

1. 眉形矫正

向心眉:两条眉毛距离较近,朝向鼻根处靠拢,使五官紧凑,不舒展。在修饰眉形时,要加大眉毛间的距离。适合较长的眉形,眉峰位置略向外移。

离心眉:两眉头间距过远,使五官显得分散。妆容上侧重于眉头上方和眉梢下方,眉头和眉尾基本处于同一水平线上。

挑眉:眉头低于眉梢,使人显得有精神,青春靓丽,充满活力,但过于挑眉则显得为人过于严肃,不够亲和。眉形修饰要保持眉头和眉尾基本处于同一水平线上。

下垂眉:眉尾低于眉头,下垂眉会使人显得亲切,但过于下垂会让人显得忧郁和愁苦。眉形修饰上要重点补画眉头下方和眉尾上方缺少的部分,使眉头和眉尾基本处于同一水平线上。

短粗眉:眉形短而粗,让人感觉不够灵动甚至男性化。眉形修饰上先按标准眉形的要求去掉多余的眉毛,再重点补画出缺少的部分。

眉形散乱:眉毛生长杂乱、过于随便,无轮廓感及立体感。眉形修饰上先按标准眉形的要求去掉多余眉毛,用眉梳梳顺后,再用眉笔加重眉毛的色调。

眉形残缺:眉毛的某一段有残缺。眉形修饰上要重点处理残缺处,再对整条眉毛进行描画。

2. 眉形分类

标准眉形:眉头和眉梢基本处于同一水平线上,整个眉形倾斜向上,眉梢向下弯,眉峰在眉头至眉梢的2/3处。这种眉形适合所有的脸型,尤其适合椭圆脸。

一字眉:又称为水平眉。这种眉形平直短粗,整条眉毛基本处于同一水平线上。这种眉形给人以淳朴可爱、老实自然的感觉,可使长脸显得短些,窄额显得宽一些,适合长方形脸。

弧形眉:从眉头到眉峰向上呈现优美的弧度,使眉毛中部拱起,眉峰在眉头至眉梢3/5处。弧形眉使整个面部显得柔润,可拉长脸型,适合正方形脸,圆形脸忌用。

上扬眉:整条眉毛有挺拔上扬的倾斜度,眉峰棱角较为明显,给人以硬朗、刚毅的感觉,适合圆形脸。

3. 眉形与脸形的搭配要领

椭圆形脸:适合标准眉型,较有亲切感。

圆形脸:眉形要搭配棱角感强的上扬眉,眉毛不宜过长,给人活泼可爱的印象,有亲切感,营造立体感。

方形脸:正方形脸眉毛要注重线条的柔和,矫正面部硬朗感,增加面部曲线柔美感,避免显得严肃强势;长方形脸适合一字眉,矫正面部长而窄的视觉感,呈长而窄的形状,给人以柔顺的感觉。

正三角形脸:适合加长型眉毛,增加宽额头上部的宽度,使脸形的上下比例相对平衡。

倒三角形脸:眉毛的选择是眉峰位置占眉毛长度的 1/2 左右,在眉峰内侧画出弓形的细眉。

菱形脸:适合加宽额头的眉形和平直眉形,避免因脸型上额头和下巴窄、颧骨宽,给人阴暗的感觉。

4. 眉笔颜色的选择

黑色眉笔:显得强烈果敢,给人精明能干的感觉,适用于日常妆和舞台妆。

灰色眉笔:显得优雅、自然,适用于日常妆。

褐色眉笔:显得理性、现代感强,给人时髦感和柔和感,适用于各种妆面。

5. 注意事项

脸型较宽,眉毛则不宜过直过细,同时眉峰靠内。

脸型较小,眉毛不宜过粗,眉峰要靠外。

脸型较窄,眉毛不宜太粗太弯。

脸型较短,画眉时要加高眉峰;反之,则不宜加高眉峰。

额头窄,眉梢要平直;反之,眉梢则微微向下。

(二) 眼睛的妆饰

"眼睛是心灵的窗户",要特别注意眼睛的妆饰。每个人的眼睛情况不同,我们可以通过妆容来矫正眼睛的不足,让其展现最美的状态。

大眼睛:大眼睛具有天生的美感,妆容只需要简单、干净即可。

小眼睛:眼裂较窄,适合深度加强眼线并向外延伸,淡色眼影且眼影长度超过眼尾,并搭配略微粗重的眼线。

单眼皮:适合加粗加长的眼线,在眼角处配大的色眼影晕染。

眼距小:两眼间距离小于一只眼睛的长度,要注意加宽两眼距离的视觉感,眼影和眼线适合向外眼角延伸,外眼角忌用淡色眼影。

眼距大:眼间距离宽于一只眼睛的长度,在修饰眼睛时要注意缩短两眼的距离,眼影向内眼角延伸,内眼角忌用淡色眼影。

上挑眼:也叫丹凤眼,外眼角高于内眼角,眼形呈上升状,眼部修饰不适合太高的眼影和太翘的眼线。

肿眼睛:由于眼皮脂肪层较厚等原因,让人有呆滞、松懈之感,这种眼睛适合深色系眼影,凸显眼睛轮廓,暖色系眼影会显得眼睛更肿。

细长眼:眼睛细长容易显得无神,有眯眼的感觉。在修饰眼部时,眼睛中部要画粗画浓,外侧细小且不适合外延;眉毛适合平直型。

眼袋较重:下眼睑脂肪多且下垂,使人显得苍老。这样的眼睛适合略细的内眼角眼线,眼尾略宽;不适合暖色系眼影;不宜画下眼线。

凸眼睛:适合用深色眼影,并从内眼角至外眼角展开。

深陷眼:上眼睑脂肪层较薄,容易显老。眼影的选择上要避免冷色调眼影或者阴影,否则让眼睛更显凹陷。

三角眼:这样的眼睛特征是上眼睑下垂遮盖外眼角,在眼睛的修饰上要注意提升下垂的眼角;外眼角不适合重色眼影,也不需过分描画内眼角。

(三) 鼻的妆饰

鼻子位于面部正中,位置突出、醒目、重要,在整个面部起着画龙点睛的作用。在妆容上,要突出鼻子的立体感和秀丽,为面部妆容增光添彩。鼻子的不足之处可以通过鼻侧影进行调整。

鼻梁高:不用画鼻侧影来突出鼻梁。

鼻梁低或鼻头高:在修饰鼻梁时,可以在低矮的鼻根处加亮色,鼻头处涂暗色鼻影,并从鼻根开始向下揉开,让底色、暗色与亮色三者有机结合。

鼻梁窄:不适合涂鼻侧影,否则会适得其反,让鼻梁看起来更窄。

鼻头下垂:适合用暗色涂在下垂点,缩短鼻子的长度。

眼距小:鼻梁不要画得太立体或者不涂鼻侧影,避免因眼距小而使得五官过于集中。

眼距大:通过鼻侧影增加立体感,让面部五官协调集中。

眼窝深陷:不适合涂鼻侧影。

宽鼻梁:鼻侧影的面积略宽,从鼻根处一直涂抹到鼻尖处,鼻尖部涂亮色,通过明暗色对比加强鼻尖和鼻翼的反差,使鼻子显窄。

短鼻梁:涂抹鼻侧影时,上端与眉毛衔接,下端延伸至鼻尖,面积略宽且细长。

鼻梁不正:涂抹侧影时注意鼻梁歪向哪一侧,该侧的鼻侧影就要略浅于另一侧。

(四) 嘴唇的妆容

嘴唇是五官中最生动的部位,通过嘴唇的妆容,可以增添脸部表情和魅力,显示个人风采。柔和的弧度、唇线分明、柔软润泽的嘴唇是我们追求的标准。如何通过完美的嘴唇来展现面部风采呢? 利用适当的方式涂抹口红是最佳选择。

1. 标准唇形

理想的唇形大小和厚薄适中,唇形轮廓明显、嘴角上翘、唇峰居中、嘴唇富有立体感,上下唇的唇厚比例为 1:1.5,这样的唇形只需适当润泽即可。

2. 厚嘴唇

用与脸部肤色相近或者略暗的粉底掩盖唇廓,保持唇型原有的长度。再用唇笔在原唇廓内侧画出理想大小和曲线唇线,口红选择淡色或与肤色相近的颜色,避免使用艳色、深色和油质感的口红。

3. 薄唇型

用与脸部肤色相近或者略暗的粉底掩盖唇廓,在保持唇型原有的基本长度的前提下,用唇线笔在原唇廓的外侧画出曲线分明的理想唇线,使其呈现圆润、丰满的唇形;口红适合艳色或暖色,唇面适合用珠光色和油质感来强调高光效果,以增加其立体感和扩展效果。

4. 嘴角下挂形唇型

修饰时用比肤色略暗的粉底遮盖原来的唇线和嘴角后,用唇线笔描绘出理想唇形,尤其注意改善下挂的唇形,唇角适当上扬,口红不宜用太鲜亮的颜色,还要注意收敛效果,下唇色要深于上唇色。

5. 尖突形唇型

在原唇型的嘴角外侧画出理想轮廓,注意为了缩减唇部的突出感,上下唇线要平直,口红适合暗色调。

6. 瘪上唇

用粉底遮盖原唇形轮廓后,上唇画出自然唇线,下唇画出理想唇线即可。口红适合暗色调。

7. 小唇型

用粉底遮盖原唇形轮廓后,用唇笔描出比原来稍大的理想唇线,口红适合明亮且带珠光色调,使唇部饱满,避免用暗色系。

8. 大唇型

用粉底遮盖原唇形轮廓后,用唇笔描出比原来稍小的理想唇线,涂抹口红时注意深浅色口红的运用,凸显唇部立体感,外侧适合深色系,内侧适合浅色系。

（五）面部修饰

腮红是面部协调美的重要方面,可以让面部更有立体感。合理、正确涂抹腮红,与眼线、眼影等配合,不仅可以让面部皮肤红润光泽,还可以矫正脸型,让面部呈现最美状态。涂抹腮红时,位置在笑时脸部隆起的地方,以眼睛中央为基准朝脸外涂抹。腮红涂抹的位置高低会影响整个妆容的状态。位置过高,会提升脸部的向上感,显人老;位置过低（如低于鼻尖）,会有使脸部向下拉的感觉,让人显小。腮红涂抹的位置最高不宜超过眉梢的延长线,最低不低于鼻翼的水平延长线。不同的脸型也有适合涂抹腮红的位置。

1. 椭圆形脸

妆容修饰以自然为主,强调色彩,因此腮红适合在颊骨最高处向后、向上晕染涂抹。

2. 圆形脸

这种脸形面颊较宽,因此要注重从视觉上拉长脸型。涂腮红时,要斜向上涂抹,加长脸部效果,或涂在脸颊正中间,从视觉上达到瘦脸效果,减弱圆形脸的宽度。

3. 方形脸

方形脸在妆容上注意拉长脸型并缩小面颊宽度,腮红位置靠上,面积要偏大;长形脸形够长但宽度不够,涂抹腮红更适合横向晕染,从而达到增加面部宽度、缩小脸型长度的视觉效果。

4. 正三角形脸

这种脸形特征是额头窄下巴宽,腮部以下较宽,化妆时注意从视觉上拉宽额头宽度,腮红适合面部偏上位置,由外眼角处向下涂抹。

5. 倒三角形脸

这种脸型上宽下窄,下巴较尖,涂抹腮红时,可以横向涂抹,达到拉宽上半部脸形的效果。

6. 菱形脸

这种脸型额头和下巴窄、颧骨突出,妆容上则要加宽额头、收敛颧骨的视觉感,让面部和谐。涂抹腮红时靠外眼角处、颧骨处选择收敛的腮红色。

三、肢体修饰的重要性

幼儿园教师在教学活动中,不仅要以语言文字为媒介交流和互动,还要通过肢体动作进一步示范文字所表达的含义。合理运用肢体语言,让幼儿能够更直观感受文字所表达的意思,从而提升幼儿的学习兴趣和注意力,以便更好地帮助教学。因此,幼儿园教师在教学过程中应该通过恰当的肢体修饰,充分调动肢体语言,使它成为在幼儿教学过程中语言教学的有效补充及辅助,提高个人教学魅力,促进幼儿园教师更好地组织教育活动、班级管理。

四、对肢体修饰的要求

(一)干净整洁

在教学过程中,幼儿教师合理运用肢体语言有助于教学活动的开展,若要充分发挥肢体语言的作用,就需要肢体的干净整洁。干净整洁的肢体,搭配适当的肢体语言,有助于提高教学效果,培养幼儿爱干净、整洁的习惯。

幼儿教师的
肢体修饰

(二)舒适大方

幼儿喜欢明亮鲜艳的色彩,喜欢丰富有趣的教育活动。幼儿教师穿着尽量颜色亮丽,舒适得体。幼儿园教师落落大方、和蔼可亲,会备受幼儿欢迎。

(三)适当的肢体动作

幼儿的综合素养、行为习惯,在很大程度上受授课教师行为的影响。幼儿园教师的知识素养可以通过个人的言行举止及肢体动作体现。因此,选择适合课堂教学的肢体动作尤为重要。比如在教育教学过程中,幼儿园教师要通过面部表情传递喜、怒、哀、乐,并表示对幼儿行为规范的评价,也可以通过手势来表达意图,比如通过鼓掌、竖起大拇指等手势表示对幼儿行为的肯定。恰如其分的肢体动作,有助于教师拉近与幼儿间的距离。但应注意,肢体动作不能随便乱做,比如竖中指等。幼儿模仿性强、可塑性大,教师成为他们最直接最经常的模仿对象,所以一定要注意肢体动作的规范。

知识链接

肢体语言的含义

竖拇指:中国竖起大拇指表示称赞、夸奖;而南美洲、西非、俄罗斯和意大利南部则相当于侮辱手势。

"OK"手势:很多国家都表示赞同意思。在科威特则代表威胁或"走着瞧"的意思;在法国表示"微不足道"或"一文不值";在巴西、希腊和意大利的撒丁岛则表示一种令人厌恶的污秽手势。

勾食指:菲律宾是叫狗的手势,表示非常粗鲁;新加坡和日本意味着死亡。

"V"手势:中国代表胜利、成功;英国、澳洲、新西兰等地手背朝外的"V"字手势有淫秽意味。

经典故事

小 巫 婆

幼儿园的小王老师是位面容姣好的年轻姑娘,但是却被小朋友叫作"小巫婆"。小王老师整天披头散发,头发经常油油地贴在头皮上,穿的永远都是那一两件衣服;精神面貌很不好,也不怎么和小朋友交流,经常面无表情地看着小朋友,所以小朋友都很怕她。

案例分析

大 哥 好

在广告公司上班的王先生与公司门卫的关系处得好,平时进出公司大门时,门卫都对王先生以王哥相称,王先生也觉得这种称呼很亲切。一天,王先生陪同几位来自香港的客人一同进入公司,门卫看到王先生一行人,又热情地打招呼:"王哥好!几位大哥好!"随行的香港客人觉得很诧异,其中有一位还面露不悦之色。香港客人为什么会面露不悦?

【分析】

"大哥"这个称呼具有一定的地域性,在中国内地,一般是要好的兄弟间的一种称呼,而在中国香港一般称黑社会头目为"大哥"。门卫这样打招呼,在香港客人看来这家公司有黑社会性质,所以面露不悦之色。

(来自百度文库,有整理)

项目测评

自测项目	分值	评分标准	自评分	小组评分	实得分
职业形象 与仪容	20	1. 掌握职业形象的原则 2. 了解仪容规范的内容 3. 了解仪态规范的内容			
仪容修饰 原则	20	1. 理解仪容修饰的重要性 2. 掌握幼儿园教师妆容原则 3. 了解皮肤的分类及保养方式 4. 了解化妆注意事项			
职业发式	20	1. 理解发型的重要性 2. 掌握根据不同身材选择发型 3. 了解头发的护理方式			
面部修饰	20	1. 了解脸型的分类及微调方式 2. 了解五官的微调方法			
肢体修饰	20	1. 理解肢体修饰的重要性 2. 掌握肢体修饰的原则			

项目四　幼儿园教师仪态礼仪

学习目标

知识目标:了解仪态礼仪的主要内容。

能力目标:掌握站姿、坐姿、走姿、手势等相关要求。

素养目标:在日常生活及工作中培养良好的礼仪习惯。

仪态,是指一个人的姿势、举止与动作。仪态包括站姿、坐姿、蹲姿、走姿、手势和表情等。潇洒的风度、优雅的举止,常常被人们羡慕和称赞,能给人留下深刻的印象。人们往往会凭借一个人的仪态来判断其品格、学识、能力等方面的修养程度。幼儿园教师在教学过程中的仪态是否规范、优美,其感召力是不一样的。可以说,仪态在一定程度上反映了一个教师的精神面貌和对教学的投入程度,也影响着学生生活习惯的养成。那么,怎样拥有优雅、大方、自然的仪态,如何才能实现仪态美呢?

任务一　掌握端庄的站姿

站姿又叫立姿、站相,指人在直立时所呈现出来的具体姿态。站姿是人们在工作、生活及交往中最基本的姿势,同时也是其他姿势的基础。通常,它是一种静态姿势。站立时,应当显得挺拔而庄重,即身体站直,挺胸收腹,双腿并拢,双脚微分,双肩平直,双目平视,头部保持端正。

站姿

一、教师端庄的站姿

站姿是幼儿园教师在课堂中最重要的举止之一。在教学活动及生活中,幼儿园教师不同的站立姿势,对幼儿的心理会产生不同的影响。站姿在一定程度上反映了一个教师的精神面貌和对教学活动的投入程度。幼儿园教师站立要稳重,还要彰显出活力,不要过于拘谨和呆板,要随时根据教学内容和活动情景的变化调整站姿,适当走动,要善于恰到好处地运用动作和站姿来配合自己的语言表达。

(一)端庄的站姿

幼儿园教师站立时要精神振作,自然大方。基本要求为:端正、稳重、亲切、自然。站姿规范要领:头正、颈直、肩平、胸挺、腹收、腰直、臀收、腿立、脚靠、手垂。幼儿园教师在活动中的站姿优美与否,其感召力是不一样的。幼儿园教师的站姿应给人以优雅端庄、舒展大方、精力充沛、积极向上的印象。

（二）男女教师的基本站姿

站立时,男教师应刚劲挺拔、英姿稳健;女教师应亭亭玉立、文静优雅,给幼儿树立良好的榜样。

男教师在站立时,一般应双脚平行,并要注意其分开的幅度。这种幅度一般应当以不超过肩部为宜,最好间距为一脚宽。要全身立正,双肩展开,头部抬起,双臂自然下垂伸直,双手贴放于大腿两侧,双脚不能来回走动(图4-1-1)。如果站立时间过久,可以将左脚或右脚交替后撤一步,使得身体的重心分别落在另一只脚上,但变换不可过于频繁,上身仍须挺直,伸出的脚不可伸得太远,双腿不可叉开过大。

女教师在站立时,则应当挺胸收腹,目视前方,双手自然下垂,叠放或相握于腹前,双腿基本并拢,不宜叉开。站立之时,女士可以将重心置于某一脚上,双腿一直一斜。还有一种方法,即双脚脚跟并拢,脚尖分开,张开的脚尖大致相距10 cm,其张角约为45°,呈现"V"形(图4-1-2)。女教师还要切记,不能正面面对他人双腿叉开而立。

图4-1-1　　　　　　　　　　　　　图4-1-2

幼儿回答问题时,教师身体微微前倾,这种姿势表明对幼儿说的话感兴趣,也表明教师的注意力都集中在幼儿身上,没有走神,增加亲切感,体现出老师对幼儿的尊重。

二、不雅站姿

站姿是人体最基本的也是最重要的姿态,长时间的不良站姿会影响体内血液循环,可能会压迫内脏,导致消化不良,胃、肺机能变差。反应在形体上,会造成驼背、含胸、下腹肥胖等情况;反应在外貌上,会出现眼睛模糊无神、皮肤暗淡无光。下面列举五种不良站姿,作为幼儿园老师,一定要避免。

（一）弯腰驼背

在站立时，一个人如果弯腰驼背，通常还伴有颈部弯曲、胸部凹陷、腹部凸出、臀部撅起等一些不良体态，会给人感觉缺乏锻炼、无精打采，甚至不健康。

（二）手位不当

站立的时候，必须注意以正确的手位去配合站姿。在站立时手位不当，会破坏站姿的整体效果。站立时手位不当主要表现在：一是双手抱在脑后；二是用手托着下巴；三是双手抱在胸前；四是把肘部支在某处；五是双手叉腰；六是将手插在衣服或裤子口袋里；七是喜欢摆弄打火机、香烟盒、衣带、发辫、咬指甲等。

（三）脚位不当

在正常情况下，"V"字步、"丁"字步或平行步均可采用，但要避免"人"字步和"蹬踩式"。"人"字步即俗称的"内八字"；"蹬踩式"指的是一只脚站在地上，另一只脚踩在鞋帮上，或是踏在其他物体上。

（四）半坐半立

在正式场合，必须注意坐立有别，该站的时候就要站，该坐的时候就要坐。在站立之际，绝不可以为了贪图舒服而擅自采用半坐半立之姿。当一个人半坐半立时，不但样子不好看，而且还会显得过分随便。

（五）身体歪斜

古人曾对站姿提出过"立如松"的基本要求。站立时不能歪歪斜斜，要表现出个人的精神、气质。若身躯明显地歪斜，如头偏、肩斜、腿曲、身歪，或是膝部不直，不但直接破坏了人体的线条美，而且还会使自己显得颓废消沉、萎靡不振或随便、放荡。

作为幼儿园教师，在幼儿回答问题时，教师错误的站姿有两种：第一种是只顾自己做事，背对幼儿，给幼儿一种不理睬的感觉，幼儿不能从教师的表情中判断自己的回答是否正确，是否需要继续回答。第二种是双手放在裤袋里或两手放在背后，对于幼儿没有一点亲切感。

上述种种欠标准的姿态都是不雅观且失礼的，从形态上看都是不美观的，影响幼儿园教师的举止风度。因此，要加以矫正。

三、课堂站姿的禁忌

（一）忌长时间手撑物体

幼儿自主学习时，教师可以用手撑住物体，把重心移到某只脚上，但不能长时间用手撑着，以免幼儿认为老师疲惫不堪，从而影响幼儿情绪。

（二）忌身体不稳

在演示时，幼儿园教师站立要稳，不能全身猛烈抖动，左右摇晃，此举会破坏教师的课堂形象。

（三）忌位置固定不变

组织活动时，幼儿园教师不能呆板地站在一处，应适当地移动位置，或到幼儿中间进行交流。

（四）忌侧身站立

心理学研究表明，侧身站立和背对幼儿站立，说明教师的心理是封闭的，不利于组织幼儿活动,而且给幼儿留下缺乏修养的印象。

(五) 忌站时重心移动太快

站时重心忽左忽右,显得信心不足、情绪紧张、焦虑。面对幼儿站稳,表明教师准备充足,有信心开展好活动,有能力控制住整个活动的局面。

(六) 忌来回走动

忌远离活动区域,或左右来回移动,或在幼儿座位之间踱来踱去。

(七) 忌把手放在不恰当的位置

教师不要把双手交叉抱在胸前、背在身后或放在裤袋里,这些动作会给幼儿一种居高临下或傲慢、威严的感觉,影响与幼儿进行平等交流。

(八) 忌呆板

教师的站位并非对所有幼儿都一视同仁,对于低龄幼儿,教师更多时候应该走到幼儿中间,蹲下身来,摸摸他(她)的脑袋,夸夸他(她)的某些良好表现等。

经典故事

面　　试

北京有一家企业招工,对学历、外语、身高、相貌的要求都很高,薪酬也挺高,有很多高素质人才前来应聘。这些年轻人,过五关斩六将,到了最后一关:总经理面试。这些年轻人想,这很简单,只是走走过场罢了,肯定十拿九稳了。没想到,面试中出问题了。一见面,总经理说:"很抱歉,年轻人,我有点急事,要出去 10 min,你们能不能等我?"年轻人说:"没问题,您去吧,我们等您。"老板走了,年轻人一个个踌躇满志,得意非凡,围着老板的大写字台看,只见上方一摞文件、一摞信件、一摞资料。年轻人你看这一摞,我看那一摞,看完了还交换,并连连感叹:哎哟,这个好看。

10 min 后,总经理回来了,说:"面试已经结束。""没有啊? 我们还在等您啊。"年轻人回答道。老板说:"我不在的这一段时间里,你们的表现就是面试的内容。很遗憾,你们没有一个人被录取。本公司从来不录取那些乱翻别人东西的人。"这些年轻人一听,捶胸顿足,后悔不已。

想想看,我们哪个家庭、哪个学校,经常进行这样的教育? 翻东西,是儿童时期的一种习惯,是一种好奇。小孩去串门,看到人家的抽屉,挨着个儿地拉开翻看。爸爸妈妈下班了,孩子就翻爸爸妈妈的包。对儿童来说,只是出于好奇,还没有意识到要尊重别人;对于成年人来说,随便乱翻别人东西就是一个缺点了。

(根据网络资料整理)

任务二　掌握优雅的坐姿

坐姿,即人在就座之后呈现的姿势。坐姿是幼儿园教师人际交往中重要的人体姿势,它反映的信息非常丰富。在日常工作与生活中,坐姿往往是幼儿园教师采用较多的姿势。幼儿园教师的坐姿,是一种静态造型。端庄优美的坐姿,会给幼儿以优雅、稳重、自然、大方的美感,可以帮助提升教学效果。

坐姿

一、优雅的坐姿

（一）坐姿的基本规范

坐姿规范做到"四正"：即头正、身正、腿正、手正。

1. 入座前

用轻盈的步态走到座位前面再转身，转身后，右脚向后退半步，缓慢坐下，女教师如着裙装，要先轻拢裙摆，然后入座。

2. 入座

（1）头要端正。不出现仰头、低头、歪头、扭头等情况。整个头部看上去，应当如同一条直线，和地面相垂直。在办公时可以低头看桌上的文件等，但在回答学生问题时，必须抬起头。老师在和学生交谈的时候，可以正视对方，或者面部侧向对方，不可以把头后部对着对方。

（2）上身直立。坐好后，直腰、挺胸、上身自然挺直（图4-2-1），需要注意的地方有：

图 4-2-1

倚靠椅背：倚靠座椅主要用以休息。在教室就座时，不应把上身完全倚靠在座椅的背部。

占用椅面：在课堂上，不要坐满椅面，最合乎礼节的是占椅面的3/4左右（图4-2-2）。

（3）双肩平正放松，手臂自然摆放。

手臂放在双腿上。双手各自在一条大腿上，也可双手叠放在两条腿上，或者双手相握后放在双腿上。

手臂放在身前桌子上。让双手平扶桌子边沿，或是双手相握置于桌上，也可以把双手叠放在桌上。

手臂放在椅子扶手上。当正身而坐时，要把双手分别放在两侧扶手上；当侧身而坐时，要把双手相叠或相握后，放在一侧的扶手上。

（4）面带微笑，双目平视，嘴微闭，微收下颌。

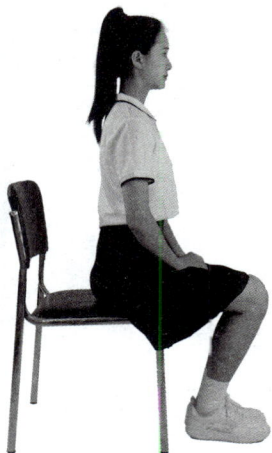

图 4-2-2

（5）双腿正放或侧放。女生双膝自然并拢，男生双膝微开，与肩同宽。谈话时可以侧坐，上体与腿同时转向一侧。

3. 起立

起立时，右脚向后收半步而后缓慢起立。

（二）不同场合的坐姿

第一，在比较轻松的场合，可以坐得比较舒展、自由。

第二，在比较严肃的场合，适合正襟危坐。要求上身挺直，落座在椅子中部，双手放在桌上或放在椅子扶手上，并膝，稍分小腿或并膝，小腿前后相错，左右相掩。

第三，女教师在社交场合，为了使坐姿优美，可以采用略侧向的坐姿，头和身子朝向对方，双膝并拢，两脚相并、相掩、一前一后均可。在落座时，应把裙子理好、掩好。

第四，如对方是尊者、贵宾，坐姿要端正，坐到椅面 3/4 处，身体稍向前倾，表现出积极、重视的态度。

第五，与学生在办公室谈话时，上身微前倾，眼睛平视学生，面带微笑，让学生感到亲切、真诚。

总之，幼儿园教师的坐姿要向幼儿传递着自信、友好、热情的信息，同时也显示出自身优雅、庄重的良好风范。

二、幼儿园教师的坐姿方式

（一）"正襟危坐"式

适用于课堂或正规集会。要求是：上身和大腿、大腿和小腿，都应当形成直角，小腿垂直于地面。双膝、双脚包括两脚的跟部，都要完全并拢（图 4-2-3）。

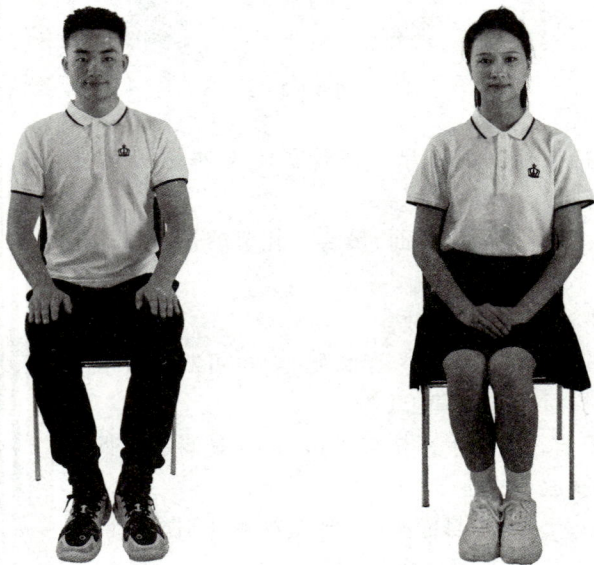

图 4-2-3

（二）双腿斜放式

适合于穿裙子的女教师在较低的位置就座时所用。要求：双腿首先并拢，然后双脚向左或向右侧斜放，使斜放后腿部与地面约呈 45°（图 4－2－4 左）。

（三）前伸后曲式

这是女教师常用的一种坐姿。要求大腿并紧后，向前伸出一条小腿，并将另一条腿屈后，两脚掌着地，双脚前后要保持在一条直线上（图 4－2－4 右）。

（四）双腿叠放式

适合穿短裙的女教师采用。要求：将双腿一上一下交叠在一起，交叠后的两腿间没有任何缝隙，犹如一条直线。斜放后的腿部与地面约呈 45°，叠放的上脚尖垂向地面（如图 4－2－5）。

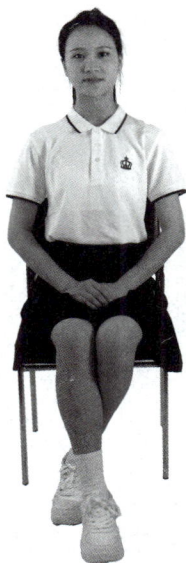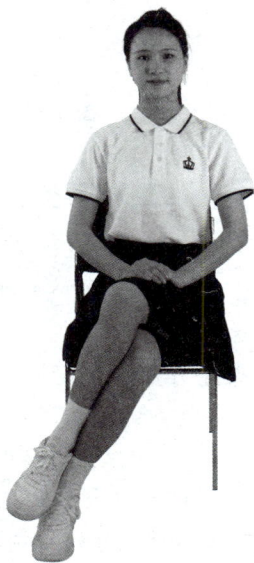

图 4－2－4　　　　　　　　　　　　　　　图 4－2－5

（五）双脚内收式

适合与学生交谈时采用，男女教师都适合。要求：两条大腿首先并拢，双膝可以略徽打开，两条小腿可以在稍许分开后内侧回，双脚脚掌着地（图 4－2－6 左）。

（六）垂腿开膝式

多为男教师所用，比较正规。要求：上身和大腿、大腿和小腿都成直角，小腿垂直于地面。双膝允许分开，分开的幅度不要超过肩宽（图 4－2－6 右）。

（七）双脚交叉式

适用于各种场合，男女教师都可用。双膝先要并拢，然后双脚在踝部交叉。交叉后的双脚可以内收，也可以斜放，但不要向前方远远地伸出去（图 4－2－7）。

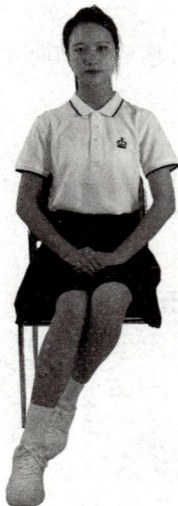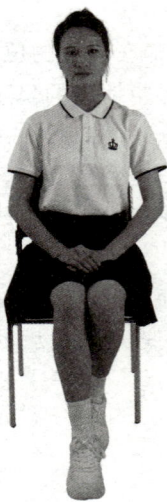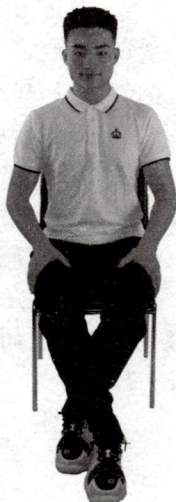

图 4-2-6　　　　　　　　　　　　　　　　　图 4-2-7

三、幼儿园教师的坐姿禁忌

1. 双腿叉开过大

双腿叉开过大,不论大腿叉开还是小腿叉开,都非常不雅。特别是身穿裙装的女教师更不要忽视这一点。

2. 架腿方式欠妥

坐下后将双腿相架的正确方式:两条大腿相架、并拢。忌把一条小腿架在另一条大腿上,两腿间留出大大的空隙,显得过于无礼。

3. 双腿直伸出去

这样既不雅观又妨碍别人。身前如果有桌子,双腿尽量不要伸到外面来。

4. 腿放在桌椅上

为图舒服,把腿架在高处,甚至抬到身前的桌子或椅子上,这样的行为过于粗鲁。也不要盘腿坐在椅子上。

5. 抖腿

不停地抖动或摇晃腿部,易给人心烦意乱和不安稳的印象。

6. 脚尖指向幼儿

不管采用哪一种坐姿,都不要以脚尖指向幼儿。

7. 脚蹬踏它物

坐下后,脚部要放在地上,忌用脚乱蹬乱踩。

8. 用脚自脱鞋袜

在幼儿面前就座时,忌用脚自脱鞋袜。

9. 手触摸脚部

就座以后用手抚摸小腿或脚部,既不卫生又不雅观。

10. 手乱放

就座后,双手应放在身前,有桌子时放在桌上。不要单手或双手放在桌下,也不要双肘支在面前的桌子上或夹在两腿间。

11. 双手抱在腿上

双手抱腿,本是一种惬意、放松的休息姿势,但在教室和办公室不宜如此。

12. 上身向前趴伏在讲台上

在教室中出现上身趴伏在讲台上的姿态,显得无精打采。

13. 懒散和傲慢

懒散懈怠地坐在椅子上转身做事,漫不经心地手托下巴,或者仰靠椅背,跷起并摇动二郎腿,会给幼儿造成傲慢和随意的印象。

经典故事

陶母教子

陶母湛氏是晋代大将军陶侃的母亲,与孟母、欧母、岳母齐名。陶母经常教导儿子,君子应当端正衣冠,保持自己庄重的容貌举止。有一次陶侃读书时伏于案上,陶母严厉地说:"凡人之所以为人者,礼仪也"。陶侃说,因为读书久坐才这样。陶母道,如果衣冠不整,坐姿不正,本身就是对圣贤之作缺乏恭敬之心。陶侃立刻明白了,向母亲道歉。以后无论读书多久,都端坐于案前。

(来自《中华美德故事》,有整理)

任务三　掌握自信的走姿

走姿指一个人在行走时所采取的具体姿势,是人体行进中所呈现出的一种动态姿势,它以站立姿势为基础,是站姿的延续动作。走姿是最能体现出一个人精神面貌的姿态。教师的走姿要优雅、稳重、从容、落落大方。教师在课堂上如果能适当走动,变换一下位置,可以改变学生注视教师的角度,减轻其视觉疲劳。

走姿

一、自信的走姿规范

标准的走姿要以端正的站姿为基础。要求行走时上身挺直,双肩平稳,目光平视,下颌微收,面带微笑;手臂伸直放松,手指自然弯曲,摆动时,以肩关节为轴,上臂带动前臂,向前、后自然摆动,以前摆35°、后摆30°为宜,肘关节略弯曲,前臂不要向上甩动;上身稍向前倾,提髋屈大腿带动小腿向前迈;膝关节和脚尖正对前进的方向;脚尖略抬,脚跟先接触地面,依靠后腿将身体重心推送到前脚脚掌,使身体前移。行走线迹要成为"一条线"或"两条平行线"。前脚的脚跟与后脚尖相距为一个脚长,但因性别不同或身高不同,会有一定差异;步高指行走时脚抬起的高度,一般不宜过高,也不宜过低而使鞋底与地面相摩擦;行走速度,一般男生每分钟110步左右,女生每分钟120步左右。

二、基本的步态要领

双目向前平视,微收下颌,面带微笑;双肩平稳,双臂自然摆动,摆幅在 30°~35°为宜;上身挺直,头正、挺胸、收腹、直腰,重心稍前倾;注意步位,两脚内侧落于一条直线上;步幅适当,前脚跟与后脚尖相距一脚之长;行走速度要适中,根据服装、场合等综合因素决定步速;停步、拐弯、上下楼梯要从容不迫、控制自如(图 4-3-1)。

图 4-3-1

知识链接

走 路 八 忌

一忌弯腰曲背,歪肩晃膀;二忌步履蹒跚,走路内外八字;
三忌面无表情,无精打采;四忌东张西望,左顾右盼;
五忌慌不择路,过频过急;六忌低头玩手机,不看路;
七忌拖着鞋走,擦地而行;八忌勾肩搭背,并排而行。

三、几种常见的步态

前行步:在向前走时,或与来宾、师长、同学问候时的仪态举止。动作要伴随着头和上体向左或向右转动,面带微笑,点头致意,并配以恰当的问候语言。

后退步:向别人告辞时,转身就走是没有礼貌的行为。应说"再见。"然后先向后退两三步,再转体离开。

侧行步:一般用于引导来宾或在较窄的走廊与人相遇时。引导来宾时,要尽量走在宾客的左侧前方,左髋部朝着前行的方向,上身稍向右转体,左肩稍前,右肩稍后,侧身向着来宾,保持往前两三步的距离。在较窄的路面与人相遇时，要将胸部转向对方，以示礼貌。

前行左右转身步：在行进中，当要向左(右)转身时，要在右(左)脚迈步落地时，以右(左)脚掌为轴心，向左(右)转体90°，同时迈左(右)脚。

后退左右转身步：当后退向左(右)转体走时，以左脚先退为例，要在退2步或4步时，赶在右(左)脚掌为轴心时，向左(右)方向转身90°，再迈出左(右)脚，继续往前方走出。

任务四　掌握得体的蹲姿

蹲姿在幼儿园教师的工作和生活中经常用到，不过也是最容易出错的。幼儿园教师在拿取低处的物品、拾起落在地上的东西或者蹲下来与幼儿进行交流时，经常用到蹲姿。使用下蹲和屈膝的动作时，常常会弯曲上身和撅起臀部，尤其是着裙装的女教师下蹲时，稍不注意就会露出内衣，很不雅观。

蹲姿

一、幼儿园教师基本蹲姿要求

下蹲拾物时，应自然、得体、大方，不遮遮掩掩。

下蹲时，两腿合力支撑身体，避免滑倒。头、胸、膝关节在一个角度上，使蹲姿优美。

女生无论采用哪种蹲姿，都要将腿靠紧，臀部向下。

弯腰捡拾物品时，两腿叉开，臀部向后撅起，是不雅观的姿态。两腿叉开平衡下蹲，其姿态也不优雅。

保持正确的蹲姿需要注意三个要点：迅速、美观、大方。若用右手捡东西，可以先走到东西的左边，右脚向后退半步后再蹲下来。脊背保持挺直，臀部一定要蹲下来，避免弯腰翘臀的姿势。男生两腿间可留有适当的缝隙；女生则要两腿并紧，穿旗袍或短裙时需更加留意，以免尴尬。

二、常见蹲姿

高低式蹲姿：男生选用这一方式往往更为方便，女生也可选用这种蹲姿。这种蹲姿的要求是：下蹲时，双腿不并排在一起，而是左脚在前，右脚稍后。左脚应完全着地，小腿基本垂直于地面；右脚则应脚掌着地，脚跟提起。此刻右膝低于左膝，右膝内侧可靠于左小腿的内侧，形成左膝高右膝低的姿态。臀部向下，基本上用右腿支撑身体(图4-4-1)。

交叉式蹲姿：交叉式蹲姿通常适用于女生，它的特点是造型优美典雅。基本特征是蹲下后小腿交叉在一起。这种蹲姿的要求是：下蹲时，右脚在前，左脚在后，右小腿垂直于地面，全脚着地，右腿在上，左腿在下，二者交叉重叠；左膝由后下方伸向右侧，左脚跟抬起，且脚掌着地；两脚前后靠近，合力支撑身体；上身略向前倾，臀部朝下(图4-4-2)。

图4-4-1

半蹲式蹲姿：一般是在行走时临时采用。它的正式程度不及前两种蹲姿，但需要应急时也可采用。基本特征是身体半立半蹲。主要要求是在下蹲时，上身稍许弯下，但不要和下肢构成直角或锐角；臀部务必向下，而不是撅起；双膝略为弯曲，角度一般为钝角；身体的重心应放在一条腿上；两腿之间不要分开过大。

半跪式蹲姿:又叫作单跪式蹲姿。也是一种非正式蹲姿,多用在下蹲时间较长,或为了用力方便时。双腿一蹲一跪。主要要求在下蹲后,改为一腿单膝点地,臀部坐在脚跟上,以脚尖着地。另外一条腿,应当全脚着地,小腿垂直于地面。双膝应同时向外,双腿应尽力靠拢(图4-4-3)。

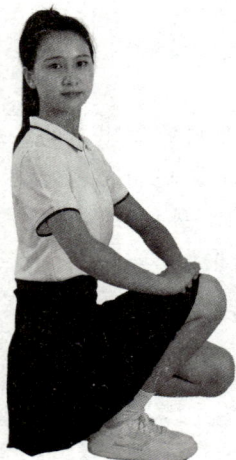

图4-4-2   图4-4-3

三、蹲姿注意事项

不要突然下蹲。蹲下来的时候,不要速度过快。当自己在行进中需要下蹲时,要特别注意这一点。

不要离他人太近。在下蹲时,应和身边的人保持一定距离。和他人同时下蹲时,更不能忽略双方的距离,以防彼此"迎头相撞"或发生其他误会。

不要方位失当。在他人身边下蹲时,最好是和他人侧身相向。面向他人,或者背对他人下蹲,通常都是不礼貌的。

不要毫无遮掩。在大庭广众面前,尤其是身着裙装的女生,一定要避免出现下身毫无遮掩的情况,特别是要防止大腿叉开。

不要蹲在凳子或椅子上。有些人有蹲在凳子或椅子上的生活习惯,但是在公共场合这么做的话,是不合适的。

总之,下蹲时一定不要有弯腰、臀部向后撅起的动作;切忌两腿叉开,两腿展开平衡下蹲,以及下蹲时露出内衣裤等不雅动作,以免影响你的姿态美。

经典故事

孟子休妻

战国时期的思想家、政治家和教育家孟子,是继孔子之后儒家学派的主要代表人物,被后世尊奉为"亚圣"。

有一次，孟子的妻子在房间里休息，因为是独自一个人，便无所顾忌地两腿叉开坐着。孟子推门进来，看见妻子这样坐着，非常生气。原来，古人称这种双腿向前叉开坐的身体姿势为箕踞，"箕踞向人"是非常不礼貌的。孟子一声不吭就走了出去，看到孟母，便说："我要把妻子休回娘家去。"孟母问他："这是为什么？"孟子说："她既不懂礼貌，又没有仪态。"孟母又问："因为什么事而认为她没礼貌呢？"孟子回道："她双腿叉开坐着，箕踞向人，所以要休她。"孟母问："那你又是如何知道的呢？"孟子便把刚才的一幕说给孟母听。孟母听完后说："没礼貌的人应该是你，而不是你妻子。难道你忘了《礼记》上是怎么教人的？进屋前，要先问一下里面是谁；上厅堂时，要高声说话；为避免看见别人的隐私，进房后，眼睛应向下看。你想想，卧室是休息的地方，你不出声、不低头就闯了进去，已经失礼在先，怎么能责备别人没礼貌呢？没礼貌的人是你自己呀！"一席话说得孟子心服口服，再也没提休妻的话了。

（来自百度文库，有整理）

任务五　学会标准的手势

手势（即手臂姿态）是指用手指、手掌和手臂的动作和造型来表情达意，是用来传递信息的一种体态语言。手势作为信息传递方式不仅早于书面语言，也早于有声语言。手势具有表示形象和表达感情的作用，手势运用得自然、大方、得体，会使人感到寓意明晰，含蓄高雅。

手势

一、常见的几种手势

横摆式手势：常用作"请进"手势。五指伸直并拢，掌心向上，然后以肘关节为轴，手从腹前抬起向左摆动至身体左前方，同时脚跟并拢，脚尖略开，右手下垂，目视来宾，面带微笑（图4-5-1左）。

直臂式手势：常用作"请往前走"的手势。五指伸直并拢，掌心向上，屈肘由腹前抬起，手的高度与肩同高，再向要前进的方向伸出前臂，要求手臂动作自然、轻松（图4-5-1右）。

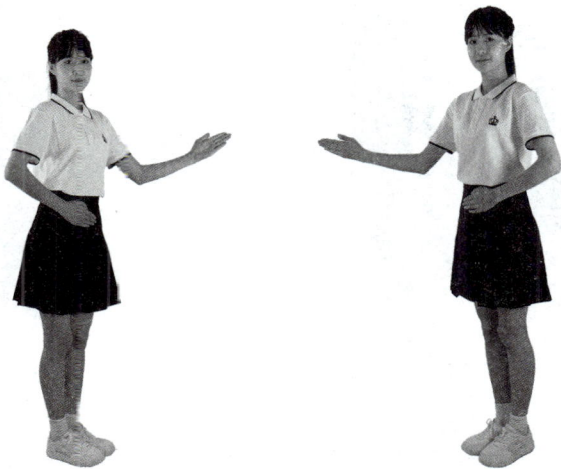

图4-5-1

曲臂式手势：常用作"里边请"的手势。当左手拿着物品或推扶房门，而又需引领来宾时，即以右手五指伸直并拢，从身体的侧前方，由下向上抬起，上臂抬至离开身体约45°的高度，然后以肘关节为轴，手臂由体侧向体前左侧摆动成曲臂状。

斜摆式手势：常用作"请坐"的手势。请来宾入座时，要用双手扶椅背将椅子拉出，然后一只手曲臂由前抬起，再以肘关节为轴，前臂由上向下摆动，使手臂向下成一斜线，表示请来宾入座。当来宾在座位前站好，要用双手将椅子往前推到合适的位置，请来宾坐下（如图4－5－2）。

二、幼儿园教学常用手势语

（一）指示手势语

指示手势语指教学中用于组织、指导幼儿学习的手势，一般用于维持教学纪律，以引起幼儿注意。指示手势语在幼儿园教学中非常重要，幼儿年龄小，对许多课堂行为规范尚未了解，如果只凭教师的语言描述，是很难在短时期内让幼儿记住的。在这样的情况下，就需要教师用一些恰当的、固定的指示手势语作为辅助。比如，老师在提问时总是辅以举手的手势，经过一段时间后，幼儿便对教师"举手"这一手势语非常了解，会很自然地做出"举手发言"的反应。

（二）情感手势语

情感手势语是指在教学过程中根据教学情境和氛围的需要，用以表达情感的手势语言。情感手势语能强化教师表达的思想感情，通常是进行肢体接触，如搂抱、牵手、摸头、拍背、摸脸等，进一步加强师幼沟通交流，营造积极、愉快、和谐的课堂氛围。如：当幼儿答对问题后，教师竖起大拇指，激发孩子的兴趣和勇气，他会感到教师对他的赞赏，从而大大提高回答问题的积极性。情感手势语事先没有设计，是根据教学的实际需要而运用的，因此，情感手势语有及时、适度的特点（图4－5－3）。

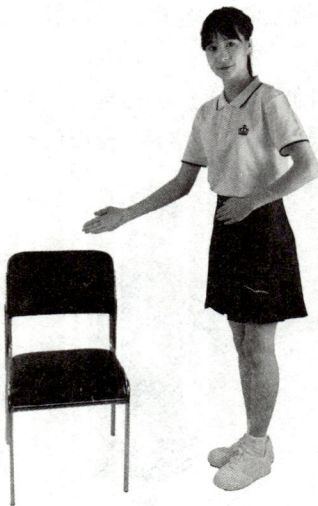 

图4－5－2　　　　　　　　　　图4－5－3

（三）形象手势语

形象手势语是指幼儿园教师根据教学目的、内容的需要而运用的形象手势，是幼儿园教学的有效手段。因为学前儿童的记忆以表象记忆为主，教师在传递信息时用手势加以辅助，可以帮助幼儿在回忆时借助生动形象的手势来联想有声语言,从而记住学习的信息。在讲解重点、突破难点时,为实现教学目标,运用符合幼儿年龄特点的形象手势语。例如:在音乐活动中,结合所演唱的其中有鲜明形象的动物歌曲,通过形象手势语惟妙惟肖地模仿出各种动物的姿态,可以很好地激发幼儿的情绪,还可用形象手势生动地解决一些抽象问题。比如:学前班学习反义词时,可用手指天花板说"上",用手指地说"下"等。

三、手势禁忌

介绍某人或为他人指路时,不可用手指指点点,而应使用手掌,四指并拢,掌心向上。

与人交流中,手势不可过多,幅度不宜过大,更不要手舞足蹈。

切忌在公共场合挠头皮、抓耳挠腮、咬指甲、用手指在桌上乱写乱画等。

不要用一个手指指点别人,尤其是批评孩子或接待家长的时候。沟通交流时,不要做出双手叉腰或抱胸等冷漠动作。不在孩子面前(也包括其他任何场合)做出粗俗的手势。

经典故事

以尊重换尊重

在南北朝时期的北齐,有一个叫陆晓慧的人,才华横溢,博闻强识,为人更是恭谨亲切。他曾在好几个王的手下当过长史,可以说是一个高高在上的人了。然而他却从来不把自己看得很高,前来拜见他的官员,不管官大官小,他都以礼相待,一点儿也不摆架子。如果客人离开,他更会站起身亲自将对方送到门外。有一个幕僚看到这种情景,很难理解,就对他说:"陆长史官居高位,不管对谁,哪怕对老百姓也是彬彬有礼,这样实在有失身份,什么也得不到,长史何必如此麻烦呢?"陆晓慧听了不以为意地轻松一笑,说道:"欲先取之,必先予之。我想让所有的人都尊重我,那我就必须尊重所有的人。"

(来自百度文库,有整理)

任务六　学会规范递接物品

递物、接物是日常生活中必不可少的行为,但这一小小的动作却往往能给人留下难忘的印象,能体现一个人的品质与修养。

一、递接物品的原则与方法

递接物品

(一)递接物品的原则

1. 尊重对方

人与人之间在人格上是平等的,没有高低贵贱之分。在递接物品时,不论对方的身份、地位、学识、年龄等方面与自己存在多大的差异,都应相互尊重。

2. 双方互视

在递接物品时,双方眼神要主动交流,并面带微笑,不可左顾右盼,或者一直盯着对方。

3. 双手递物

在递送物品时,面带微笑,双眼注视对方。如果是坐着,应当起身或者欠身,身体微微前倾,用双手递送,并告知对方。如果在特定场合下或东西太小不必用双手时,一般要求用右手递接物品。

4. 双手接物

应尽快起身或者欠身,面带微笑,双手接物,然后端详物品,并说"谢谢",然后再收好。特定场合可只用右手。

(二)递送物品的方法

在工作和生活中,若向对方递交文件或图书杂志、名片等,应使文字正面朝着对方,不可倒置(图4-6-1)。

双方相识以后,可互换名片。当下级给上级、晚辈给长辈时,一定要恭敬地双手递上。递交时均应将名片的正面朝向对方,以方便对方观看。

递送茶杯时应左手托茶杯底,将茶杯的把手指向客人的右手边,双手递上(图4-6-2)。递送饮料、酒水时,应将商标朝向客人,左手托底,右手握距瓶口1/3处。

递送笔、刀剪之类的尖利物品时,需将尖端朝向自己,不要指向对方。递送水果刀应双手托住刀身,刀刃朝向自己,或刀刃向下,自己手握刀背,刀把朝向对方。

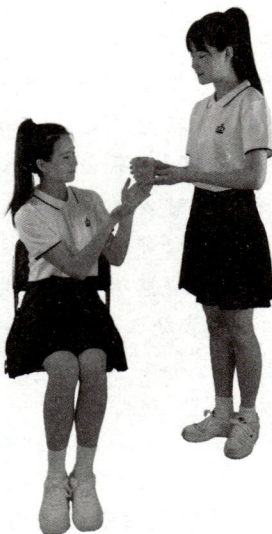

图4-6-1   图4-6-2

(三)接物的方法

在接收文件、图书杂志、名片等物品时,应起身或者欠身,用双手去接,面带微笑,双眼注视对方,然后看所接物品,并点头致谢,随手收好。

在接受奖品、奖状时用双手去接,行鞠躬礼后转过身体,面向台下,将奖状高举过头向大家展示,然后双手拿好贴在胸前。

二、递接物品的禁忌

(一)递送物品禁忌

在递送物品时,应该做到尊重、安全和便利。忌在递送物品时与其他人交谈,或者漫不经心,注视别处;递送笔、刀、剪之类尖利的物品时,忌将尖端指向对方;在递送热茶杯时,忌直接将茶杯放在对方手上,或者将水洒在对方身上等。

(二)接收物品禁忌

接过别人给的物品时,切忌漫不经心地放在一旁或者扔掉。如果需要将物品暂时放在桌子上,切记不要在物品上放其他东西。

经典故事

站 有 站 相

唐朝著名诗人张九龄,官居宰相,人品、诗品俱佳,被尊称为"宰相诗人"。张九龄能在众多才子中脱颖而出,得益于他的站相很好。刚刚入朝当官的张九龄虽然职位不高,但非常注意自己的举止,站有站相,坐有坐相,举止得当。每次朝廷聚会的时候,皇帝都要对张九龄多看几眼。很多官位高的人,就揣摩皇上的意思:怎么皇上老看他?是不是皇上特别器重他,或跟他有什么特殊的关系吗?于是,张九龄很快就在群臣中拔尖了,后来真的被皇帝重用。这个故事告诉我们,站相也是修养和礼仪的体现,从小养成得体的行为举止,做一个彬彬有礼的人非常重要。这不仅仅是个人修养的问题,甚至还会影响到个人的命运。

(根据网络资料整理)

项目测评

自测项目	分值	评分标准	自评分	小组评分	实得分
站姿	15	1. 端庄的站姿展示 2. 了解各地礼仪风俗			
坐姿	20	1. 优雅的坐姿展示 2. 生活中践行礼仪原则 3. 能给同伴提出礼仪建议			
走姿	15	1. 自信的走姿 2. 参与礼仪活动 3. 收集礼仪名人名言			
蹲姿	20	1. 得体蹲姿展示 2. 能结合礼仪原则分析案例 3. 讲礼仪故事			
手势	15	1. 标准手势示范 2. 开展礼仪活动 3. 能辨析错误的手势			
递接物品	15	1. 递接物品演示 2. 开展礼仪教育活动 3. 编礼仪操、唱礼仪歌			

项目五　幼儿园教师服饰礼仪

学习目标

知识目标：了解服饰礼仪基本内容,掌握幼儿园教师着装常规、饰品的佩戴要求。

能力目标：掌握正装的搭配方法,学会根据不同场合选择正确的服饰搭配。

素养目标：懂得正衣冠,明是非,知荣辱。

对于正在成长的幼儿来说,幼儿园教师的礼仪知识、个人素养以及个人穿着打扮、行为举止,都起着重要作用。一名优秀的幼儿园教师不仅要有扎实的专业技能、得体的言谈举止,还要能够成为幼儿学习、效仿的榜样,以实现言传身教的目的。幼儿教师得体的着装可以树立专业形象,提升职业气质,也是尊重他人、树立自我尊严的体现。我们应该了解服饰装扮的基本常识,把握着装的基本原则,掌握服饰与自我气质塑造之间的关系。

任务一　了解着装的 TPOR 原则

一、着装的功能

(一) 保暖、装饰的功能

服饰的起源有多种学说,诸如原始人对装饰的喜爱、部落繁衍的需要、自我表现和等级观念等。人类从使用树叶蔽体到使用动物毛皮装饰和保暖,服饰的装饰性功能逐渐提高。

(二) 暗示功能

服饰是一种强烈的、可视性交流语言。一个人的衣着,可以体现出其社会地位、经济地位、性别角色、政治倾向、民族归属、生活方式和审美情趣。在心理学和行为科学上,人们着装的目的不仅仅是为了自身的欣赏,还常常把服装作为获得他人尊重的手段。服饰的暗示功能表现了着装者的心理、身份等信息。在生活、工作中我们需要根据所处的不同场合、个人的不同身份进行着装的调整。每一项活动都对服饰有一定的要求,这是约定俗成的穿着习惯。国与国之间的交流活动要参照国际惯例来穿着。在不同场合按照一定的要求来着装,体现了着装者的个人素养,同时也是个人身份和地位的象征。

(三) 标识功能

服饰还可以体现所属的群体特征。军人、警察、消防队员通常会穿着制服,许多企业中的员工也会如此。中小学生经常会穿着学校校服。有时候单是一件定制工作服或配饰就能够传达出一个人的职业信息。比如,主厨所戴的高顶厨师帽。

（四）地区、政治功能

世界上许多国家和地区,民族服装与衣服风格可以体现某个人所处的社会地位,所居住的村庄等信息。比如:苏格兰人会用格子花纹来宣告他的家世,法国乡村妇女会用她的帽子来标示她所居住的村庄。

二、着装的"TPOR"原则

穿着是一门艺术。莎士比亚曾说过,一个人的穿着打扮就是他的教养、品位、地位的真实写照。幼儿园教师的个人服饰装扮应该遵循国际上公认的着装原则——TPOR 原则。TPOR 是"Time,Place,Occasion,Role"四个英文单词首字母的缩写,分别指时间、地点、场合、角色。这四个单词正是着装原则的最好解释。

着装的
TPOR 原则

（一）Time（时间）原则

1. 白天时间

白天时间分为工作和生活时间。工作时间应根据自己的行业、职务、年龄、身份、性别等特点,选择适宜的服饰。生活中散步、购物、旅游、运动等休闲活动,则可以舒适、时尚为主,依据个人性格、体形特征来选择服饰,但也要遵守约定俗成的社会公德,如不能穿睡衣出现在公众场合等。如果是参加较为正式的会议、商务活动,则应着正装。

2. 晚上时间

晚上时间多为一些休闲或者社交活动,如聚会、宴会、酒会。参加此类活动要根据活动具体情况着装。若大型宴会有邀请函,可根据邀请函上的要求着装;如邀请函未提出要求,可以根据具体情况着大晚礼服、小晚礼服等正式服装。若在晚上参加与工作无关的交友、聚会等休闲活动时,则以舒适、简单、大方为主。

3. 四季时节

一年有四季,每个季节的气候都有各自的特点,它对人从生理和心理上都产生影响,应根据季节、温度变化增减服装,做到"冬暖夏凉,春秋适宜",符合季节性的要求。若不遵守四季、温度变换的规律,"反季节"着装,会让人感到怪异,他人对自己的评价也不会好。

（二）Place（地点）原则

我们所说的地点原则包含两个方面,一是指具体场地的穿着习俗,二是指在不同地点的穿着习俗。

1. 场地特点

教室、办公室、会场、运动场、旅游景点等不同的地点有不同的着装讲究,需要穿着与地点相宜的服饰。在会场里要穿正装,在运动场要穿运动装,在酒会就应穿一些时尚的服装或礼服。

2. 地域、民族特点

各地区所处的经度、纬度的不同,四季温度有非常大的差异,人们着装也有区别。我国有56 个民族,每一个民族在服装款式上都有着各自的特点,如藏族的袍子、苗族的苗服等。因文化差异的不同,不同国家的服饰也有所差别。

（三）Occasion（场合）原则

服饰穿着要考虑场景的气氛、规格、文化背景等各种因素。当今社会，人们需要面对生活与工作中各种活动场合，不同的活动场合一定要注意合适的着装。如参加婚礼要着简单大方、颜色鲜艳的服饰，葬礼要着较为正式、严肃的服饰。与外国人或少数民族同胞接触时，要尊重他们的文化、民族、信仰等。

（四）Role（角色）原则

角色，指服饰的穿着要考虑个人的角色定位。生活在社会中的每个人都有不同的社会角色。一个人在家庭中扮演着父母、子女、哥哥、弟弟、叔叔等各种角色，在工作中可能是警察、法官、医生等。

教师是社会万千行业中的一员，因其职业特质被誉为"阳光下最灿烂的职业者"。"师者，所以传道授业解惑也"，这千古流传的句子，是对教师的尊重，是对其职业重要性的肯定，而"学高为师，身正为范""为人师表，行为世范"则是对教师职业道德及职业操守的基本要求。

教师的职业形象必须规范得体。服饰着装是教师外在形象的一种最直观的表现形式，得体适宜的着装不仅是对教师外在形象的修饰，也是教师内在修养、审美的外在体现。教师只有凸显了适宜的角色形象，才能更好地向学生传达对礼仪文化的理解和欣赏。

三、日常着装的三要点

根据着装的 TPOR 原则，幼儿园教师日常着装应该符合职业、性别、年龄、自身形体等特点，将服饰提升个人职业气质、塑造幼儿园形象的作用发挥到极致。

（一）符合职业

工作装扮应与职业身份相协调。各行各业都有固定的职业形象，如果超越所属形象范围就会使人对其专业度、职业素养产生怀疑。如幼儿园教师穿着过于暴露或过于前卫的服装，会降低教师职业的可信度，让家长产生怀疑，同时也会分散幼儿的注意力，甚至误导成长中的幼儿。

（二）符合性别年龄

男士着装应尽量体现男性坚毅刚强的气质，女士着装应体现女性柔美端庄的特点。男女服装要各显性别特点，切忌盲目追赶潮流，时刻谨记幼儿园教师的身份。

（三）符合自身形体特点

着装应与自身身材、体型、脸型、肤色、气质等协调，扬长避短，彰显个人气质，获得修饰体型、掩盖身体缺陷的作用。比如：身材偏胖的人不适宜穿横条纹的衣服；大腿过粗者，不适宜穿紧身裤。

经典故事

叶嘉莹：中国最后一位"穿裙子的士"

叶嘉莹，被称为中国最后一位"穿裙子的士"。在《朗读者》节目中，董卿尊敬地称呼她为叶先生。已入耄耋之年的叶嘉莹在讲课时，一定会整理好仪容，全程站立授课。即使在战乱之际，叶先生在讲课之时也不会有丝毫的懈怠。每次在上课前，叶嘉莹都会将头发仔仔细细地梳成鬓燕尾式,将旗袍熨得平平整整。那一方三尺讲台,是她的舞台,更是她育人的战场。她重视自己教授的诗文,尊重她所教授的学生。她不能容忍自己有一丝一毫的怠慢。腹有诗书气自华。叶先生言传身教,用恰如其分的衣着来讲述着诗文的美,让她的每一个学生,都能够从她身上感受到那一份尊重与热爱。

《弟子规》中曾这样写道:"冠必正,纽必结,袜与履,俱紧切。"说的是一个人在出门前帽子要戴端正,衣服扣子要系好,袜子、鞋都要穿戴平整。这样做在很大程度上能够表现出一个人的自律。一个衣着得体的人,必是一个严于律己的人,也是一个懂得尊重他人的人。

（根据网络资料整理）

任务二　了解正装的搭配

所谓正装,是指适用于较为严肃场合的正式服装,而非娱乐和居家环境的装束,如西服、中山装、民族服饰等。在西方国家,正装包括西装、燕尾礼服;在中国,正装则以西装为主,有时也可以着中山装、夹克等衣服。有些职业有规定的制服,如警察、军人等职业的制服也可称为正装。

什么是正装

男士的首选是西服套装,女士的首选则是西服套裙。在正式场合,是十分强调"男女平等"的,女士要穿出和男士一样的"正式感",就需要穿上和男士西装同理的西服套裙。

一、西服套装的分类

（一）男士西装

男士西装在不同国家和地区有着不同的特点,它的款式可以分为英式西装、美式西装和意大利式(欧式)西装三种。

男女士西装的类别

1. 英式西装

"英式西装"是西装的起源,是所有西装的基本款式。目前主流、典型的正装西服就是英式西服。英式西装在尺寸上松紧适中,腰部线条自然,上衣、裤子长度合理。由于气候原因,英式西装使用的面料相对厚重,所以英式西服从视觉上看起来会更加笔挺,有厚重感。

英式西装对裁缝的技术要求较高,制作工艺烦琐,但是这种西服最能体现绅士派头,整体效果庄重、高贵,深受许多上层人士的青睐,因此英式西装有"正式西装"的美称。

2. 美式西装

美式西装讲究舒适,线条相对来说较为柔和,腰部适当地收缩,胸部也不过分收紧,符合人体自然曲线。肩部的垫衬不高,袖笼较低,呈自然肩型,显得精巧,一般以2~3粒扣单排为主,翻领的宽度较为适中,对面料的选择范围较广。

3. 意大利式(欧式)西装

意式西服和英式西服相比要更加飘逸,不仅是因为意大利气候相对炎热,面料更加轻薄,还因为意式西服的垫肩往往会比英式西服更加轻薄,肩膀的部位更加自然,不像英式西服那么棱角分明。从尺寸上来说,意式西服上衣收腰明显,但衣长绝不会偏短,裤子脚口偏紧,但又不会有明显的包裹感。

选择西装,一般应注意:肩宽较身宽多1.5 cm左右;胸围以能穿一件单衣后稍宽为佳;衣长盖住4/5的臀部;裤长盖住鞋面的2/3。

(二)女士套裙

女士套裙在整体设计上较男装在基础细节方面变化更大,强调腰身的凸显,体现干练、简单、大方的效果。

1. 颜色的选择

女士选择西服套裙的时候应该根据场合来考虑,正式场合(例如参加会议、商务谈判)就应选择颜色较深的套裙;如果只是通勤上班,可选择一些颜色清淡的套裙,多选择白色、灰色、咖啡色、蓝色等,显得典雅、端庄。现代女性服装色彩丰富,可根据场合、角色精心搭配。

2. 款式的选择

女士套裙款式多样,常见的可分为"H"型、"X"型、"A"型、"Y"型四种,且在衣领、扣子、半身裙款式上有较多变化。女教师应根据场合、身份等要素,兼顾自身体型、肤色、性格等,扬长避短,搭配出能体现个人气质的服饰。

"H"型:适合体形偏胖者,掩盖身体上下一般粗的缺陷。上衣较为宽松,裙子上下同宽,这样可以在视觉上看起来更优雅、含蓄,远观整体就像大写字母"H"。

"X"型:适合腰部纤细的人。上衣较为紧身,腰部收拢,下摆较大,呈喇叭式,体现女性婀娜多姿的曼妙身材。

"A"型:适合臀围较大、大小腿较粗的女性。此款式套裙强调上半身的优势,上衣为紧身式,腰部以下则用宽松的长裙将臀围及整个腿部遮住,看起来有飘逸的动感。

"Y"型的设计:与"A"款式正好相反,上半身较为宽松,裙子采用紧身的筒式设计,适合胸围较大的女性,可体现腿部的优势。此款式可以使女性看起来亭亭玉立,端庄大方。

3. 体型与服装款式搭配的方法

(1)调整弥补法。该方法是运用服装款型修饰人的体型,在视觉上塑造完美人体形象的方法。在了解着装者的身材特点后,运用服装的外形轮廓、色彩、材质等对人体不理想的部位进行修饰,利用视觉效应达到弥补身材不完美之处的效果。

(2)淡化转移法。该方法是将人体某些不理想的部位进行淡化,然后利用服饰的装饰手法,将人们的注意力转移,达到修饰个人身形的目的。

二、西服套装的穿法

(一)三大标准

西装穿着有其基本规范,我们要了解西装的穿着要求,尊重西装穿着的三大标准:

西装穿法及搭配

1. 三色原则:即全身的颜色应限制在三个色系或三种颜色以内,颜色定位准确,无随意混搭的现象。

2. 三一定律:即全身有三个部位应保持颜色一致:鞋、腰带、公文包,三位一色,以黑色系为主,既庄重,又易于搭配。

3. 三大禁忌：一是没有拆左袖上的商标；二是乱穿袜子。正规场合配深色西装，袜子要与鞋子或者西裤同色；三是错用领带。忌用夹克配领带、短袖配领带（制服除外）。

（二）正式西装与衬衣搭配

衬衣是正式西服套装的必备搭配。以单色与套装搭配最为常见，花色衬衫应与外套颜色相协调。穿着时，应衣扣整齐。正式场合应打领带，日常可解开衬衣最上面的一粒纽扣，其余纽扣应系好。

1. 衬衣的颜色

白色纯棉质地的衬衣正式度最高，与西服套装是最正式的搭配。除了白色，淡蓝的衬衣也是公司和政府职员的必备品，它是搭配蓝色系西装的稳妥选择。除此之外，恰到好处的淡粉、淡黄、淡紫色，干净的米色和银灰色，如今都成为流行的搭配正装西服的衬衣色彩。

2. 衬衣的面料

衬衣是男士着装内外兼修的关键单品。它不像套装，需要更多注重外在的品质。因为需要贴身穿着，好的衬衣还要同时兼具内在品质。也就是说，衬衣的面料更需要舒适、透气，尺寸更需要合体。衬衣的面料应为纯棉质地，因为此类衬衣穿着舒适，透气性好。

3. 衬衣的领形

衬衣的领形很多，有扣领、系领、圆领、方领、白领、立领、尖领等。不同的领型正式度不同，选择领型时要与身材相协调。扣领衬衫为休闲款的，不适合出席正式场合时的穿着。较为正式的衬衣都需要搭配领带，其领型是领子开口部分的角度在75~90°（图5-2-1）。

4. 衬衣穿着的要点

尺码要合身。穿衬衣时，系好第一粒纽扣后还可以容纳两个手指。

图5-2-1

领子应高出西服外套领子3 cm左右；手自然下垂时，衬衣袖口露出西服外套袖口1.5 cm左右为佳（图5-2-2）。

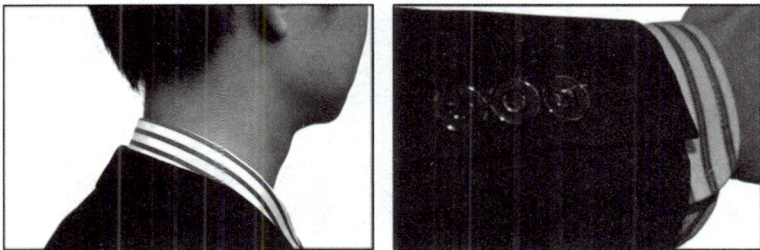

图5-2-2

穿着衬衣需要把衬衣下摆放进西裤里，注意衬衣是否整齐，尽量无褶皱。

（三）领带

领带是西装的重要装饰。每一位领带的佩戴者在挑选领带时，无一不是按其个性脾气、文化修养、审美能力、职业状况、经济条件和社会需要进行选择的。选择合适的领带能够给西服套装增添色彩，反之就会影响形象。

1. 领带的质地

传统的正式搭配是真丝质地的领带，而亚麻和印花的领带较多出现在夏天的度假胜地，羊毛质地的领带多为骑马绅士们的首选。最好的领带是用真丝或羊毛布料制作而成的。以涤丝制成的领带售价较低，有时也可以选用。

2. 领带的款式和色彩

（1）领带的款式。宽领带适合脸型较宽的人士，宽度在 100 mm 以上。窄领带的宽度40～60 mm，小领带则适合时尚人士，适合在轻松愉快的场合佩戴。领带的宽头又分为平头和箭头，平头一般为窄款，较随意和时髦；箭头领带一般为宽款，较为传统和正规。

（2）领带的图案和颜色。单色无图案的或者是以条纹、圆点和方格等规则的几何形状为主要图案的领带适用于正式场合佩戴。通常最不容易出错的颜色是暗红色、灰色、深蓝色、黑色等单色领带。作为幼儿园教师，可根据领带的质地、款式、颜色和自己的心情以及参加的活动类型来选择相应的打法，从而体现自己的品位、审美与修养。

3. 领带的长度

领带下端应正好触及皮带扣的顶端，不要盖住皮带扣，也不要与之产生距离。领带过长，坐下时下端会从西装的下摆露出，影响美观。而领带较短时则会降低服装整体的正式度，看起来很滑稽。天热解开衬衣的第一粒扣子时，不能将领带松开后继续挂在脖子上，这样的形象看起来显得颓废，给人以无精打采的印象。

4. 领带的打法

打领带的基本要求是挺括、端正，并且在外观上呈倒三角形。领带结的具体大小，最好与衬衫衣领的大小形成正比。打领带时，最忌讳领带结不端正，显得松垮。标准的长度是领带打好之后，下端的大箭头正好抵达皮带扣的上端。应将领带置于西装上衣与衬衫之间，并使其自然下垂。生活中几种领带的常用打法如下：

（1）平结（The Plain Knot）。平结是历史上记载最早的一种领带打法，为多数男士选用的领结打法之一，几乎适用于各种材质的领带。平结的特点就是领带的倒三角有点斜。丝质的材料如采用平结会显得更加细长，如果是较为厚重的材料会显得稍微宽一些（图 5 - 2 - 3）。

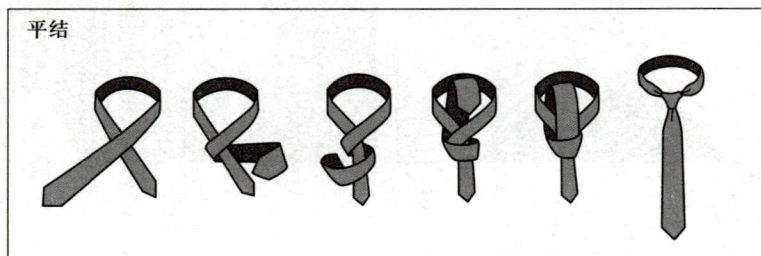

平结

图 5 - 2 - 3

（2）温莎结（The Windsor Knot）。温莎结是因温莎公爵而得名的领带结，是最正统的系法。打出的结呈正三角形，饱满有力，适合搭配宽领衬衫，用于出席正式场合。不能使用面料过厚的领带来打温莎结（图5-2-4）。

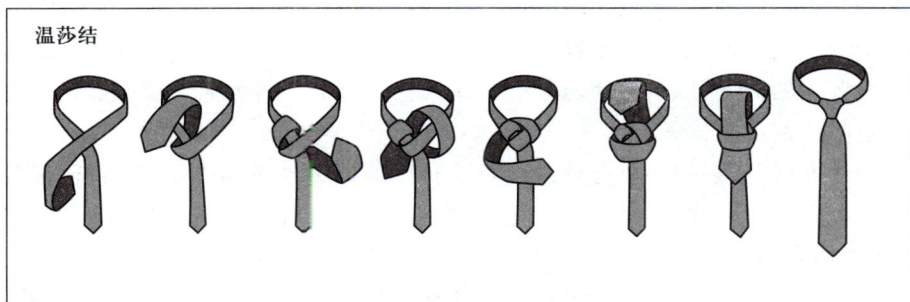

温莎结

图5-2-4

（3）半温莎结（The Half-Windsor Knot）。半温莎结是温莎结的改良版，较温莎结更为便捷，适合较细的领带以及搭配小尖领与标准领的衬衫，但同样不适用于质地过厚的领带。与温莎结、平结共称为领带的三大主流打法（图5-2-5）。

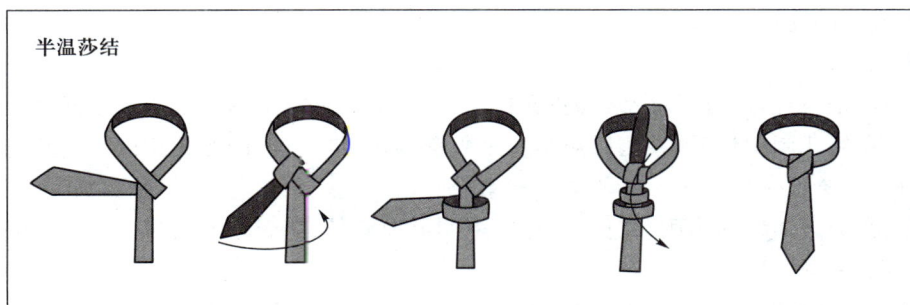

半温莎结

图5-2-5

（4）双交叉结（Double cross Knot）。双交叉结的厚重感较强，深受重视格调的欧洲绅士们的喜爱，尤其是在领结处的双层，还有颇具浪漫色彩被誉为"情人的酒窝"的凹槽，因此更加受人欢迎（图5-2-6）。

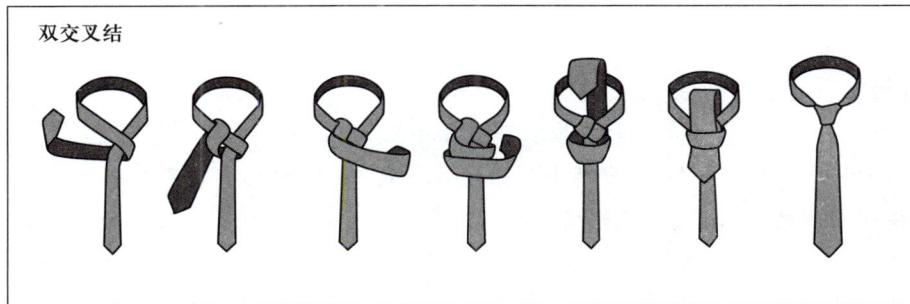

双交叉结

图5-2-6

（四）袜子

生活中我们穿袜子不能仅仅追求脚上的干净,还要选择正确的颜色。

1. 袜子的颜色

男袜多为深色系的藏蓝、黑色、深灰色。搭配西装时袜子的搭配要符合两个原则,一是选择与所穿皮鞋的颜色一致,如黑色皮鞋选择黑色袜子;二是选择与西裤的颜色一致,如藏蓝色的西装搭配藏蓝色的袜子,深灰色的西装搭配深灰色的袜子。白色袜子较多搭配运动装,白色西服套装一定要搭配白色袜子。

随着社会的发展,服装的颜色与款式已经没有以前那么规范与严格了,如现在卷起裤脚,流行将鲜艳的袜子外露。这是人们出于对潮流的追捧,对个性的张扬。但我们也要把握好其中的尺度,注意场合和自己的身份,过于张扬是不被人接受的,遵守惯例才是最稳妥的举动。

女士着西服套裙时应选择长筒连裤丝袜,丝袜的颜色接近自己肤色的颜色为最佳。黑色的丝袜应根据西服套装的颜色来搭配。黑色为参加夜间活动时的首选色,也被越来越多的人所接受,许多黑色款式的服装也在白天被穿了出来。黑色可以增添女性的魅力,而女士穿着西服套裙是为了向男士看齐,以增加个人权威感,减少女性柔美感。因此,选择黑色的丝袜时应慎重。还有目前非常流行袜子上有暗纹的款式,在日常的逛街、休假、参加聚会等活动时穿着会非常时尚,但在上班、参加正式会议、活动的场合则应注意选择传统的、保守的、没有任何花色的长筒、连脚的连裤袜。

2. 袜子的质地

纯棉的袜子吸汗性、舒适度都较高;含棉量低的袜子,吸汗性差,容易产生脚部异味,影响个人形象。在幼儿园工作时,某些区域是要求脱鞋的,如进入娃娃家、建构区等区角,若我们脚的异味较重,会给孩子们带来不好的体验和感受。

女士除在穿运动装和休闲装时可以选择棉制低筒袜外,穿着职业装时应选择长筒连裤袜。

3. 袜子的款式

男士袜子应为落座时不露出腿部肌肉为合适。在国际惯例中,腿部肌肉,尤其是身体上的汗毛不能裸露在外面,否则会是不得体、失礼的一种表现。

不管男士还是女士,穿着袜子时都应注意一些细节,了解一些禁忌,以免因此失礼于人,影响个人形象。除了上述情况,大家还要注意袜子有破洞、脱丝的时候,一定要修补,否则就毫不犹豫地丢掉。可在办公室放一双袜子以防不时之需。女士如有需要,还可以在皮包里备一双,以备走路时丝袜破了而随时更换。

📖 **经典故事**

爱因斯坦和小女孩

1940 年的一天下午,一个 12 岁的小姑娘边走边玩,一下撞上了迎面而来的一位老人。老人蓄着一撮短而硬的小胡子,一双棕褐色的眼睛深陷在眼窝里,长着一头蓬乱的灰白头发。他一边埋头走路,一边像是在思考着什么。冷不丁被小姑娘一撞,他抬起头,友好地冲女孩一笑:"对不起,小姑娘,是我不小心。"说完,又低头向前走去。女孩望着老人,只见他穿的衣服又肥又长,整个人就像裹在一张大被单里,脚下趿拉着一双卧室里穿的拖鞋。"嘿!这个人简直就是从我的童话故事里走出来的。"小女孩这么想。

回到家,她将碰到这老人的事情告诉了父亲。父亲听后兴奋地说:"孩子,你今天撞着了当今世界上最伟大的人。他是爱因斯坦!"女孩直纳闷:这个连衣服也穿不整齐的人,怎么能是"最伟大的人"呢?

第二天,女孩又遇上了那老人。他仍是衣衫不整,一面踱步一面埋头沉思。"先生,您好!"小姑娘说,"我父亲说您是最伟大的爱因斯坦……""噢,他只讲对了一半,我是爱因斯坦,但并不伟大。""我说也是嘛,瞧您穿衣服还不会呢,怎么谈得上伟大?"听了这话,爱因斯坦那深陷的眼窝里突然放射出温柔的目光,他低头看了看自己的装束,两手一摊,肩膀一耸,冲小姑娘做了个鬼脸:"你说得对,我是不大会对付衣服、鞋子这类玩意儿,但愿你肯教我。""这还不简单!"女孩将平日妈妈教给她的穿戴要领一口气全说了出来。"能记住吗?"她问。"也许能。"爱因斯坦答道。

第三天下午,爱因斯坦在路边等待放学回家的小姑娘。小姑娘看见他的时候简直吓了一跳,他整个儿像变了一个人,按小姑娘说的那样穿戴得整整齐齐。"爱因斯坦先生,您比昨天年轻了 20 岁。"小姑娘笑着说。

（根据网络资料整理）

任务三　掌握幼儿园教师着装常规

服饰礼仪对不同身份、不同场合、不同职业的人有相应的要求,并且许多准则已经上升为各国公认的国际惯例。我们在了解常规服饰礼仪的同时,也要注意教师这个特殊的职业身份。陶行知先生说"学高为师,身正为范",教师对学生的教育引导如春风化雨一样滋养着学生。学生以老师为榜样和学习礼仪的对象,特别是学前阶段的幼儿向师性明显,模仿能力强,因此,幼儿园教师的着装常规尤为重要。

一、男教师着装

（一）款式

男教师职业装一般有制服、西装、中山装、夹克配长裤等。正式场合的着装,首选是西装套装。日常工作中的着装,结合幼儿园岗位实际选择,如与幼儿进行户外授课时可选择纯棉的运动装,平时上课可选择有领 T 恤、夹克配长裤。

（二）面料

男装面料常用的有毛料、棉质、麻质、丝绸、化纤混纺等。职业装的面料宜挺括、有质感。西装首选的是毛料,且最好是 100% 的毛料,或至少 70% 的毛料、毛与丝的合成材料等。

（三）色彩

色彩应庄重、正统,给人一种可信任感。男教师的外套多使用蓝、深蓝、灰、深灰等中性色,以纯色为主。衬衫多选择单一色彩的高织、精纺的纯棉、纯毛制品或混纺衬衫,也有条纹、方格、暗纹等可选。白色衬衫配西装是正式场合男教师的首选。日常与幼儿交流活动中,可以穿着颜色较为活泼的纯色运动休闲装。

（四）尺寸

幼儿园教师穿着一定要合体，工作装要得体，便于开展教育教学活动。过大、过小、过紧、过松的衣服都会影响形象。

（五）穿着细节

1. 整体

熨烫平整，整洁干净，搭配合理，系好纽扣，口袋里少装东西，裤腿缝应拉直。穿西装要美观而大方，首先是要使其显得平整而挺括，线条笔直。参加重要活动前，一定要先避人自查。

2. 衬衣

衣扣、袖扣应扣好，领扣可不扣。下摆应塞入裤腰内且不能露出一部分在外面。若穿西装，内里必须穿长袖衬衣；打领带前应扣好衣领和袖口处所有的纽扣；在某些轻松场合可不系领带，不扣领扣。衬衣、西装的袖口不要卷起，更不要卷裤管，否则会给人一种粗俗之感。

3. 鞋

鞋的颜色应与裤装同色或色深一些，一般选择盖式、系带式皮鞋或休闲鞋。没有任何图案的黑色光面系带牛皮鞋是西装套装配套的首选。穿鞋时应做到：鞋内无味，鞋面无尘，鞋底无泥。

4. 袜

穿皮鞋或休闲鞋时，袜色以深色单色为宜，应与鞋色一致。最好是纯棉、纯毛制品，混纺袜子也可以选用。袜子要干净、完整、成双、合脚。一般而言，袜子的长度以坐下来不露出腿部皮肤为好。

二、女教师着装礼仪

职业化的装扮，可以彰显女教师与众不同的气质，能够恰如其分地展示她们认真的工作态度和温婉大方的女性气质。

（一）款式

正式场合多选择西服套裙，也可选择款式多样的两件套裙（裤）套装、连衣裙、上衣配裙或长裤等。在日常教学中，以幼儿园的统一制服为主，以便于活动、体现舒适性为宜。

（二）面料

常用毛料、丝绸、棉质、麻质、化纤混纺等。基本要求：不起皱，不起球，不起毛。

（三）色彩

一般正式场合选择的颜色以冷色调为主。基础色：黑色、白色、灰色、咖啡色、米白色、暗红色、蓝色等，显得典雅、端庄。但幼儿园教师具有特殊的职业身份，宜根据场合、角色等进行精心搭配，在幼儿园可适当选择活泼、有亲和力的颜色。

（四）款式

女装款式千变万化。常见的造型有 H 形、X 形、A 形和 Y 形等四种，且在上衣和裙子的式样上多变化。女教师应根据场合和身份等要素，并兼顾个人体型、脸型和喜好等，选择最佳的款式。

女教师在日常工作中的着装，可选择符合幼儿教育职业特点的、活泼大方、颜色鲜艳且便于活动的休闲款型。

（五）穿着与搭配

1. 整体

熨烫平整,整洁干净,搭配合理,系好纽扣。

2. 衬衣

以单色与套装匹配最常见。花色衬衫应注意与色彩协调的外套搭配。穿着时应衣扣整齐。除最上面的一粒纽扣外,其他纽扣均应系好。

3. 丝巾

女性常用丝巾做装饰或点缀。丝巾不同的颜色、款式和结法,可使女性增加几分俏丽、时尚和青春活力。

4. 袜子

穿裙装时,宜选用中性色(肉色、灰褐色、浅灰色、骨色或黑色等)的单色袜,较肤色略深,应避免露出袜口,宜用连裤袜。穿裤装时,宜选择与裤子的颜色协调的短袜,最好是纯棉、纯毛制品,混纺袜子也可以选用。袜子要干净、完整、成双、合脚。

5. 鞋

鞋的颜色宜与上衣或裙、裤同色或色深。一般穿套装、裙装,以半高跟、高跟的船式或盖式皮鞋搭配为宜。女教师带班时,宜穿平底鞋、坡跟鞋等较舒适的鞋,忌穿拖鞋、响底鞋,忌赤脚。此外,鞋袜不可当众脱下或随意乱穿。

6. 着装"四忌"

一忌露。无论男女教师都应注意衣服的款式选择,忌胸沟、腋窝、大腿过于暴露。

二忌透。幼儿园教师在选择服装材料的时候也要慎重,忌讳穿着过于纤薄的衣服,导致内衣、内裤等若隐若现。

三忌短。忌讳着装过分短小,身体裸露过大既不便活动,也不雅观。

四忌紧。忌讳着装过于紧身,这样会使自己"原形毕露",线条突出,未免有故意展示自己性感身材之嫌。

知识链接

色彩性格分析

红色:具有视觉上的追近感与扩张感,积极青春,性格强烈外露。

橙色:性格活泼、跃动、兴奋、华美,具有富丽辉煌、炽热的感情意味,极具活力。

黄色:明度最高,具有快乐、活泼、希望、光明、健康等感受。

绿色:具有柔顺、温和、健康等感受。

蓝色:具有沉静、冷淡、理智等特性。

紫色:明度最低,具有安静、神秘、孤独、高贵、优美、惋惜的意境。

黑色:明度最低,具有庄严、稳重感,同时易产生黑暗、黑夜寂寞、神秘等联想。

(来源:王渊.服饰搭配艺术[M].中国纺织出版社,2009.)

经典故事

不合适的衣服闹笑话

小琳第一次到公司报到,为了掩饰自己的紧张感和稚嫩,刻意穿了一条稍显性感的黑色连衣裙。小琳在等待的时候,身旁坐着一位身着淡蓝色衬衣加黑色阔腿裤的女生,给人一种气场很强的感觉。小琳认为这人一定是哪位领导,非常礼貌地点头微笑,那女生眯着眼说:"你也是刚刚来的吗?听说马上开会,新人要发言,好紧张啊!"此时的小琳心里既尴尬又惊讶。

会上,主持人让新人依次做简单的自我介绍和职业规划。衬衣女先发言,她利落地起身走上去,给人感觉非常干练。衬衣女站定之后,小琳不自主地扫了一眼几位领导,大家都面带微笑地点了点头。轮到小琳上场了,她瞬间尴尬到语塞,下面所有人都是简洁的职场装扮,而自己却更像是晚会的演唱嘉宾,显得有些格格不入。从那以后,小琳除了努力工作,还不断地加强自己的装扮能力,不管去到什么样的场合都先问问镜子中的自己:穿得合适吗?

(来源:大学生,2017,(10).有整理)

任务四　掌握饰品的佩戴要求

饰品,原指男女戴在头上的装饰品,后专指妇女的头饰、耳环以及项链、戒指、手镯等,其功能是点缀、美化整体形象,虽然饰品的体积小,如搭配适宜则有画龙点睛的效果。

一、佩戴规则

1. 身份规则

符合幼儿园教师身份。生活中佩戴首饰以精致为主,注意相关场合首饰与衣服的整体搭配。幼儿园教师入园后应取下首饰,自己保管好,以免发生刮伤幼儿事件或防止在活动中丢失。

配饰的选择
及佩戴方法

2. 数量规则

以少为佳。在带班时,一件首饰也不佩戴最佳。日常若同时佩戴多种首饰,一般不应当超过3种。

3. 色彩规则

力求同色。若同时佩戴两件或两件以上的首饰,应使其色彩一致。

4. 质地规则

力求同质。若同时佩戴两件或两件以上的首饰,应使其质地相同。高档首饰,多适用于隆重的社交场合,不适合在工作、休闲时佩戴。

5. 体型规则

扬长避短。选择首饰时,应充分正视自身的形体特点,努力使首饰的佩戴为自己扬长避短。

6. 搭配规则

整体协调。佩戴首饰,应同时兼顾穿着服装的质地、色彩、款式,并努力使之在搭配风格上相互协调。

7. 习俗规则

遵守习俗。不同地区、不同民族佩戴首饰的习惯做法各有不同,我们要对这些习俗有基本的了解,尊重不同国家、民族的风俗习惯。

二、首饰配饰

1. 戒指

戒指的佩戴有其约定俗成的意义,因所戴的手指不同而有不同的意义。一般戴在左手之上。最好戴一枚,最多可戴两枚。戴两枚戒指时,可戴在一只手的两根相邻手指上,也可以戴在两只手的对应手指上。

2. 项链

项饰是颈部装饰品,是视觉中"可读性"最强的装饰佩件。项饰装饰身体的"枢纽"部位,有密实、疏松、立体、规范和随意等各种形态。密实的项饰具有紧凑、独立、严谨和贵族感,可强有力地烘托头部的形象;疏松的项饰具有自由、流畅的个性,可赋予生命和肌肤较强的动感和生命力;发光、昂贵的项饰通常在华丽的社交场合佩戴,显示出女性的高贵气质。

3. 耳环

具体可分为耳环、耳钉、耳坠等。在一般情况下,它仅为女教师所用,并且讲究成对使用。不宜在一只耳朵上同时戴多只耳环。

4. 手镯

手镯可以只戴一只,也可以同时戴上两只、几只。佩戴手镯,强调的是手腕与手臂的美丽。男人一般不戴手镯。

5. 手链

与手镯不同的是,男女均可佩戴手链,但仅限于工作之外,且一只手上仅限戴一条手链。在工作场合幼儿园教师不宜佩戴手链。

6. 胸针

多为女教师所用,别在左侧领上。若穿无领上衣时,则应别在左侧胸前,其具体佩戴高度应在从上往下数的第一粒、第二粒衬衫纽扣之间。女教师带班时不宜佩戴。

三、幼儿园教师佩戴规则

幼儿园教师佩戴首饰,应该注意场合,彰显个人的品位与修养。在参加晚会或外出做客时,可佩戴宝石类项链、耳环、大型胸针等,但不宜过多;在日常生活中,可以佩戴小型胸针、项链、耳环、手镯、手链等。在外出旅游,穿戴民族服饰时,可搭配有特色的饰品;在工作、参加较庄重的会议以及体育活动时,宜不戴或少戴首饰。由于职业的特殊性,幼儿园教师在带班工作前,应自觉摘下装饰性的首饰,避免因佩戴首饰而妨碍工作、分散幼儿的注意力,甚至带来卫生、安全等隐患。

1. 围巾和帽子

随着服饰审美品位的提高,人们对实用型饰物的装饰作用越来越重视。围巾和帽子是人们日常选用最多的饰品,其对服装的整体美感影响很大。戴上围巾和帽子后,能增强个人魅力。

帽子,显然有两种功能:保暖和装饰。外国人喜欢戴帽子,特别是欧洲人,主要是为了美。据说英国女王有两千多顶帽子。但是中国人戴帽子,特别是老年人戴帽子,则主要是为了保暖,当然同时也兼顾美丽。

男士的帽子,这几年大有改观,半圆形的、鸭舌形的、毛皮的、毛线的,种类繁多。原则上头小的男士不适宜戴无檐的帽子,会显得头更小。头大的男士则反之。男士戴帽子,不能歪戴。女士的帽子,如果是贝雷帽,歪一点方显气质。

(1)选择。选择围巾和帽子,首先应与服装的风格一致,这样才能使整体形象更加和谐,彰显穿着者的气质与风度。其次要与所处的时间、场合协调一致,要与个人的脸型、肤色等协调一致。戴帽子的大忌,是与年龄不符。上年纪了戴顶有蕾丝花边的帽子,旁边还缀一朵花,看上去有违年龄。大红大绿相间的帽子也不适合老年人佩戴。

圆形的滑冰帽本来比较朴素大方,老少咸宜,但是有的人偏爱把帽子顶在头上,露着耳朵,上面空一大截,非常不雅观。好看的帽子一定是全身的点缀,一定要认真对待。

(2)规则。在正式场合,男女均可以根据自己的着装风格等佩戴围巾和帽子。如果进入室内,应摘下帽子、保暖性的围巾等。女性在室内可以佩戴装饰性的帽子,但需要注意帽檐不能过宽,以免因遮挡他人的视线而失礼。

2. 手表

手表是一种常用的计时工具,又是一种重要的饰品。佩戴手表往往会给人时间观念强,易于遵守时间等积极的信号。

(1)款式。职场佩戴,选择手表的款式应考虑男女有别。手表的形状多为正圆形、正方形、椭圆形、长方形等。手表的色彩首选黑色、白色、金属色等。

(2)规则。职场佩戴,不戴广告表、时装表、珠宝表、特种表、劣质表、残损表。与他人交流时,不频繁地看表、拨弄表等,以免给人不耐烦、不耐心之感,有逐客之嫌。

3. 眼镜

眼镜是一种常见的医疗保健用品。它不仅具有调节光量、保护眼睛、改善视力等作用,而且也是一种重要的装饰品。它是物质和艺术的结合体,体现着佩戴者的身份、修养、观念、兴趣和爱好等。一副精美的金边眼镜,会给人增添几分斯文之感;一副大框架的眼镜,能够散发出豪放的气派;一副大墨镜,可以让人感觉到神秘气息。日常佩戴眼镜时应注意:

(1)选择。选择眼镜,应综合考虑佩戴的目的、时间、场合,以及个人的脸型、肤色、喜好等。选择镜片,要根据佩戴的目的,考虑材质的优良程度,镜片的大小、曲线、组合以及色彩、光泽等。选择镜架时,应首先考虑镜架与镜片的相互影响,包括材料质量、外形、颜色、装饰的精美程度等。

(2)规则。在室内或工作时,不戴墨镜或有色眼镜。佩戴墨镜或太阳镜等有色眼镜者,在进入室内后,应自觉摘下,否则会给人故作神秘、掩饰自己或不愿意与他人接触的印象。

4. 皮具

皮具在此特指以皮革制作的较高档次的工作与生活用品。它具有实用和装饰的双重功效。

(1)皮包。在选用皮包时应考虑:一是用途。不同的皮包有不同的用途,旅行包用于差旅,公文包用于办公,电脑包用于放电脑,提包、肩包用于社交,腰包用于休闲,通常不能滥用。

二是搭配。在选用皮包时,应讲究与服饰的整体搭配。如:个子不高者,夏季提包应小巧一点,显得人轻松、爽快。冬季服装厚重 可以选择颜色鲜艳的提包。包内的皮夹,常用的有钱夹、钥匙夹、名片夹、护照夹等,应摆放有序。使用时应注意:内容专一、外形美观、放置到位。如钱夹内不存放名片等。

（2）皮带。皮带即腰带。在选用时应考虑其颜色、图案、尺寸、环扣等。用于正式场合的皮带,颜色宜为单色、深色,宜与皮鞋、皮包的颜色保持一致,且光面无任何图案。皮带的环扣应为金属制品,多为单色。环扣除商标外,不宜出现其他任何文字、图案。一般皮带宽度,男式宽 3 cm,女式宽 2.5 cm;长度,系好之后长过皮带环扣约 10 cm。在皮带上不宜挂放手机、钥匙、打火机等物品。

经典故事

"太漂亮"惹的祸

小黄去一家单位进行最后一轮面试。为确保万无一失,这次她做了精心打扮。一身前卫的衣服、时尚的手环、造型独特的戒指、亮闪闪的项链、新潮的耳坠,身上每一处都是焦点,简直是无与伦比、鹤立鸡群。况且她的对手只是一个相貌平平的女孩,学历也并不比她高,所以小黄觉得胜券在握。但结果却出乎意料,她没有被这家单位所认可。主考官抱歉地说:"你确实很漂亮,你的服装配饰令我赏心悦目,可我觉得你并不适合干助理这份工作,实在很抱歉。"

（来自百度文库,有整理）

案例分析

面试为什么失败了

李梅是一位成绩优秀的毕业生,通过笔试,她成功进入了某幼儿园面试环节。面试当天,她化着精致的妆容,穿着紧身的黑色西装套装,踩着一双高跟鞋闪亮登场。面试过程中,李梅对答流利,还穿着高跟鞋为评委展示了一段幼儿舞蹈。可是面试结果让李梅傻眼了,她的面试成绩分数并不高,未被录取。

【分析】

李梅面试前没有明确自己的事业定位,误以为穿着正装就是遵守了服饰礼仪。李梅去应聘的是幼儿园教师,但是衣着风格却像一位商务人士或职场精英,显然与幼儿园教师的职业特点并不相符。幼儿园老师的着装可以参考一线教学老师的衣着,这样既不过分随意又能体现亲切之感。同时,李梅还穿着高跟鞋展示了幼儿舞蹈,这样既容易弄伤自己,而且在活动中也容易对幼儿造成安全隐患。那幼儿园教师面试应该注意哪些服饰礼仪呢？让我们详细了解。幼儿园教师和其他年级教师不同,着装过于正式反而不符合幼儿园教师形象。幼儿园教师应选择方便、舒展的服装,干净、整洁,富有朝气、活力。

男生可选择纯色衬衣或者浅色毛衫、深色休闲裤、深色皮鞋或者运动鞋。女生可选择浅色带衣领上衣、休闲裤或及膝素雅裙装、纯色皮鞋或者运动鞋。切记不能穿紧身服装,避免穿着走路有声响的鞋子,不要佩戴任何饰品。

（根据网络资料整理）

项目测评

自测项目	分值	评分标准	自评分	小组评分	实得分
着装原则	30	1. 了解着装的 TPOR 原则 2. 日常着装的三要点 3. 结合着装原则分析案例			
正装搭配	30	1. 了解正装的要素 2. 能够根据不同场合选择合适的正装 3. 给同伴选择合适的正装			
幼儿园教师着装规范	20	1. 进行幼儿园教师着装的情景模拟 2. 认识服饰礼仪对塑造幼儿园教师形象的重要意义			
配饰选择及佩戴方法	20	1. 用自己拥有的配饰进行不同场景的搭配模拟 2. 设计服饰礼仪的案例分析			

项目六　日常交往礼仪

学习目标

知识目标:了解并掌握称呼礼仪、会面礼仪、介绍礼仪、交谈礼仪等日常交往礼仪规范。

能力目标:学会运用规范的礼仪与人进行日常交往。

素养目标:养成良好的行为习惯,提升文明素养。

荀子曰:"人无礼则不生,事无礼则不成,国家无礼则不宁。"我国是历史悠久的文明古国,注重文明礼貌是我们代代相传的优良传统。文明礼貌既是人与人之间互相关心、互相尊重等友好关系的体现,也是公民自身文化修养水平的体现。幼儿园教师在工作之余,也会参加各种社交活动,掌握必要的日常交往礼仪知识,对于提高自身的礼仪修养和个人魅力起着积极的促进作用。

任务一　了解称呼礼仪

在日常生活和工作中,我们经常与不同年龄、性别、身份的人交往,会遇到一个如何称呼别人的问题。如果称呼错了,不但对方不高兴,还会闹出笑话来。在比较正式的社交场合,对别人称呼不当,会有失礼貌,甚至给自己与他人的交际带来不利影响。

称呼是指人们在日常交往中对亲属、朋友、同事或其他有关人员所采用的称谓,恰当的称呼能体现出双方关系所达到的程度。在过去,称谓十分讲究,不同身份、不同场合、不同情况使用称呼时无不入幽探微,小心斟酌。现代礼仪虽不必过分拘泥,但也要在前人的基础上,推陈出新,表现出新一代礼貌称呼的新风尚。人际交往,礼貌当先;与人交谈,称呼当先。使用称谓应当谨慎,稍有差错,便贻笑于人。恰当地使用称呼,是社交活动中的一种基本礼貌。称呼要表现出尊敬、亲切和文雅,以与对方心灵沟通,感情融洽,缩短彼此距离。正确地掌握和运用称呼,是人际交往中不可缺少的礼仪。

一、称呼的原则

(一) 礼貌原则

这是人际交往的基本原则之一。每个人都希望能被他人尊重,合乎礼节的称呼,正是表达对他人尊重和表现自己有礼貌、有修养的一种方式。众所周知,

称呼的分
类和称呼
的形式

用"您"比用"你"要更显敬重,这是我们必须记住的。同时,我们还要知道,用"老师您""园长您""家长您",比单用"您",更显敬重。此外,用量词"位"也可表示尊重,如说"这位同学"比说"这个同学"要好。不可以用"喂""哎""3 号""那个端盘子的""卖菜的""老头"等方式称呼对方,更不能不称呼对方直接进入谈话。

(二)尊崇原则

一般来说,进行人际交往,使用称呼时,一定要避免失敬于人。我们中国人有从大、从老、从高、从尊的心态,对人称呼时,应以尊崇对方为宜。例如,对同龄人,可称呼对方为哥、姐;对既可称"叔叔"又可称"伯伯"的长者,以称"伯伯"为宜;对副校长、副处长、副科长、副园长等,也可在姓后直接以正职相称。但是,在军队的职务序列中,不论是公文表述还是平时口头称呼,正副职必须明确区分,决不可将副职以正职相称。

(三)适度原则

许多年轻人往往喜欢称别人为"师傅",虽然亲热有余,但文雅不足,且普适性较差。如对理发师、厨师、企业工人称"师傅"恰如其分,但对医生、教师、军人、干部、商务工作者称"师傅"就不合适了。所以,要视交际对象、场合、双方关系等选择恰当的称呼。与众多的人打招呼时,还要注意亲疏远近和主次关系,一般以先长后幼、先高后低、先女后男、先亲后疏为宜。

二、称呼的形式

(一)姓名称呼

姓名,即一个人的姓氏和名字。姓名称呼是使用比较普遍的一种称呼形式。用法大致有以下几种情况:

1. 全姓名称呼

即直呼其姓和名。全姓名称呼有一种庄严感、严肃感,一般用于学校、部队等正式场合。一般来说,在日常交往中指名道姓地称呼对方是不礼貌的,甚至是粗鲁的。特别是对年长者,千万不可直呼其名。

2. 名字称呼

即省去姓氏,只呼其名字。这样称呼显得既礼貌又亲切,适用场合比较广泛。

3. 姓氏加修饰称呼

即在姓前或后加一修饰字,如"老李""小刘""大陈"等。这种称呼亲切、真挚,一般用于在一起工作、劳动和生活中相互比较熟悉的同志之间。当尊称年长且德高望重的人时,一般在姓氏后加上"老"字,如"张老""李老"等。

(二)亲属称呼

亲属称呼是对有亲缘关系的人的称呼,中国古人在亲属称呼上尤为讲究,主要有:对亲属的长辈、平辈决不称呼姓名、字号,而按与自己的关系称呼。如祖父、父亲、母亲、胞兄、胞妹等。有姻缘关系的,前面加"姻"字,如姻伯、姻兄、姻妹等。称别人的亲属时,加"令"或"尊"。如令尊、令堂、令郎、令爱、令侄等。对别人称自己的亲属时,前面加"家",如家父、家母、家叔、家兄、家妹等。对别人称自己的平辈、晚辈亲属,前面加"敝""舍"或"小"。如敝兄、敝弟,或舍弟、舍侄,小儿、小婿等。对自己亲属谦称,可加"愚"字,如愚伯、愚岳、愚兄、愚甥、愚侄等。

随着社会的进步，人与人之间的关系发生了巨大变化，原有的亲属、家庭观念也发生了很大的改变。在亲属称呼上已没有那么多讲究，只是书面语言上偶尔使用。现在我们在日常生活中，使用亲属称呼时，一般都是称自己与亲属的关系，十分简洁明了，如爸爸、妈妈、哥哥、弟弟、姐姐、妹妹等。有姻缘关系的，在当面称呼时，也有了改变，如岳父——爸，岳母——妈，姻兄——哥，姻妹——妹等。不过在书面语言上，文化修养高的人还是比较讲究的，不少仍沿袭传统的称谓方法，显得高雅、礼貌。

（三）职务称呼

职务称呼就是用所担任的职务作称呼。这种称呼方式古已有之，目的是不称呼其姓名、字号，以表尊敬、爱戴。如对杜甫，因也当过工部员外郎而被称"杜工部"，诸葛亮因是蜀国丞相而被称"诸葛丞相"等。现在人们用职务称呼的现象已相当普遍，目的也是为了表示对对方的尊敬和礼貌。主要有以下三种形式：

一是用职务称呼。如"李局长""刘经理""赵院长""李书记"等。

二是用专业技术职务称呼。如"李教授""张工程师""刘医师"。对工程师、总工程师还可称"张工""刘总"等。

三是用职业尊称。即用其从事的职业工作当作称谓，如"李老师""赵大夫""刘会计""张警官"等，不少行业可以用"师傅"相称。

（四）国外称呼

1. 普通男女的称呼

一般情况下，对男子不管其婚否都称为"先生"（Mr.）；对于女士，已婚的称为"夫人"（Mrs.），未婚的称为"小姐"（Miss）；婚姻状况不明的，也可称为"Ms"。在外事交往中，为了表示对女性的尊重，也可将其称为"女士"（Madam）。

2. 官方人士的称呼

对高级官员，称为"阁下"，也可称职衔或"先生"；对有地位的女士可称为"夫人"，对有高级官衔的妇女，也可称"阁下"；对其他官员，也可称职衔或"先生""女士"等。

3. 皇家贵族的称呼

对君主制或君主立宪制国家的国王、皇后，可称为"陛下"；王子、公主、亲王等可称为"殿下"；对有公、侯、伯、子、男等爵位的人士既可称其爵位，亦可称"阁下"，或称"先生"。

4. 技术人员的称呼

对医生、教授、法官、律师以及博士等有职称或学位的人士，可称"医生""教授""法官""律师""博士"等，也可加上姓氏或"先生"。

5. 军人的称呼

一般称军衔，或军衔加"先生"，知道其姓名的可冠以姓与名。有的国家对将军、元帅等高级将领称"阁下"。

6. 服务人员的称呼

一般情况下称"服务员"，如果知道其姓名的可单独称呼其名字，但现在越来越多的国家称服务员为"先生""夫人""小姐"。

三、使用称呼的注意事项

称呼的使用是否规范、是否表现出尊重、是否符合彼此的身份和社会习惯，是一个十分重要的问题。在社会活动中，人们经常互相接触，称呼问题必然频繁出现。一般来说，在中国，称呼应按职业、年龄来选择。如到机关联系工作，应称"同志"，单位内部除称"同志"外，习惯上也可用"小张""小王"之类称呼；在医院称"医生"和"大夫"；到工厂叫"师傅"；去学校称"老师""教授"或"同学"。邻居按辈分称呼，如对长辈可称"大爷""叔叔""老伯"等。对小孩叫"小朋友""小同学"等。

使用称呼的注意事项

使用称呼时应注意以下事项：

第一，不能把剥削阶级道德观念当成社会新潮流，如称"掌柜的""财主""马夫""少爷"等。有的人对这些称呼不以为耻，反以为荣，沾沾自喜，这显然是不合时宜的。

第二，不礼貌的称谓在公共场所不要用，如"老头""老婆""小子"等。但这些称呼如果在家庭中或亲朋好友之间使用，反而会产生亲近的表达效果。

第三，不使用庸俗低级的称呼。如"死党""铁哥们儿"之类的称呼，以免给人以"团伙"之嫌。

第四，不因粗心大意、用心不专而使用错误的称呼。如念错被称呼者的姓名，比如"覃"（读 qín）、"句"（读 gōu），说错被称呼者的年纪、辈分、婚否以及与其他人的关系。

第五，谨慎使用不通行的称呼。有些称呼，具有一定的地域性，比如北京人爱称人为"师傅"，山东人爱称人为"伙计"，中国人经常把配偶称为"爱人"，把孩子称为"小鬼"。但是，在南方人听来，"师傅"等于"出家人"，"伙计"肯定是"打工仔"，而外国人则将"爱人"理解为"婚外恋"的"第三者"，将"小鬼"理解为"鬼怪""精灵"。用这样的称呼，很容易使人产生误会。

第六，不使用绰号作为称呼，不随便拿别人的姓名乱开玩笑。每一个正常人都极为看重自己的姓名，如果拿别人姓名作笑料，或给人起不雅的绰号，都是十分不敬的。要尊重一个人，必须首先学会去尊重他的姓名。对于一些有侮辱性质的绰号，例如"北佬""蛮子""鬼妹""瘸子""秃子""罗锅""四眼""肥肥""傻大个""柴火妞""黑哥们""麻秆儿"等等，则更应免开尊口。

经典故事

称呼的妙用

有一次，演讲家曲啸同志应邀到一所监狱向犯人讲话，遇到了一个难题，那就是怎么称呼的问题。如果叫"同志们"吧，好像不大合适，叫"罪犯们"吧，势必会伤害到对方的自尊。经过考虑，曲啸同志在称呼他们时，说的是"触犯了国家法律的年轻朋友们"，这句称呼一出来，全体罪犯热烈鼓掌，有人还当场落下了热泪。

（来自百度文库，有整理）

案例分析

"无礼"与"五里"

古时候有个年轻人骑马赶路,太阳已经落山了还没有找到住处,心里非常着急。忽然,他看见前面不远处有一位老人,便高声喊道:"老头儿,这附近有客栈吗?"老人回答道:"无礼。"年轻人听了,错以为老头说的是"五里",于是扬鞭策马狂奔而去。年轻人策马跑出十多里路,却仍未见人烟。他十分生气,自言自语道:"这个老头子难道是在骗我?五里,哪里是五里。"突然间,他恍然大悟,"五里"不是"无礼"的谐音吗?他意识到了自己的无礼,于是掉转马头往回赶。他见老人还在原地,便急忙下马,恭敬地叫了一声:"老大爷。"老人说:"天色已晚,如不嫌弃,就到我家里住吧。"

【分析】

年轻人问路出言不逊,称呼老人不用敬语,其结果是"不施一礼,多跑十里"。由此可见,称呼是建立良好人际关系的一张通行证,亲切恰当、合乎礼仪的称呼不仅表达了对他人人格、身份、地位的尊重,同时也反映了称呼者的修养。

(来自百度文库,有整理)

任务二　了解会面礼仪

会面礼仪是人们会面时约定俗成的礼仪,又称相见礼节。会面礼仪是人们进入交际状态实施的第一个礼节,是情感交流的开始,也是关系到交际活动能否成功的起点。通常的会面礼仪包括问候、握手、鞠躬、致意、拥抱、拱手、亲吻、叩头、跪拜、屈膝、行注目礼等。

一、问候

见面问候是向他人表示尊重的一种方式。虽然只是打招呼、寒暄或是简单的三言两语,但却代表着对他人的尊重,或是表达关切之意。向他人问候时,我们需要注意以下几个方面:

(一)问候的内容

问候内容主要分为直接式和间接式两种,分别适用不同场合。直接式问候是指直截了当地以问好作为问候的主要内容,运用于正式的人际交往,尤其是宾主双方初次相见。如:"您好""大家好""早上好"等。间接式问候是指以某些约定俗成的问候语,或者在当时条件下可以引起的话题,主要适用于非正式、熟人之间的交往。比如:"最近过得怎样""忙什么呢""您去哪里"等,来替代直接式问好。

(二)问候的态度

问候是表达一种敬意,一定要做到以下几点:一是要主动。向他人问候时,要积极、主动。同样,当别人主动问候自己时,要立即予以回应,千万不要摆出一副高不可攀的样子。二是要热情。向他人问候时,要表现得热情、友好、真诚。毫无表情或者拉着苦瓜脸、表情冷漠的问候都是不可取的。三是要大方。向他人问候时,必须表现得大方。矫揉造作、神态夸张,或者扭扭捏捏,反而会给人留下虚情假意的不良印象。四是要专注。问候的时候,要面含笑意,与他人有正面的视线交流时,要做到眼到、口到、意到。不要在问候对方的时候,目光游离、东张西望,这样会让对方心生不悦。

（三）问候的次序

在正式场合，问候一定要讲究次序。可分为两种情况：一是一对一的问候。一对一，即两人之间的问候，通常是"位低者先问候"，即身份较低者或年轻者要先问候身份较高者或年长者。男士、女士见面，男士应先开口。二是一对多的问候。如果同时遇到多人，特别是在正式会面的时候，这时既可以笼统地加以问候，比如说"大家好"，也可以逐个加以问候。当一个人逐一问候多人时，可以由尊及卑、由长及幼地依次进行，也可以由近而远地依次进行。

二、握手礼

握手的礼节

当今在中国乃至世界各国最为通行的会面礼节，便是人们在日常生活中所经常采用的握手礼。一般来说握手是表示友好，是一种交流方式，能够增强双方的信任与理解。当然，握手既可以表现出一方的尊敬、敬仰、祝贺、鼓励，也可以传达出一种淡漠、敷衍、逢迎、傲慢的态度。因此，在交往中，明确关于握手的礼仪知识是必不可少的环节。

（一）握手的场合

一般来讲，我们需要跟别人握手的场合主要有以下几种：

1. 见面与告别

遇到较长时间未见的熟人，与其握手，表示问候或久别重逢的欣喜。作为东道主欢迎客人来访，与之握手表示欢迎。在正式场合第一次见面相识，握手表示自己乐于结识对方，并为此深感荣幸。同相识之人或客人道别，与之握手，表示"再会"或珍重之意。

2. 表示祝贺与感谢

向他人表示恭喜、祝贺之时，如祝贺生日、结婚、生子、晋升、升学、乔迁、事业成功或获得荣誉、嘉奖时，与之握手，以示贺喜之诚意。他人给予自己一定的支持、鼓励或帮助时，与之握手，表示衷心感激。

3. 表示慰问与理解

得悉他人患病、家人过世或遭受其他挫折和不幸时，与之握手，表示慰问之意。向他人表示理解、支持、肯定时，与之握手，以示其真心实意。

（二）正确的握手方式

两足立正，彼此之间保持适当的距离，上身微微前倾，双方伸出右手，手指尖稍稍向侧下方伸出，手掌垂直于地面，四指并拢，拇指适当地张开，双方握着对方的手掌，上下晃动两到三下，并且适当用力，左手贴着大腿外侧自然下垂。时间一般以 3~5 s 为宜，表示鼓励、慰问或热情，时间可以稍微延长，但是也不要超过 30 s。握手时，年轻者对年长者、职务低者对职务高者还应稍稍欠身相握，有时为表示特别尊敬，也可用双手迎握。另外，男士和女士握手的时候，力度应轻一些，不宜握满整个手掌，只需握住女士除大拇指外的四指部分即可。

（三）握手的顺序

握手礼仪
原则

握手的一个重要礼节就是伸手的先后顺序。一般情况下，遵守"尊者决定"的原则，即长辈和晚辈握手，长辈先伸手；上级和下级握手，上级先伸手；女士和男士握手，女士先伸手。之所以要遵守"尊者决定"的原则，是为了体现对位尊者的尊重。握手往往意味着进一步交往的开始，如果位尊者不想与位卑者深交，他是大可不必伸手与之相握的。特殊的是，主宾之间，接待客人时，由主人先伸手,以示欢迎;在客人离开时,顺序则颠倒过来,应由客人先伸手,表示感谢招待、告辞请留步,切记不可主人先伸手,否则就有逐客之意了。

如果和多人握手时,也要讲究先后次序。一般来讲由尊及卑,即先长辈再晚辈,先上级后下级,先年长者后年幼者,先老师后学生,先女士后男士。在地位尊卑不明显或不容易看出的情况下,也可按由近及远或顺时针方向逐一握手。如果人数较多,可以只跟相近的几个人握手,向其他人点头示意,或微微鞠躬就行。

（四）握手的禁忌

1. 忌心不在焉

握手时双目应注视对方,微笑致意或寒暄问好,切不可东张西望、漫不经心。不看着对方、表情呆板、不言不语、心不在焉地握手,或者对方早已把手伸过来,而迟迟不伸手相迎,这都是不礼貌的行为。

2. 忌伸出左手

握手必须用右手,如果恰好右手正在做事,一时抽不出来,应向对方说明并表示歉意。尤其跟外国人握手时,一定要记住:一般只用右手,通常不用左手,除非没有右手或是右手受伤。很多国家,像阿拉伯和印度等国,人们的左右两只手往往有各自的分工。右手一般是做所谓的清洁友善之事,如递东西、抓饭吃或行使礼节,而左手则是做所谓的不洁之事,如沐浴更衣,去卫生间方便,用左手去跟这些国家的人握手,等于是把一只脏手伸向他人。

3. 忌戴着手套或戴墨镜

按照国际惯例,只有女士在社交场合戴着薄纱手套与人握手才是被允许的,其他诸如皮的、毛的、羽绒的等用来御寒的那种手套,则一定要摘掉。摘掉手套握手表示一种礼节。此外,也不能戴着墨镜和别人握手,除非有严重的眼疾或眼部有缺陷,否则戴着墨镜与人握手有防人之嫌。

4. 忌交叉握手

如果有多人在场,握手时应当遵守秩序,依次而行,不要在握手时争先恐后。可以两人先握,礼毕,另外两人再行礼,避免两人握手时与另外两人相握的手形成交叉状。

三、鞠躬礼

鞠躬礼是我国古代的礼节之一。鞠躬,即躬身行礼,是表示对他人敬重的一种郑重礼节。如今在我国、日本、韩国和朝鲜等国家仍普遍使用。

（一）鞠躬礼的使用场合

鞠躬礼是一种非常正式的礼仪,一般用于庄严肃穆或喜庆欢乐的场合。比如演员向观众谢幕、学生对老师行礼、晚辈对长辈行礼、在表彰会上领奖、在追悼会上告别逝者等等都可行鞠躬礼。在某些服务行业,还用于服务人员向客人表示欢迎、问候、敬意等。一般的见面场合则很少使用鞠躬礼。

（二）鞠躬礼的要领

鞠躬之前,眼睛要看着受礼者,面带微笑,双脚并拢。男性双手放在身体两侧,女性双手合起放在身体前面,随着弯腰目光自然下垂,等鞠躬完毕,目光再回到对方脸上。行鞠躬礼时如要说些表示欢迎、问候、祝愿,或是感谢与告别的话时,都应该在弯腰停住后再说,说完了再直起腰,不能边说边弯腰或边说边抬头。此外,行鞠躬礼必须注目,切不可东张西望,受礼者也同样。当然,上级、长者或尊者在还礼时,可以欠身点头或同时伸出右手以握手来答之,不鞠躬也可。

鞠躬时要注意如戴着帽子,需先脱帽。戴帽子鞠躬既不礼貌,也容易滑落,使自己处于尴尬境地。鞠躬时目光应向下看,表示一种谦恭的态度。不要一边鞠躬,一边试图翻起眼睛看对方。行鞠躬礼时动作不要太快,幅度要根据实际情况而定。

(三)鞠躬礼的类型

弯腰的深浅不同,表示的含义也不同。根据上身倾斜的幅度可以将鞠躬分为以下三种类型:

1. 一度鞠躬

上身倾斜角度约为15°,是最常用的鞠躬角度。微微低头,身体上部向下弯约15°。常用于与熟人打招呼,或与长辈或上级擦肩而过时。向对方表示感谢与关照时,口头致谢固然重要,若再加上"点头"鞠躬,更能体现诚意。

2. 二度鞠躬

上身倾斜角度约为45°,商业上的往来中普遍使用的鞠躬方式。身体上部向下弯曲45°。尤其是进出会客室、会议室和向客人打招呼时,常用来表示敬意。在面试中,进场和离场时通常使用二度鞠躬。

3. 三度鞠躬

上身倾斜角度约为90°,表示向对方深度敬礼和道歉。常用于中国传统的婚礼、追悼会等正式仪式,在服务场合中很少使用(图6-2-1)。

图6-2-1

日常工作中常使用一度鞠躬;参加重要活动、接待重要来宾时可以选择使用二度鞠躬;表示对父母、尊者等的敬意或在重大礼仪中使用三度鞠躬。

四、其他会面礼节

(一)致意礼

致意是一种常用礼节,表示问候之意,通常用于相识的人之间在各种场合打招呼。大致可以分为点头致意、脱帽致意、举手致意、起立致意等。

1. 点头致意

点头致意常用于熟悉的人在吵闹的公众场所、剧场、会场等不适宜交谈时,或同一场合已见面多次时,或不太熟识只有一面之缘的朋友之间,或遇上多人却无法一一问候时,可采用点头礼打招呼,表示礼貌和敬意。

点头致意的做法是:目光注视对方,面带笑容,头部向下轻轻一点。注意不要反复点头不止,幅度不要过大。

2. 脱帽致意

与朋友、熟人见面时,若戴着有檐的帽子,则以脱帽致意最为适宜。即微微欠身,用距离对方稍远的一只手取下帽子,将其置于大约与肩平行的位置,同时与对方交换目光。戴着帽子的人在进入他人居所、进入娱乐场所,与人交谈、握手时,或升降国旗、演奏国歌时,也应脱帽。现役军人可以不脱帽,女士在社交场合也可以不摘帽子。

3. 举手致意

举手致意适合于在公共场所与远距离的熟人打招呼,可用于欢迎,亦可用于送别,还可用于互致问候。一般不必出声,只需举起右手,掌心朝着对方,轻轻招手,同时微笑即可。摆幅不可过大,时间不必过长。

4. 起立致意

起立致意是指坐着的人,看到对方而起立,一种表示尊重的方式。如长者、尊者和领导到来或离去,家里来客人时都应起身以表敬意。

(二) 拱手礼

拱手礼又叫作揖,是中国人传统的见面礼,历史非常悠久。主要适用于传统佳节时会面,表示祝愿,向长辈祝寿,恭贺结婚、生子、晋升、乔迁等喜事。初次见面时表示敬仰,道别时表示珍重等。

拱手是两手稍弯,相叠于胸前,形成一个"拱形",也可一手虚握成拳,用另一只手抱住,然后有节奏地晃动两下。拱手致意时,往往同时进行寒暄,如"恭喜恭喜""久仰久仰""幸会幸会""请多多关照""多多包涵""节日快乐""后会有期"等。

(三) 拥抱礼

拥抱礼是西方国家多用的一种会面礼仪,多用于官方、民间迎送宾客或祝贺致谢等社交场合。行拥抱礼时,两人相对而立,上身稍稍前倾,各自右臂偏上、左臂偏下,右手环拥对方左肩部位,左手环拥对方右腰部位,彼此头部及上身先向右相互拥抱,再向左拥抱一次。在许多国家的迎宾场合,宾主往往以握手、拥抱、左右吻脸、贴面的连续动作,表示最真诚的热情和敬意。

(四)其他会面礼节

除以上常见会面礼节外,在一些国家、一些地区还会使用合十礼、吻礼、贴面礼、碰鼻礼等问候方式。在传染病流行期间,为降低感染风险,避免疫情扩散,人们以致意、拱手礼、合十礼等非肢体接触的问候方式代替握手、拥抱等。此外,还出现了一些如碰脚、击肘等花式问候方式。

经典故事

握手礼的由来

在远古时代,人们以狩猎为生。在外面碰到素不相识的人时,他们就会丢掉手中的打猎工具,摊开双手,向对方表示手中没有武器,不会伤害对方。后来这种行为被武士们接纳,他们在与对方冰释前嫌的时候,就会摸摸彼此的手掌,表示手中没有武器。握手慢慢演变成了现代的社交礼仪。

(根据网络资料整理)

案例分析

应　　聘

陈刚去某贸易公司应聘,招聘主管是位女士。因为事先看过陈刚的简历,女主管觉得陈刚很有实力,认为他是个人才。面试进行得很顺利,陈刚给女主管留下了很好的印象。面试结束时,女主管热情地伸出右手,说:"小伙子,表现不错!"陈刚赶忙伸手相握。他手心朝下,像铁钳一般握住女主管的手。女主管面露惊异之色。她想:这个小伙子太傲慢了。陈刚就这样被女主管从新员工名单中划掉了。请问:陈先生为何最终失败了?

【分析】

陈先生没有注意到握手礼仪的力度与手位,手掌应与地面垂直,或者手心略朝上表示尊敬,手心朝下是一种傲慢的体现。再者,与女士握手力度应轻一些,握住四指即可,不可用力握住整个手掌。

(来自百度文库,有整理)

任务三　了解介绍礼仪

介绍是人与人进行相互沟通的出发点。介绍最突出的作用,就是缩短人与人之间的距离。"第一印象是黄金"。在社交或商务场合,如能正确地运用介绍礼仪,不仅可以扩大自己的交际圈、广交朋友,而且有助于进行必要的自我展示、自我宣传,并且帮助自己在人际交往中消除误会、减少麻烦。

介绍自己

一、自我介绍

在社交活动中,如果想结识某个人或某些人,却又没有人引见,可以自己充当自己的介绍人,把自己介绍给对方。

确定自我介绍的具体内容,要兼顾实际需要,所处场景,要具有鲜明的针对性,不要"千人一面"。有时可以把自己的姓名与名人的姓氏或是常用名词相结合,以增强别人的记忆。比如,姓名是"周英"的,就可以介绍为:周总理的"周",英雄的"英"。但如果介绍人在场,自我介绍会被认为是不礼貌的。

(一)自我介绍的时机

应当何时进行自我介绍,这是一个往往容易被人忽视的关键问题。在以下的场合,有必要进行适当的自我介绍。自我介绍时应先向对方点头致意,得到回应后再向对方介绍自己的姓名、身份、单位等。

1. 应聘求职时；

2. 应试求学时；

3. 在社交场合，与不相识者相处时；

4. 在社交场合，有不相识者表现出对自己感兴趣时；

5. 在社交场合，有不相识者要求自己做自我介绍时；

6. 在公共聚会上，与身边的陌生人组成交际圈时；

7. 在公共聚会上，打算介入陌生人组成的交际圈时；

8. 交往对象因为健忘而记不清自己，或担心这种情况可能出现时；

9. 有求于人，而对方对自己不甚了解，或一无所知时；

10. 拜访熟人遇到不相识者挡驾，或是对方不在，需要请不相识者代为转告时；

11. 前往陌生单位进行业务联系时；

12. 在出差、旅行途中，与他人不期而遇，并且有必要与之建立临时接触时；

13. 因业务需要，在公共场合进行业务推广时；

14. 初次利用大众传媒向社会公众进行自我推荐、自我宣传时。

（二）自我介绍的形式

1. 应酬式

适用于某些公共场合和一般性的社交场合，这种自我介绍最为简洁，往往只需姓名一项即可。如："你好，我叫李莎。"

2. 工作式

适用于工作场合，它包括本人姓名、工作单位及其部门、职务或从事的具体工作等。如："你好，我叫杨涵，是第一幼儿园的教师。""你好，我叫侯雅，我在幼儿师范学校读书。"

3. 交流式

适用于社交活动中，希望与交往对象进一步交流与沟通。它大体应包括介绍者的姓名、工作、籍贯、学历、兴趣及与交往对象的某些熟人的关系。如："你好，我叫杨涵，在第一幼儿园上班。我是侯雅的老乡，也是北京人。""我叫罗宾，是侯雅的同学，也在幼儿师范学校读书。"

4. 礼仪式

适用于讲座、报告、演出、庆典、仪式等一些正规而隆重的场合。包括姓名、单位、职务等，同时还应加入一些适当的谦辞、敬辞。"各位来宾，大家好！我叫杨涵，是第一幼儿园的园长。我代表第一幼儿园全体保教人员热烈欢迎大家的光临，希望大家……"

5. 问答式

适用于应试、应聘和公务交往。问答式的自我介绍，应该是有问必答，问什么就答什么。"先生，你好！请问您怎么称呼？（请问您贵姓？）""先生您好！我叫罗宾。"主考官问："请介绍一下你的基本情况。"应聘者："各位好！我叫侯雅，现年 20 岁，北京人。"

（三）自我介绍的注意事项

1. 注意时间

要抓住时机，在适当的场合进行自我介绍。对方有空闲，而且情绪好，又有兴趣倾听时，进行自我介绍，这样不会打扰对方。自我介绍时要简洁，尽可能地节省时间，以半分钟左右为佳。

为了节省时间,做自我介绍时,还可利用名片、介绍信加以辅助。

2. 注意顺序

当一对一相互自我介绍时,一般遵循"位低者先行"原则,晚辈向长辈先介绍自己,男士向女士先介绍自己,学生向老师先介绍自己,主人向客人先介绍自己,业务员向客户先介绍自己。

3. 讲究态度

进行自我介绍,态度一定要自然、友善、亲切、随和。应落落大方、彬彬有礼。既不能唯唯诺诺,也不能虚张声势、轻浮夸张。语气要自然,语速要正常,语音要清晰。

4. 真实诚恳

自我介绍时要实事求是,真实可信,不可自吹自擂、夸大其词。

二、他人介绍

他人介绍

他人介绍,又称第三者介绍,是经第三者为彼此不相识的双方引见介绍的一种介绍方式。

他人介绍,通常都是双向的,即将被介绍双方均向对方做介绍。有时,也可进行单向的他人介绍,即只将被介绍者中的某一方介绍给另一方,其前提是前者了解后者,而后者不了解前者(图6-3-1)。

(一)他人介绍的时机

遇到下述情况,通常有必要进行他人介绍:

1. 在家中,接待彼此不相识的客人;

2. 在办公地点,接待彼此不相识的来访者;

3. 与家人外出,路遇家人不相识的同事或朋友;

4. 陪同亲友前去拜会不相识的亲友;

5. 接待对象遇见了不相识的人士,而对方又跟他们打了招呼;

6. 陪同上司、长者、来宾时,遇见不相识者,而对方又跟他们打了招呼;

7. 打算推介某人加入某一交际圈;

8. 受到为他人做介绍的邀请。

(二)他人介绍的顺序

在为他人做介绍时,先介绍谁,后介绍谁,是非常重要的问题。根据礼仪规范,处理这一问题必须遵守"尊者优先了解情况"的规则。在为他人做介

图6-3-1

绍前,先要确定双方地位的尊卑,先介绍地位低者,后介绍地位高者。这样可以使位尊者优先了解地位低者的情况,在交际应酬中掌握主动权,也体现出对地位高者的尊重。

根据这些规则,介绍他人的顺序大致有如下几种情况:

1. 介绍年长者与年幼者认识时,应先介绍年幼者,后介绍年长者;

2. 介绍长辈与晚辈认识时,应先介绍晚辈,后介绍长辈;

3. 介绍老师与学生认识时,应先介绍学生,后介绍老师;

4. 介绍女士与男士认识时,应先介绍男士,后介绍女士;

5. 介绍已婚者与未婚者认识时,应先介绍未婚者,后介绍已婚者;

6. 介绍同事、朋友与家人认识时,应先介绍家人,后介绍同事、朋友;

7. 介绍来宾与主人认识时,应先介绍主人,后介绍来宾;

8. 介绍社交场合的先至者与后来者时,应先介绍后来者,后介绍先至者;

9. 介绍上级与下级认识时,应先介绍下级,后介绍上级;

10. 介绍职位身份高者与职位身份低者认识时,应先介绍职位身份低者,后介绍职位身份高者。

（三）他人介绍的内容

在为他人做介绍时,介绍者对介绍的内容应当字斟句酌、慎之又慎。倘若对此掉以轻心,词不达意,敷衍了事,很容易给被介绍者留下不良印象。根据实际需要,不同的交往情境,为他人做介绍时的内容也会有所不同,通常有以下六种形式可供借鉴。

一是标准式。适用于正式场合,内容以双方的姓名、单位、职务等为主。

二是简介式。适用于一般的社交场合,其内容往往只有双方姓名一项,甚至可以只提到双方姓氏。接下来,则需要由被介绍者见机行事。

三是强调式。适用于各种交际场合,内容除被介绍者的姓名外,往往还可以强调一下其中某位被介绍者与介绍者之间的特殊关系,以便引起另一位被介绍者的重视。

四是引见式。适用于普通的社交场合。做这种介绍时,介绍者所要做的是将被介绍双方引导到一起,而不需要表达任何具有实质性的内容。

五是推荐式。适用于比较正规的场合,多是介绍者有备而来,有意要将某人推荐给某人,因此通常会对前者的优点加以重点介绍。

六是礼仪式。适用于正式场合,是一种最为正规的他人介绍。其内容略同于标准式,但在语气、表达、称呼上都更为礼貌、谦虚。

（四）他人介绍的应对

在进行他人介绍时,介绍者与被介绍者都要注意自己的表述、态度与反应。

为别人介绍之前要征求一下被介绍双方的意见。在开始介绍时再打一下招呼,不要一上去开口即讲,让被介绍者措手不及。

当介绍者询问是不是有意认识某人时,不要拒绝或扭扭捏捏,而应欣然表示接受。实在不愿意时,要委婉说明原因。

当介绍者走上前来,开始为你进行介绍时,被介绍者双方都应该起身站立,面含微笑,大大方方地目视介绍者或对方。

当介绍人为双方介绍完毕后,被介绍人应向对方点头致意,或以握手为礼,并以"您好""很高兴认识你"等态度友善的语句问候对方,也可以互递名片作为联络方式。

自己在介绍时的神态直接关系到自身留在他人心目中的第一印象,须慎重对待。不论是给别人做介绍还是自我介绍,被介绍双方的态度都应谦和、友好、不卑不亢,切忌傲慢无礼或畏畏缩缩。

任务四 掌握交谈礼仪

交谈是人们日常交往的基本方式之一。从广泛的意义上来讲,交谈是人们交流思想、沟通感情、建立联系、消除隔阂、协调关系、促进合作的一个重要渠道。一个人在交谈时的具体表现,往往是其知识、阅历、才智、教养和应变能力的综合体现。与此同时,交谈也是个人素质的有机组成部分之一。

交谈的方式

古人说:"听其言,观其行。"言为心声,交谈最直接的目的就是表达自己的想法和意见。在双方的交流过程中只有表达贴切了,才有可能沟通顺畅。有效的沟通应该注意以下几个交谈技巧的运用。

一、礼貌用语的使用

中国有"君子不失色于人,不失口于人"的古训,意思是说,有道德的人待人应该彬彬有礼,不能态度粗暴,更不能出言不逊。礼貌待人,使用礼貌语言,是

交谈的语言

我们中华民族的优良传统。在交谈中,注重使用礼貌用语是十分必要的,它可以使我们在人际交往中博得他人好感,形成友好的交际氛围、取得最佳的交际效果。运用礼貌用语是尊重他人的具体表现,是建立友好关系的敲门砖。所谓礼貌用语,是指约定俗成地表示谦虚、恭敬的专门用语。在一般性的交往中,尤其要对以下五种礼貌用语勤加使用,并且多多益善。

(一)您

"您"是第二人称"你"的敬称。对长辈、老师、上级、客户等用"您"比用"你"显得更加尊敬。"您好""您哪位""您慢走""给您""谢谢您""欢迎您"等,"您"在日常用语中使用频率很高,如果能合理地使用"您"字,会给人一种有良好礼仪修养的印象。但当对方的年龄或职位比自己小时,不能使用"您",这时使用"您"反而是一种贬义。

(二)请

"请"是一句表示请托的礼貌语。在要求他人做某件事情时,居高临下、颐指气使不合适;低声下气、百般乞求也没有必要。在此情况下,多用一个"请"字,就可以逢山开路、遇水架桥,赢得主动,得到对方的照应。

(三)谢谢

"谢谢"是一句致谢的礼貌语。每逢获得理解、得到帮助、获得关照、接受服务、受到礼遇之时,都应当立即向对方道一声"谢谢"。这样做,既是真诚地感激对方,又是给予对方的一种积极肯定。

(四)对不起

"对不起"是一句道歉的礼貌语。当打扰、妨碍、影响了别人,或是在公务交往中给他人造成不便,甚至给对方造成某种程度的损失、伤害时,务必要及时向对方说一声"对不起"。这将有助于大事化小、小事化了,并且有助于修复双方的关系。

(五)再见

"再见"是一句道别的礼貌语。在交谈结束、与人作别之际,道上一句"再见",可以表达惜别之意与恭敬之心。

知识链接

初次见面说"久仰",很久不见说"久违";
请人批评说"指教",请人指导说"请教";
求人解惑说"赐教",赞人见解说"高见";
求给方便说"借光",托人办事说"拜托";
麻烦别人说"打扰",请人原谅说"包涵";
赠人物品说"笑纳",归还原物说"奉还";
等待客人说"恭候",看望别人说"拜访";
宾客到了说"光临",陪伴客人说"奉陪";
中途先走说"失陪",请人勿送说"留步";
与人分别说"告辞",两人告别说"再见"。

一个有修养的人,除了习惯使用礼貌用语之外,更重要的是要有一颗恭敬之心。这样,内在的恭敬之意才能在语言上自然而然地流露出来,在语气、态度上都会显出对别人的敬意。你敬人一尺,人敬你一丈。只有在一个相互尊重的环境里,人们才能更好地和谐相处。

交谈的态度

二、声音的魅力

有人说:声音是人的第二张名片。《红楼梦》里王熙凤的"出场"就可谓是"不见其人,先闻其声"。"一语未完,只听后院中有笑语声,说:'我来迟了,不曾迎接远客!'"用爽朗的笑声与不受约束的语言描述王熙凤的出场,映衬了她"八面玲珑、泼辣、霸气"的性格特点。在日常交往中,人们不仅能通过声音判断一个人的性格,也能通过细微的声音变化来判断对方的情绪。比如,早晨见到同事,打招呼时声音提高一点,就可以给人心情愉快的感觉;再比如,回答领导的提问时说话声音太小,就有可能让他感觉你不够自信。

在一般情况下,柔和的语调表示坦率和友善,颤抖的语调表示情绪激动,略为低沉的语调表示同情。阴阳怪气则表示讽刺挖苦;用鼻音哼声往往表示傲慢、冷漠、恼怒和鄙视,会引人不快。曾有一个针对"最不受欢迎的声音"的调查,1 000名男女受访者被问及"哪种声音让你觉得最不舒服",结果,带有哀叹、抱怨和挑剔口气的声音高居榜首。榜上有名的还有:尖锐的声音、刺耳的摩擦声、嘟嘟囔囔的声音、放机关枪似的声音、娘娘腔、单调乏味的声音,以及浓重的口音。那么,想要自己的声音富有魅力,不妨注意以下几个细节:

(一)语调

人们在沟通时,经常需要借助语调来表达自己的观点、态度、情绪、感情等,也就是说,语调实际上也是说话内容的一部分。语调就像说话时的表情一样,具有向对方传达某种言外之意的感染力。当你接到一个电话的时候,如果对方的口气热烈,那么你即使没有见到对方,也可以判断出对方很高兴;但是如果对方的口气很平淡,那么即使他告诉你一件值得高兴的事情,你也会认为平淡无奇,无须欢喜。

语调的类型主要有四种：

用来表示惊讶、反问、设问、号召、鼓动、命令等，一般用升调；

用来表示自信、肯定、祈使，一般用降调；

用来表示感叹、讽刺、愤怒、思索、怀疑、幽默等，可用曲折调；

用来表示说明、叙述、解释等，可用平调。

讲话时应保持抑扬顿挫的语调，让人觉得自己对正在交谈的话题很感兴趣。如果用平淡、乏味的声音来交谈，很容易使人产生昏昏欲睡的感觉。沟通能力强的人语调总是富有感染力的，它能拨动对方的心弦，引起对方的共鸣。

（二）声调

讲话时，要注意控制声调的大小。过于尖锐的声调会让人觉得难以忍受，但也不要有气无力地说话，过于低沉的声调让人听起来很累。

（三）音量

在和别人交流时，粗声大嗓是没有教养的标志。所谓有理不在声高。说话的音量太大虽然显得气势逼人，但也容易使人产生反感。相反，音量太小又会显得不够权威，容易被人忽视。原则上，能够使交谈的另一方听清自己的意思即可。

（四）语速

讲话时要控制适当的语速。讲话过快会让人听不清楚，使人反应不过来。而讲话也不宜过慢，太慢则会让人产生疲劳感，失去耐心。如果一件事情需要很长的描述，那么尽量将重要的信息有条理地凸显出来。

三、倾听的艺术

所谓交谈，应该是有来有往的谈话。人们总是十分关注自己要讲的话，却往往忽视了倾听。在人际交往中，如果他人愿意听自己讲话，讲话人马上就会产生一种被重视的感觉，进而喜欢上倾听者。因此，倾听是与交谈过程相辅相成的一个重要环节，也是交谈顺利进行的必要前提。

当然，倾听不是保持沉默，而是要认真理解、领会对方的真正意思并给予积极的回馈。倾听不但要学会用耳朵，还要学会用眼睛去观察、用心去感受。善于倾听，应该掌握以下几个技巧：

（一）洗耳恭听

倾听要聚精会神。交谈时，善于用目光交流，视线接触对方脸部的时间应占全部谈话时间的 30%～60%。超过这一平均值，可认为对谈话者本人比谈话内容更感兴趣；低于这个平均值，表示对对方不感兴趣。切忌眼神飘忽不定、东张西望、左顾右盼、坐立不安、心不在焉、挠头掏耳、玩弄手指，这样会使对方感到被你轻视而不悦。擅长倾听的人身体往往前倾，这种姿势表示对对方谈话内容感兴趣，给人一种洗耳恭听的感觉。

（二）积极反馈

认真专注地倾听，还要以适当的表情、姿态呼应对方的讲话。在对方讲到要点时，点点头或小声附和表示赞同，这实质上也是在发出一种信号，让对方知道你在听他讲话，对方这时就会更有兴趣地讲下去。如果你毫无表情、无动于衷，那对方就不明白你是否听懂了他表达的意思。另外，一定要发自内心地附和对方，如果你的附和不自然，会给对方很生硬的感觉。因此，恰到好处地把握时机并及时回应才能促使对方更加积极地与你交谈。

（三）不随意打断

在听别人说话时，不等对方把话说完就打断对方，是很不礼貌的行为，而且很容易打断说话者的思路。特别是在领导安排任务的时候，如果有什么疑问，应当先暂时记下来，在等对方讲完之后，再把问题提出来。需要注意的是，提问也要注意时间分寸。对方刚说完，还没有来得及喘口气，如果这时你把问题一个接一个地向他提出来，那么对方就会感到不悦。因为接受别人的提问在心理上都得有个准备过程，所以，提问不能提得太急。

（四）适当插话

与人交谈，倘若一直沉默，会使对方感到尴尬。适当的插话除了回应对方，表明自己一直在积极、认真地听之外，同时也能使对方了解你的关注点，引导谈话更深入、更透彻。适当地插话，有多种形式。比如，在听不太明白时可插话："对不起，这里我没听明白，您能否解释一下？"在讲到令人感动的地方，可以说"太感人了"；在谈到大快人心的话题时，可以说"太好了"；在谈到令人伤感的事情时，对方可能会因伤心而中断谈话，陷入沉思，可以提示："后来呢？"应注意的是插话不宜太多，也不要太做作。

四、学会赞美

赞美能给人以温暖和愉快，它能使世间嘈杂的声音化为优美的交响乐章，而且能起到批评和嘲讽所起不到的作用。赞美之词如同阳光照耀人们的心灵，失去它，便会失去生机。美国心理学家威廉·詹姆斯说："人类本质最殷切的需要就是被肯定。"人类对肯定的渴望绝不亚于对食物和睡眠的需要。在日常生活中，最为人渴望而且不用花钱费力就能给予的是真诚的赞美。赞美是所有声音中最甜蜜的一种，真诚的赞美可以使人与人之间融洽、和谐，有着不可思议的魔力。既然赞美如此重要，如何使用赞美语言呢？

（一）真诚的赞美

赞美要发自肺腑，真心诚意，实事求是，恰如其分。毫无诚意的赞美给人一种言不由衷、虚情假意的印象，或者被认为怀有某种不良目的，被赞美者不但不感激，反而会厌恶、反感。过分夸张、言过其实的赞美，也会使被赞美者感到尴尬、窘迫，有损赞美者的形象。由此看来，实事求是、恰如其分的赞美才能收到较好的效果。赞美并不是吹捧，其区别就在于：赞美是真诚地从内心发出的，无私且普遍受人欢迎；吹捧则是虚假的，从嘴里说出的，自私且普遍受人谴责。

（二）具体的赞美

赞美要明确具体，泛泛而谈的赞美之词往往给人一种敷衍的印象。笼统地赞美对方聪明能干，不如具体地夸奖他做的几件显示他聪明能干的实事。直接夸"你的文章写得真好！"可能听起来有些像应付，但如果再加上一句"看了能使青年人发奋"，效果就会好得多。同样，如果只夸"你的裙子真漂亮"，也是不够的。如果能具体地说出裙子的色彩、样式、质地上的特色，再说出对方穿上这件裙子与肤色、发式、气质很相称，就更能博得对方的欢心。聪明而热诚地赞美别人，必定是把最深的感受描绘出来："你的琴弹得太好了，让我仿佛看到了波涛汹涌的大海。"对方听了这话，一定会很受感动。

（三）有新意的赞美

一个人的明显长处被赞美多了,往往就对赞美之词不感兴趣了,赞美的效果也就大打折扣。如果在赞美他人之时能加上一些"新意",让它与众不同一些,效果会更佳。张女士是一名优秀的女企业家,她把企业经营管理得非常优秀,业内人士都称赞张女士为"铁娘子"。一位记者前去采访时对张女士说:"董事长,大家都认为你管理精到,我倒是认为您身上更具有传统女性的魅力,善良、心细。"听到这番赞扬,张女士非常高兴,忙说:"他们大家只看到我的表面,并不真正了解我。"记者的这番话得到张女士的好感,是因为她听到对自己管理水平高的赞美太多了,而这位记者称赞她的性格特质让她感到新颖。

（四）间接的赞美

间接赞美是一种高超的赞美技巧。试想一下,如果有人告诉你,某某在背后说了许多你的好话,你一定会很感动,而这种赞语如果是当面说给你听,或许你会感到是虚假的。比如我们要赞美一位领导善于处理与群众的关系,如果当面直接说出:"你的群众基础真好。"就有溜须拍马之嫌;如果换成:"难怪别人都说你平易近人,愿在你手下工作,现在连我也想调来。"这样效果就好得多。再比如,对于一位老师,称赞他教过的学生也是间接在称赞他;对于一位母亲,称赞她的孩子比称赞她自己更令她高兴。

📖 经典故事

鼓 励 万 岁

陶行知先生当校长的时候,看到一个男生用砖头砸同学,便制止其行为,并叫他到校长办公室去。当陶行知回到办公室时,男生已经等在那里了。陶行知掏出一颗糖给这位同学:"这是奖励你的,因为你比我先到办公室。"接着又掏出一颗糖,说:"这也是给你的,我不让你打同学,你立即住手了,说明你尊重我。"男生将信将疑地接过第二颗糖。陶行知又说道:"据我了解,你打同学是因为他欺负女生,说明你很有正义感,我再奖励你一颗糖。"这时,男生感动得哭了,说:"校长,我知错了,同学再不对,我也不能采取这种方式。"陶行知于是又掏出一颗糖:"你已经认错了,我再奖励你一块,我的糖发完了,我们的谈话也结束了。"

这个故事启示我们:赞美、信任和期待具有一种能量,它能改变人的行为,使人获得一种积极向上的动力。

（来自百度文库,有整理）

任务五　掌握出行礼仪

一个人在日常工作、学习和生活中,避免不了乘坐各种交通工具,如汽车、火车、地铁、轮船、飞机或者自行车等。无论是走路还是乘坐交通工具,都包含着一系列的礼仪要求。

一、行走礼仪

走路不但要遵守交通规则,还要遵守一些基本的礼仪要求。

（一）遵守行走秩序

一个人独步街头,应尽量走直线。不要在行进中左顾右盼、东张西望。两人并行的时候,右者为尊;两人前后行的时候,前者为尊;三人并行,中者为尊,右边次之,左边更次之;三人前后行的时候,前者就是最为尊贵的。如果道路狭窄又有他人迎面走来时,则应该退至道边,请对方先走。路过居民住房时,不可东张西望、窥视私宅。

（二）遵守行走规则

步行要走人行道,并且让出盲道。过马路宁停三分,不抢一秒。不要在红灯时抢过马路,这样不仅可以保证交通的畅通,使大家能顺利通过,同时也保证了人身安全。走人行横道、天桥或地下通道,切忌图快捷翻越绿化带、隔离栏。

（三）行走也要有风度

男女同行的时候,男士应该主动走在靠近街心的一边,让女士靠自己的右侧行走。恋人同行,不要勾肩搭背、搂搂抱抱,女士只能轻挽住男士手臂。在街上行走时,随身物品最好提在右手上。

（四）约束不良行为

行走时不要吃食物。不要在路上久驻攀谈或是围观看热闹,更不能成群结队在街上喧哗打闹。对于公共场所的各种设施、物品,要自觉爱护,不要做攀折树木、采折花卉、蹬踏雕塑,在墙上信手涂鸦、划痕、践踏绿地、草坪这一类毁坏公物的事情。

（五）上下台阶要注意

上下台阶,应注意一步一阶,一般靠右行走,不可并排而行挡住后人;上楼梯时,应让尊者或女士走在前面;下楼梯时,尊者或女士应走在一人之后。雨天地面潮湿,台阶容易湿滑,上下台阶不可推搡前面的行人或硬行挤道。

二、乘车礼仪

（一）乘车的座次礼仪

当今社会,我们总是会经常与他人打交道,当遇到与我们的领导、同事、朋友等同乘一辆车的情况,如果不懂得礼仪知识,不小心坐错了位置就容易产生尴尬局面。那具体的位置应该怎么安排呢?

乘车座次礼仪

1. 主人亲自驾驶

这时座位的尊贵顺序应该是:副驾驶—后排右座—后排左座—后排中座(图6-5-1)。乘坐主人驾驶的轿车时,最重要的是不能令副驾座空着。一定要有一个人坐在那里,以示相伴。若车内同坐多人,中途坐前座的客人下车后,后座的客人应改坐前座,此项礼节最易疏忽。

2. 专职司机驾驶

座位尊贵顺序依次是:后排右座—后排左座—后排中座—副驾驶座(图6-5-2)。

从礼仪角度来看,专职司机驾驶时后排三席的等级最高。实际执行时还是看辈分或职位最高乘员的选择,位高者坐在哪里,哪里即是上座。

如有专职司机及一领导一秘书,后排右座一般称为"老板座",副驾驶一般称为"随员座",通常坐于此处者多为助理、译员、警卫等服务人员。这时候,领导自然在汽车"老板座"位置,而随行的秘书应坐在副驾驶位置,注意后排左座是与领导同级或负责接待的"老总"的位置,不可轻易"冒犯"。

3. 夫妇乘车

先生自己驾驶时,其夫人一般应坐在副驾驶座上。主人驾车送友人夫妇回家时,应根据驾驶人的性别确定友人之中的男士或女士坐在副驾驶座上,而不宜形影不离地与自己的爱人坐在后排。

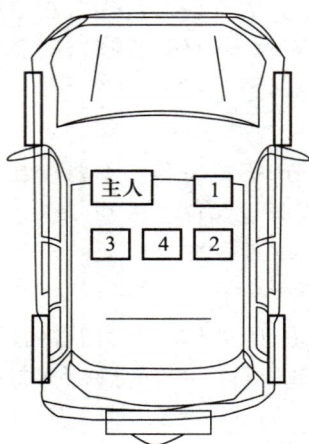

图 6 - 5 - 1

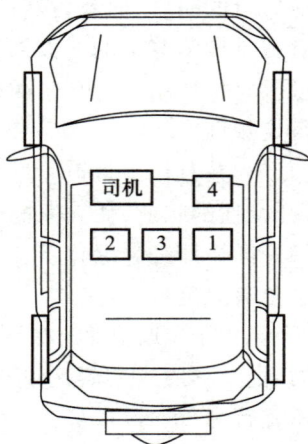

图 6 - 5 - 2

4. 多排座车

主人驾车时,三排七座轿车上其他的六个座位的座次,由尊而卑依次应为:副驾驶座—后排右座—后排左座—后排中座—中排右座—中排左座(图 6 - 5 - 3)。专职司机驾车时,三排七座轿车上其他的六个座位的座次,由尊而卑依次应为:后排右座—后排左座—后排中座—中排右座—中排左座—副驾驶座(图 6 - 5 - 4)。

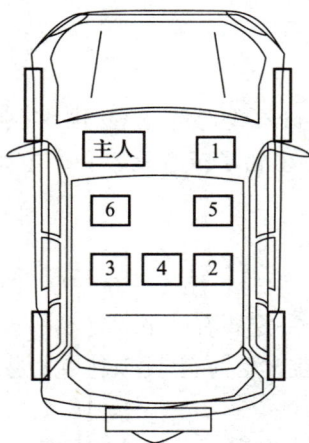

图 6 - 5 - 3

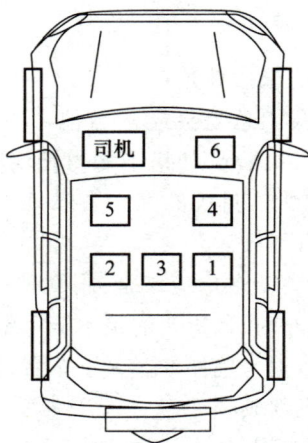

图 6 - 5 - 4

5. 吉普车

吉普车的上座是副驾驶座,因为吉普车底盘高、功率大,主要功能是越野,减震及悬挂太硬,坐在后排颠簸得厉害。

6. 中巴车

如果是中巴、大巴,中间是过道,离门近者为主座,由前向后,由右往左,离门越近,位置越高。也就是说,司机后排靠门的位子是主座,这个位子前面通常有扶手,领导上下车也方便,此座安全、方便兼顾(图6-5-5)。

(二)公共交通工具的乘坐礼仪

1. 乘坐公交车和地铁的礼仪

第一,排队候车,先下后上,礼让老人、妇女和儿童。

第二,听从司乘人员的引导,特别是地铁快关门时或人多上不去时,不要硬闯硬挤,否则很容易发生意外伤害事故。

第三,上车后应主动为老、弱、病、残、孕及带小孩的乘客让座。

第四,保持车厢和站点环境卫生,不在车上吃东西。下雨天应妥善保管好雨具,不影响他人。

第五,到站时,后下车的乘客应主动给要下车的乘客让道。

第六,传染病高发时期,为保障自己和他人的健康,排队候车时应与他人保持一米以上的安全距离,乘车时应全程规范佩戴好口罩。

2. 乘坐火车的礼仪

第一,放置行李应相互礼让,与人方便。主动帮助老、弱、幼、孕、残等乘客。

第二,自觉维护车内环境卫生,吃剩的果皮残渣不要乱扔,不要在车厢内吸烟。

第三,不要随意脱下鞋子,不要穿着睡衣在车厢内大摇大摆,走来走去。

第四,不要在车厢里大声喧哗,带小孩的乘客要照看好自己的小孩,以免影响他人休息。

第五,不要随意问陌生旅伴姓甚名谁、住址电话。也不要轻易泄露自己的个人信息,以免坏人有机可乘。

3. 乘坐出租车的礼仪

第一,路边招停,以不影响交通为宜。

第二,上下车时,宜从右面上下。

第三,保持车内卫生,不在车上吃食物,不往车外吐痰、扔杂物,下车时将杂物随身带走。

第四,在没有禁止吸烟的车上,如果要吸烟,应征得司机和其他乘客的同意。不可将烟灰弹落在车内,且吸完后不将烟蒂抛到窗外。

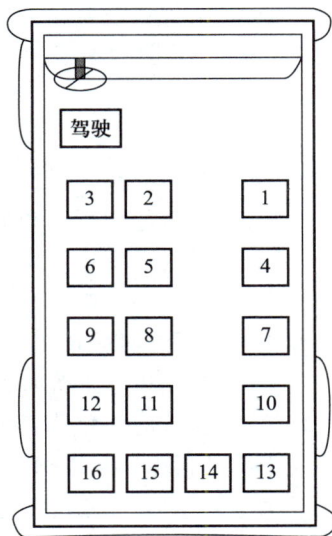

图6-5-5

三、乘船礼仪

第一,持票排队上船,对号入座或铺位。一般船上的扶梯较陡,走道较窄,年轻人或男士应留意照顾女士、老人、儿童和残疾人。

第二,不能在舱内的走道和甲板上追逐奔跑,风浪大时要防止摔倒,不要随意触摸船上的各种开关和设施。

第三,船在航行时,白天不要在船舷上舞动花衣服和手绢,晚上不要拿手电筒乱照射,以免被其他船只误认为是旗语或信号。

第四,不要在客房大吵大嚷。

第五,晕船呕吐去卫生间。

第六,遇上景点拍照不要挤抢。

第七,另外要注意船上的忌讳,如不要谈及翻船、撞船之类的话题,不要在吃鱼时说,"翻过来"或说"翻了""沉了"之类的话语。

四、乘机礼仪

第一,按时登机,对号入座。进入机舱后保持安静。

第二,不将超大行李和危险品带上飞机。尽快放好随身行李,保持通道畅通。

第三,登机后主动关闭手机等无线电设备。

第四,不乱动飞机上的安全用品及设施。需要找乘务员时,可以按呼唤铃,不宜大声喊叫。接受乘务员服务时应致谢。

第五,在飞机上进餐时,主动将座椅椅背调至正常位置,以免影响后排乘客进餐。

第六,保持舱内整洁卫生,因晕机呕吐时,应使用机上专用呕吐袋。在飞行过程中尽量不要脱下鞋子以免异味影响他人;如果是长途飞行,脱下鞋后应在外面再罩上护袜。

第七,飞机未停稳时不抢先打开行李舱取行李,以免行李摔落伤人。

第八,上下飞机时,对空中乘务员的迎送问候有所回应。另外,为乘机人送行时,可说"一路平安"等祝语,不宜说"一路顺风"(飞机需逆风起飞)。

第九,飞机上的救生衣是飞机遇险在海上迫降时供乘客逃生使用的,切勿随意打开或带下飞机。

五、电梯礼仪

随着社会的进步,电梯已成为公共场所一种常见的公共设施。电梯主要有两种:一是自动扶梯,在商场、地铁、车站等人流密集的场所比较常见;另一种是升降电梯,一般高层住宅、办公楼比较常见。搭乘电梯时也需要遵守一定的礼仪规范。

(一)自动扶梯礼仪

第一,搭乘自动扶梯时,应扶好扶手,靠一侧站立,留出另一侧空间作急行通道,以备有急事的乘客通行。

第二,上自动扶梯前,系紧鞋带,要留心松散、拖曳长裙、礼服等衣物,防止被梯级边缘、梳齿板等挂住或拖拽。在入口处还要讲顺序、不推挤,帮助老人、儿童、残疾者先行站立。

第三,在自动扶梯上,不能将头部、四肢伸出扶手装置以外,以免受到障碍物、天花板、相邻自动扶梯的撞击,也不能将拐杖、雨伞尖端或者高跟鞋尖等尖利硬物插入梯级边缘的缝隙中或者梯级踏板的凹槽中,以防损坏梯级并造成人员伤亡事故。

第四,在扶梯上蹦跳、嬉戏、奔跑、运送笨重物等均是严格禁止行为。大人尤其要看管好自己的小孩,防止他们因好奇攀爬扶手带或内外盖板,防止他们在扶手带或者内外盖板处玩耍。如乘客必须携带外形过长或体积过大的笨重物品乘梯,有关人员应及时上去帮忙。手推婴儿车、购物小推车等也不能随人搭乘电梯,以免车子失去平衡滚落,伤害其他乘客或损坏设备。

第五,出电梯口时,应立即离开,避免阻碍后面行人通道,造成拥堵、踩踏等意外事故。

(二)升降电梯礼仪

第一,在与不相识的人同乘电梯时,进入时要讲究先来后到,出电梯时要由外到内依次而出,切不能争先恐后。与熟人乘坐电梯时,特别是尊长、女士、客人,通常要先进去,后出来。

第二，在电梯里不要大声谈论有关个人或有争议的话题。碰到熟悉的人时，要根据实际情况决定是否在电梯里寒暄。如果没有其他人员时可略作寒暄，如果有其他同事或外人在场时，就要斟酌是否要寒暄。

第三，在电梯内尽量侧身面对客人。当你到达楼层时，应该一手把开门的按钮按住，另一只手做出请的动作。在客人迈出电梯后，你应该立刻跟着走出电梯，为其热情地引导方向。

第四，电梯到达时，熟人之间不必太客气，否则容易在你推我让之间耽搁时间。

第五，电梯里的人员比较多时，先上的人应该主动往里走，为后上来的人腾出一些空间。如果出现超载，最后上来的人要主动等下一趟。如果后来的人比较年长，刚上来的年轻人应该自己主动要求下电梯，让年长者先乘坐。

第六，不要在电梯里整理自己的头发、衣服，甚至化妆。否则，不管是有意还是无意中触碰到他人，都会让人产生厌烦感。

第七，电梯是密闭狭小的公共空间，在疫情防控时期，为避免病毒传播，做好个人防护，等候及乘坐电梯时应全程规范佩戴口罩，尽量与同乘者保持距离，咳嗽或打喷嚏时用纸巾或肘袖遮掩口鼻，按楼层按钮时避免用手直接接触，如有接触应及时做好手部清洁和消毒。

经典故事

孔子是怎样乘车的？

《论语·乡党篇第十》中记载了孔子乘车时所遵循的礼仪规范："升车，必正立，执绥。车中，不内顾，不疾言，不亲指。"翻译成现代文就是："登车时，一定要端正地站好，抓着车上的绳子上去。在车上，不向里面环顾，不快速说话，不用手指乱画。"这些具体细微的礼仪，体现出孔子乘车出行的两个原则：一是安全，二是不影响他人。这也正是我们今天乘车礼仪规范所遵循的重要原则。

案例分析

错失的机会

某公司的王先生年轻肯干，点子又多，很快引起了总经理的注意，并拟提拔他为营销部经理。为了慎重起见，决定再进行一次考查，恰巧总经理要去省城参加一场商品交易会，需要带两名助手。总经理一是选择了公关部杜经理，二是选择了王先生。王先生自然同样看重这次机会，也想趁机好好表现一下。

出发前，由于司机小王乘火车先行到省城安排一些事务，尚未回来，所以他们临时改为搭乘董事长驾驶的轿车一同前往。二车时，王先生很麻利地打开了前车门，坐在驾车的董事长旁边位置上。董事长看了他一眼，但王先生并没有在意。

上路后，董事长驾车很少说话，总经理好像也没有兴致，似在闭目养神。为活跃气氛，王先生寻到一个话题："董事长驾车的技术不错，有机会也教教我们。如果大家都会开车，办事效率肯定更高。"董事长专注地开车，不予回应，其他人也均无应和。王先生感到没趣，便也不再说话。一路上，除董事长向总经理询问了几件事，总经理简单地作回答外，车内再也无人说话。到达省城后，王先生悄悄问杜经理：董事长和总经理好像都有点不太高兴？杜经理告诉他原委,他才恍然大悟:"噢,原来如此。"

会后从省城返回,车子改由司机小王驾驶。杜经理由于还有些事要处理,需在省城多住一天,同车返回的还是四人。这次不能再犯类似的错误了,王先生想。于是,他打开前车门,请总经理上车,总经理坚持要与董事长一起坐在后排。王先生诚恳地说:"总经理您如果不坐前面,就是不肯原谅来的时候我的失礼之处。"并坚持让总经理坐在前排才肯上车。

回到公司,同事们知道王先生这次是同董事长、总经理一道出差,猜测肯定是想提拔他,都纷纷向他祝贺。然而,提拔之事却一直没有人再提及。

请结合所学知识分析,王先生为何错过了晋升的机会?

【分析】

乘坐轿车时,应当牢记座次的选择、上下车顺序等礼仪问题。王先生跟随董事长、总经理一起出差,这是比较正规的场合,乘坐轿车时没有分清座次的尊卑,并在自己该坐之处就座。当董事长亲自驾驶轿车时,车上座位由尊而卑应当依次是:副驾驶座—后排右座—后排左座—后排中座。王先生所坐的位置应该是总经理坐的。

王先生自己很麻利地打开前车门坐在副驾驶位置上,且没有注意应后上车、先下车这样的顺序问题。王先生在董事长驾车的时候为活跃气氛主动跟董事长交谈,这种举止也不妥。乘车时不要与驾车者交谈,以防其走神,这是不顾安全的表现。

王先生在回来的时候要求总经理坐前面,他不知驾驶轿车的人换了,随之座次的尊卑也变了。由专职司机驾驶轿车,座位由尊而卑依次变成:后排右座—后排左座—后排中座—副驾驶座了。王先生这样不懂乘坐轿车之礼仪,而且尤其在重要的领导面前犯如此错误,自然错失晋升机会。

(来自百度文库,有整理)

项目测评

自测项目	分值	评分标准	自评分	小组评分	实得分
称呼礼仪	20	1. 掌握称呼的使用原则 2. 面对不同的对象能够选择合适的称呼 3. 了解国内外称呼礼仪习惯			
会面礼仪	20	1. 掌握问候礼仪 2. 正确使用握手礼和鞠躬礼 3. 了解其他会面礼仪			
介绍礼仪	20	1. 学会自我介绍 2. 学会介绍他人和他人介绍时的应对			
交谈礼仪	20	1. 懂得礼貌用语的使用,学会倾听的技巧 2. 有意识地训练自己说话的语调、音量等 3. 适当地在交谈中赞美他人			
出行礼仪	20	1. 掌握乘车座次礼仪 2. 在乘坐交通工具或步行时注意自己的行为习惯			

项目七　幼儿园教师沟通礼仪

学习目标

知识目标:了解幼儿园教师与家长、幼儿、同事、友邻与媒体沟通的礼仪知识。

能力目标:掌握与家长、幼儿、同事、友邻与媒体沟通等群体的沟通技巧。

素养目标:在日常生活及工作中学会与他人沟通。

沟通,是人与人之间、人与群体之间思想与感情传递和反馈的双向过程,力求思想上达成共识、感情上保持通畅。沟通是一门人际交往的学问与艺术,是人际交往中的通行证。研究表明,教育工作中70%的错误,由教师不善于沟通所致。幼儿园教师学好沟通礼仪,与幼儿、家长、同事、友邻、媒体实现良好的沟通,幼教工作会事半功倍。

任务一　掌握与幼儿的沟通礼仪

幼儿园教师与幼儿之间的良好沟通是建立和谐师幼关系的重要途径。幼儿园教师只有遵守沟通礼仪,掌握沟通技巧,才能拉近师幼之间的情感距离,进一步增进对彼此的了解,最终实现与幼儿的良好沟通。在良好的师幼沟通中,幼儿能够感受到教师对他们的关注与尊重,使幼儿得到一种安全愉悦的情绪体验,从而乐于接受教师的引导和帮助;与此同时,教师也能够从幼儿传递的思想、情感信息中及时了解幼儿的需要,并给予适宜的指导和帮助。

一、与幼儿沟通的方式

教师与幼儿沟通的主要方式有两种,即言语沟通和非言语沟通。

(一) 言语沟通

言语沟通是指教师和幼儿直接交谈。其中,个别或小组中的交谈是实现幼儿与教师之间分享情感、实现心灵交汇的重要途径。它需要教师运用灵活机智的策略以及技巧,敏锐地抓住时机、准确地选择话题、引发谈话,并通过激发幼儿谈话的兴趣与积极性,使交流得以延续,达到良好的沟通效果。

(二) 非言语沟通

教师通过微笑、点头、抚摸、搂抱、蹲下或坐下等方式与幼儿进行交流。在与幼儿沟通的过程中,对于幼儿而言,动作比语言更容易理解,教师与幼儿的身体接触远比语言更能表达尊重、关心、爱护与肯定,这些有利于安定幼儿的情绪,消除紧张感。

有效沟通的
原则及其方式

对于幼儿园教师而言,掌握沟通的方法和技巧,才能实现高品质的沟通。

二、与幼儿沟通的一般要求

(一)称呼得当

与幼儿沟通时,恰当的称呼,能拉近师生之间的距离,促进沟通。第一次见面或者还不熟悉幼儿姓名,教师可以统一称其为"小朋友"。在幼儿园日常学习生活中,可以直接称呼孩子的名字,不加姓氏,或者跟着家长称呼孩子在家里的昵称,这样会让幼儿感到亲切。在一些正式场合,特别是需要确认幼儿身份的时候,为避免混淆同名的幼儿,需要称呼姓和名。幼儿园教师要切记不能随意给幼儿起绰号,更不能跟着其他孩子喊绰号。

(二)时机恰当

沟通时机的选择恰当与否,直接影响与幼儿沟通的效果。幼儿园教师应该懂得把握与幼儿沟通的恰当时机。比如:入园和离园是幼儿一天集体生活的开始和结束,是与幼儿沟通的最好时机;幼儿正专注于某一件事时,教师最好不要打扰幼儿,当幼儿完成了手中的事情需要老师帮助时再与其沟通,会取得比较好的沟通效果;幼儿正在发脾气时,也不是最好的沟通时机,需等幼儿心情平复以后,再用平等、尊重的语气与其讲道理,这样才能实现有效沟通。

(三)认真倾听

《幼儿园教师专业标准(试行)》中指出,幼儿园教师要"善于倾听,和蔼可亲,与幼儿进行有效沟通"。学会倾听,才能读懂幼儿。教师可以从倾听中获得大量信息,找到问题产生的根源,思考解决问题的办法。教师在倾听过程中不时发出回应性的语言,让幼儿知道老师正在倾听他们说话,可以向幼儿传达尊重、友好等信息,排除与幼儿之间的心理障碍,取得幼儿的信任,使幼儿更有表达的欲望。

(四)表达适度

幼儿的身心发展有其特殊性,教师应懂得一定的语言表达技巧,在语言、语气以及语调的选择上,都要与幼儿目前的身心发展水平相适应。在与幼儿沟通时,能让幼儿理解你所说的话是进行沟通的关键,因此,应选择一些词义简明、具体且易于孩子理解或接受的语言。同时,老师降低说话的声音、放慢说话的语速,用亲切、柔和的语气与幼儿沟通,会使沟通取得更好的效果。

(五)引导巧妙

与幼儿沟通时,老师的引导是很重要的,巧妙的引导能起到缓和幼儿情绪、让其道出原委、接受教育的作用。教师以聊天的口吻亲切地询问幼儿,是获取信息、确定沟通方向的基础。教师在沟通过程中对幼儿表现出一定程度的理解和认同,更容易实现与幼儿的心理相容,激发孩子与教师交流的欲望。同时,幼儿园教师要有一双善于观察幼儿的眼睛,能够随时注意到幼儿的行为变化,用生动有趣而又富有启发性的语言去引导幼儿的行为举止,让幼儿潜移默化地受到教育。

(六)善用体态语

与幼儿沟通时,教师正确的体态语可以给孩子以关心、呵护和鼓励,让孩子感受到来自教师的信任和关怀。幼儿园教师与幼儿交流时,教师蹲下或坐下,使幼儿可以和教师在同一水平面说话,让幼儿感觉自己得到尊重,会比较放松,为实现师幼之间平等的沟通奠定良好的基础。而且幼儿都喜欢被教师关注和爱护,一些充满爱意的小动作会让幼儿感受到教师对他的关怀,他们会更愿意与老师交心。

三、幼儿园日常沟通礼仪

幼儿教育的特点决定了幼儿园教师与幼儿的沟通将渗入幼儿园一日活动的各个环节。教师只有不断与幼儿进行沟通,才能了解孩子的兴趣、爱好、性格特征以及心智发展水平,洞察孩子的内心需要,及时调整教育策略,使孩子感受到教师的关爱,从心里接纳教师。在幼儿园一日活动中,与幼儿的沟通途径主要包括:入、离园接待时的沟通,餐点环节的沟通,户外活动中的沟通,午休前的沟通和教育教学活动中的沟通等五部分。

(一) 入、离园接待幼儿的沟通礼仪

一般来说,与幼儿的沟通从早上入园开始,至下午离园时结束。入、离园的接待是教师对幼儿传递爱与关心的关键时间段,这个时间段既影响幼儿能否心情愉悦地入园,也决定着幼儿能否带着对幼儿园的依恋离园。因此教师在早晚接待时的沟通礼仪尤为重要。

接待幼儿的有效沟通

1. 用亲切温柔的言语问候

语言是幼儿生活和学习中与人沟通的主要途径。幼儿园教师迎送幼儿时的语言是与幼儿之间最重要的信息沟通和思想感情交流渠道。此时的言语问候也能在潜移默化中对幼儿的社会交往以及思维的发展带来很大的影响。幼儿在离开父母、换了环境、接触不同的人和事物之后,容易产生分离焦虑,会有一些担心和恐慌的情绪,甚至部分幼儿还会哭闹,有一段不适应期。因此,幼儿园教师迎接幼儿时的语言安抚技巧很关键。幼儿园教师应该以积极、良好的状态,用富于爱心的语言把自己的爱表达出来,让幼儿进入幼儿园就感觉到教师很喜欢自己,从而内心稳定、舒服、踏实。离园时,教师要与幼儿进行总结性谈话,通过表扬和鼓励幼儿在一日生活中的突出表现,使幼儿带着愉快的心情离开学校。教师亲切温柔、富有爱心的语言,会让幼儿感觉到这一天都是快乐和幸福的。

2. 用充满爱意的肢体语言安抚

幼儿园教师在与幼儿交流时,可以用手轻轻抚摸幼儿的脸、手、头发等,通过肢体的接触让幼儿感受到教师的善意,从而接受教师的关心。幼儿来到幼儿园,如果不愿意主动与老师打招呼,教师应主动、热情地为幼儿做出榜样示范,努力为幼儿营造一个良好的沟通环境。幼儿每天耳濡目染这样的环境,日积月累,一定会将问候挂在嘴上、微笑写在脸上、主动长在心上。对于那些哭闹不止而哄劝又不起作用的幼儿,教师应当倾听其哭诉,不妨把她(他)抱在怀里让其哭一会儿,这样有助于让幼儿平静下来。这种行为也表现出幼儿园教师非常了解幼儿的想法,可以让幼儿相信教师会帮助他,从而建立幼儿对教师的信任感。

(二) 进餐环节的沟通礼仪

进餐是幼儿在幼儿园一日活动中不可缺少的环节。幼儿园教师在餐点环节与幼儿进行适度的沟通,不仅可以帮助幼儿养成良好的进餐习惯,而且还可以对幼儿身心和谐发展起到积极的促进作用。在幼儿的餐点环节中,教师与幼儿的沟通需要注意以下几项内容:

1. 尊重幼儿的饮食需要

幼儿年龄虽小，但在其成长过程中，已经初步形成了自己的用餐习惯以及口味偏好。教师应该充分了解和尊重幼儿，与幼儿实现平等对话，赋予幼儿一定的用餐自由，宽容和谅解幼儿不同的进餐表现。如果教师在沟通中出现催促幼儿进食，强制幼儿进食等内容，就会在幼儿心里形成心理障碍，不利于幼儿养成健康进餐习惯。教师可适当让幼儿根据自己的喜好来选择食物与进食量。每个人都有自己的偏好，教师应充分地尊重每一个幼儿的喜好，根据幼儿各自的特点及不同需要，运用恰当的方法对其进行劝解、引导。对不同的幼儿要进行不同的引导，如面对挑食的幼儿，教师可以用亲切温和的语气耐心地劝解幼儿，让幼儿先尝一口，再吃一勺，逐渐改变挑食的习惯。

2. 营造宽松的进餐环境

良好的进餐环境能增进幼儿的食欲，使幼儿心情愉快。进餐前，教师可以播放一些舒缓、优美的或者是幼儿喜爱的音乐，放松幼儿的心情。进餐时，幼儿园教师对幼儿要有足够的耐心和关爱，面对幼儿不恰当的进餐行为要保持良好的情绪自制力，不要随意发号施令，更不要大声训斥幼儿的不当行为，这会给幼儿的进餐环境制造一种紧张的气氛，不利于幼儿进食。在进餐过程中，教师可以允许幼儿在不影响其他同伴用餐的前提下轻声交谈。在教师的引导下，幼儿在宽松、愉快、有序的环境中进餐，不仅能提高幼儿吃饭的兴趣，而且能让他们自觉遵守进餐秩序。同样，在中、大班幼儿的进餐活动中，还可以充分发挥幼儿的自主性。师幼以及同伴之间可以有互动，当他们帮助同伴后，听到教师的表扬，得到同伴的感谢时，他们的内心会获得非常强烈的满足感。进餐前，教师可以请幼儿帮忙整理桌椅，分发碗筷，收拾餐具，这些极为平常的沟通都会让他们产生愉悦的心情，并带着这份愉悦进餐。这些对他们的身心健康发展有很重要的意义。

3. 善用激发幼儿食欲的语言

研究表明，进餐过程中，教师积极向上的沟通方式可激发幼儿的食欲，促进幼儿健康进餐。对幼儿进行进餐教育时，教师的态度应该是积极肯定、亲切温和的，对幼儿要多鼓励，少责备。当幼儿进餐速度过慢时，不批评不抱怨，不以吃得快作为评价标准，不用比赛方式变相催促进餐，而是耐心鼓励其改善用餐技巧，稳定进餐速度。当幼儿进餐速度过快时，可引导幼儿观看食物在肠道消化吸收的视频，用直观手段帮助幼儿认识进食过快的坏处，学习细嚼慢咽的方法。当幼儿不专心进餐时，不急于指责纠正，而是先表扬其优良表现，再指出不专心的行为，鼓励改进，这种欲抑先扬的沟通方法易于幼儿接受，避免其内心产生挫败感。若屡次无效，就要考虑训练幼儿的专注性。比如，餐前预先商定，如果进餐时不出现小动作、玩玩具等无关行为就给予奖励，以逐渐提高其专注性。当幼儿偏食、挑食时，不威胁强制，用积极态度、亲切口吻讲明食物的营养价值，让其克服自身的不喜欢，并鼓励大胆尝试，诸如"你是最勇敢的奥特曼，吃鸡蛋补充能量才有力气打败怪兽！"即使暂时达不到效果也不要气馁，允许从少吃到逐渐加量，循序渐进地接受某些食物。对于幼儿的点滴进步，应及时给予奖励。

在每次进餐前，教师可用亲切的语言向幼儿介绍当天的菜谱，告诉他们今天吃的是什么、今天饭菜的营养，这些菜的生长过程以及制作过程，还可以引入一些有趣的谜语、故事等，充分调动他们对饭菜的好奇心与吃饭的积极性，充分激发他们的食欲。耐心地向幼儿讲解挑食的坏处，培养幼儿营养、卫生的用餐习惯。在日常谈话中，教师也可以食物为话题与幼儿进行交流讨论,这将有助于幼儿正确认识食物、认识进餐的重要性,从而潜移默化地影响幼儿,帮助他们养成良好的饮食习惯。当然这个过程不可能是一蹴而就的,个别过于任性的幼儿会因为不喜欢而反应过激,教师要学会转移注意力或冷处理,选择变换不同策略,循循善诱。

(三)户外活动环节的沟通礼仪

《幼儿园教育指导纲要(试行)》中明确规定,幼儿园要"开展丰富多彩的户外游戏和体育活动,培养幼儿参加体育活动的兴趣和习惯,增强体质,提高对环境的适应能力"。户外活动能让幼儿接触新鲜空气和日光,不仅可以锻炼幼儿的身体,增强幼儿的体质,还可以在活动中培养幼儿不怕困难、团结合作的品质和勇于创新的精神。[①] 户外是一个开阔的天地,也是一本很好的"教科书"。作为一名幼儿园教师,应通过合理的教学设计,提高幼儿户外活动的质量,让幼儿充分体验到户外活动的快乐。

1. 用激励性的语言鼓励幼儿积极参与

幼儿时期,是天真好奇、主动探索的时期,要注重激发幼儿活动和学习的欲望,调动幼儿的积极性和主动性。在培养幼儿兴趣、激发幼儿在户外活动中的自主性的实际过程中,让幼儿动手操作起来,这将是一个非常不错的手段。我们必须树立正确的指导思想,充分认识到幼儿在活动中的主体地位,给幼儿一个自主发展的空间。当然,除了在物质环境上满足幼儿的需要之外,在精神上我们也更应该相信孩子、了解孩子,发现每一个孩子的优点,使其充分感受到被同伴接纳、喜欢的快乐,最终建立自信心。

在户外活动中,幼儿园教师扮演的角色不仅是引导者,更是富有童心的游戏伙伴。对于胆小、不爱动或动作笨拙的幼儿,教师可用亲切温柔的语言鼓励或带领他们一起参与活动;对于需要帮助的幼儿,可以用耐心、简练的语言给予适当的指导。当幼儿出色地完成了某项活动时,教师可以用一句真诚的语言表扬幼儿的优秀表现。教师应尽可能站在幼儿的立场上,通过幼儿的行动去把握幼儿内心的想法,理解幼儿独特的感受方式,用适当的沟通方法帮助幼儿融入活动中去,使幼儿在户外活动中尽情地享受快乐。

2. 用耐心关怀的语言提醒幼儿注意安全

在户外活动中,保障幼儿的安全至关重要。户外活动场地较广,幼儿需要分散活动,老师的视线无法顾及每一位幼儿。因此,幼儿园教师在活动前要尽可能预计到可能出现的不安全因素,向幼儿耐心讲解活动的规则和有关安全事项,增强他们的自我保护意识。幼儿园教师还应该随时注意用语言提醒,及时纠正幼儿的危险动作,发现问题应及时进行必要的安全指导和安全教育。

户外活动开始近 10 min 了,可是天天小朋友还是无所事事,老师就走过去问他:"天天,你怎么不玩呢?"天天没有回答。于是老师接着说:"你想玩什么,你就大胆地去玩吧!"天天马上拿起纸盒和积木开始忙活起来。为了支持天天的自主活动,教师也积极参与到他的活动中,并询问他要准备搭什么,从中了解到他有自己活动的打算。看见天天这么积极,有些孩子也过来一起参加活动,天天边指挥着,边和同伴们互动:这里我们一起搭个门,这里再需要几个把它们连起来活动……最后呈现出了一条街的情景,大家高兴得欢呼起来。

(来自百度文库,有整理)

---

① 赵晓丹.幼儿园教师的沟通与表达[M].北京:北京师范大学出版社,2012.

（四）午休前的沟通礼仪

优质的睡眠可以使神经系统、感觉器官和肌肉得到充分的休息,促进大脑发育、骨骼生长。每天,幼儿园会给幼儿安排 2~3 h 午休时间。通过语言沟通,引导幼儿又快又静地开始午睡,无疑是非常重要的一个环节。

1. 语调轻柔,态度温和

安抚幼儿入睡,可以采用轻柔语调讲故事和唱摇篮曲相结合的方式。幼儿都非常喜欢听故事,这时教师适宜选择一些故事情节比较简单、故事内容与休憩相关的故事去引导幼儿,让他们在听故事的过程中渐入梦乡。在午睡前,教师可以结合幼儿的特点,和幼儿协商好每天午休前讲一两个故事;或者轻唱容易引人入睡的摇篮曲,让幼儿幸福地进入梦乡。等他们睡醒后,教师可以让幼儿互相分享、沟通所做的梦,让幼儿有表达的机会,并及时肯定他们的表达,把他们的进步告诉家长。这样一来,幼儿每天午休时间都会带着小小的期待,很快进入梦乡。

2. 与幼儿达成协议

幼儿园教师可以在幼儿午睡前,轻轻走到他们身边,小声说几句鼓励的话,或者给一个承诺,再和他们玩拉钩游戏。

3. 不要大声责备幼儿

每个人的睡眠时间都存在个体差异,幼儿也不例外。在幼儿园里,会出现有的幼儿睡眠时间长,有的幼儿睡眠时间较短的情况。幼儿园教师应该正确地看待幼儿因为偶然因素没有睡觉的情况,不要过于紧张,也不要随意训斥他们;如果某位幼儿难以入睡,下午经常出现精神萎靡不振的状况,教师就要引起重视,及时与幼儿及家长沟通,帮助他们克服睡眠障碍。要切记,对于午休入睡困难的幼儿,一定不要大声训斥、责备,老师的呵责会给幼儿带来心理压力,反而不利于入睡,即使睡着了,睡眠状况也欠佳。

（五）教育教学活动中的沟通礼仪

幼儿园的教育教学活动是一种有目的、有计划地对幼儿实施素质教育的综合性活动。幼儿作为特殊的教学对象,他们的身心发展具有特定的规律,有独特的思维模式与学习模式。幼儿处于口头语言学习的关键期,所以,幼儿园教师在教学过程中的语言沟通能否适应幼儿本阶段的身心特点,对他们的发展至关重要。

1. 语言具体形象,富有趣味性

幼儿词汇量小,他们的学习需要通过具体的动作、事物、色彩、声音、形状等来进行辅助。在幼儿心中,周围的一切和自己一样都有着鲜活的生命:小猫受了委屈会像自己一样哭,小狗遇到高兴的事能像自己一样笑,小白兔像自己一样贪玩,小熊像自己一样喜欢吃糖,小草被人踩了会疼,风生气了也会气鼓鼓……这就是幼儿的具体形象思维特点。为了适应孩子这一时期的思维特点,幼儿园教师在选择教学语言时,要尽量选择具体形象、有趣味的表达方式,这样才能更好地吸引孩子。幼儿园教师在教学过程中,要多采用具体的动作、声音、色彩、物体来进行辅助讲解。

2. 语调亲切温和,富有引导性

幼儿园教师是一个需要爱心与耐心的职业,在教学中尤其如此。幼儿处于启蒙阶段,掌握的知识经验少,在教学时,需要老师用亲切温和的语言耐心引导。当然,不是老师的所有引导都会立竿见影,当幼儿不能快速领悟老师的意图时,老师需要更加耐心地去引导,语气语调要保持温和亲切。

3. 情感真挚热情,富有激励性

幼儿时期是培养自信的关键时期,老师和家长不断地肯定、赞扬、鼓励,有利于孩子自信心的建立。所以,在幼儿园教师进行教学活动时,所采用的语言要富有激励性。孩子表现得好时,要满怀真挚的情感,去肯定、赞扬孩子;孩子表现不尽如人意时,要热情地鼓励孩子,让他们能够不断进取,保持对学习的兴趣与好奇心。

4. 因材施教,富有针对性

幼儿处于不同的年龄阶段,身心发展具有不同的特点,幼儿园教师要根据不同年龄段孩子的特点采用不尽相同的教学语言。不仅如此,即使同一年龄段的孩子,由于他们身心发展状况各异,性格特点不同,在教学中,教师所采用的教学语言也应有所不同。

5. 用语准确规范,富有知识性

幼儿园教师组织教学的一个很重要的目的是传授知识,所以,教学时所选用的沟通语言要包含一定的信息量,让幼儿长见识、开眼界。教师在传授知识时,选用语言要准确规范。

四、不同类型沟通语表达技巧

在幼儿一日生活中,为了实现与幼儿的良好沟通,针对不同的情况,幼儿园教师会运用不同的沟通形式与幼儿交流。一般来说,与幼儿进行沟通的形式可分为表扬语、批评语、劝慰语、激励语等4种形式。熟练掌握4种形式沟通语的表达技巧,能够有效促进幼儿园教师与幼儿的沟通。

一日活动中的
有效沟通

(一)表扬语

表扬语是对幼儿的正确思想和正面行为给予肯定的一种沟通语形式,通过对幼儿的赞美与肯定,使幼儿的优点得以巩固和发扬,从而树立幼儿的自信心。对幼儿的表扬要注意以下几个方面:

1. 表扬要及时

教师要有一双善于发现幼儿闪光点的眼睛,当幼儿有了正面的思想和行为时,教师要及时予以表扬,鼓励幼儿进一步发扬优点。

2. 表扬要具体

教师的表扬要有针对性,表扬语内容要具体,要说明幼儿在哪个方面是值得表扬的,让幼儿对自己的正确做法有充分认识,从而继续发扬自己的优点。如,龙龙主动帮助老师整理小朋友的水杯,教师不要只简略地说:"你真棒!"而应说:"龙龙主动帮助老师整理小朋友的水杯,又整齐又好看,真棒!"

3. 表扬要适度

幼儿的年龄特点决定了教师对幼儿的表扬要适度,过度的表扬可能会导致幼儿无法正确地认识自己而产生骄傲自满的心理;也可能使其他没有受到表扬的孩子产生挫败感。

(二)批评语

批评语是对幼儿错误的思想和不当的行为给予否定评价的沟通语形式,旨在纠正幼儿的缺点和错误,培养幼儿良好的行为习惯和品质。对幼儿进行批评,要注意以下几个方面:

1. 批评要客观

对幼儿进行批评之前,幼儿园教师要调查了解事情的原委,明确事实后再做评价,批评幼儿时教师不能将自己的负面情绪带入其中,否则会使幼儿产生抵触情绪,疏远与教师的关系。

2. 批评要恰当

批评幼儿时,要注意把握分寸,不可使用过激的语言,不可大声训斥、以免伤害幼小的心灵;批评内容要具体,要让幼儿真正认识到自己的错误;批评要就事论事,不能翻旧账,不要使幼儿产生自我否定的情绪。过于频繁地使用批评语,会对幼儿产生负面的效果,因此,要慎用批评语。

3. 批评要形式多样

批评的形式应多样化,不能只是反复唠叨、单一的说教,否则,批评无法达到预期的目的,反而使幼儿对教师产生抵抗、疏远情绪。

（三）劝慰语

劝慰语是幼儿有负面情绪时给予劝说、安慰的一种沟通语形式。幼儿由于年龄和阅历的局限,对外界的刺激相当敏感,遭受挫折、委屈时往往会产生无助、失望等负面情绪,幼儿园教师对幼儿应进行及时的安抚与劝慰。对幼儿进行劝慰,要注意以下几个方面:

1. 劝慰要有针对性

幼儿园教师对幼儿进行劝慰之前,需要耐心地倾听幼儿的心声,弄清楚幼儿负面情绪产生的原因,真诚地表达对幼儿的同情和理解,从而有针对性地对幼儿进行安抚。

2. 劝慰要因人而异

面对不同性格特点的幼儿,采取的劝慰方式也不尽相同。对于性格外向的幼儿,劝慰语宜直接、明确;对于性格较内向的幼儿,则需要以足够的耐心先向幼儿表示同情与理解,再进一步进行劝慰。

（四）鼓励语

鼓励语是激励幼儿积极上进,激发奋斗意志的一种沟通语形式。鼓励语能够帮助幼儿在面对挫折、产生畏难情绪时树立良好的心态,调动其积极性。

1. 鼓励要调动幼儿的情绪

教师对幼儿进行鼓励时,要通过自身高涨的情绪,高亢的语调和简洁有力的体态语来调动幼儿的情绪,使幼儿的内心激动起来,从而响应老师的号召。

2. 鼓励要有具体针对性

鼓励的内容要明确具体,这样才能真正激发幼儿内心的斗志,达到激励的效果。如"你现在已经能连续跳 10 下了,如果继续坚持练习,一定能够突破 15 下!"

经典故事

罗森塔尔效应

美国著名心理学家罗森塔尔做了一个实验。他和助手来到一所小学,声称要进行一个"未来发展趋势测验"。他们将一份"最有发展前途者"名单交给了校长和相关教师,并叮嘱他们务必要保密,以免影响实验的正确性。实际上他撒了一个"权威性谎言",因为名单上的学生是随机挑选的。8个月后,奇迹出现了,名单上的学生成绩都有了较大的进步。很显然,罗森塔尔的"权威性谎言"发生了作用。这个谎言对教师产生了暗示,教师又将自己的心理活动通过情绪、语言和行为传染给了学生。学生感受到来自教师的热爱和期望,变得更加自尊、自信和自强,从而使各方面得到了异乎寻常的进步。

(来自百度文库,有整理)

任务二　学会与幼儿家长的沟通礼仪

陈鹤琴先生说:"幼稚教育是一件很复杂的事情,不是家庭可以单独胜任的,也不是幼稚园可以单独胜任的,必定要两方面共同合作才能获得良好的效应。"在实际工作中,有的教师认为只要自己平时工作认真,对孩子认真负责,即使不主动与家长沟通,也无愧于家长的重托。这种想法存在很大的误区。《幼儿园工作规程》中指出:"幼儿园应主动与幼儿家庭配合,帮助家长创设良好的家庭教育环境,向家长宣传科学保育、教育幼儿的知识,共同担负起教育幼儿的任务。"因此,幼儿园教师不仅要关心幼儿,还要积极主动地与家长沟通,引导家长参与到对幼儿的教育中来,使家长与教师达成一致的教育共识,统一协调好各自的教育方法,促使家园共育发挥最优的教育效果。

一、与家长沟通的途径

随着社会的发展,教师与家长沟通的途径日益多元化,除了可以通过个别交流、家访、家长来园座谈、家长会等形式进行面对面交流之外,还可以充分地利用 QQ 群、微信群、班级网站、微信公众号等网络沟通平台实现交流。每一种途径都有着独特的形式与功能,对信息的传递也发挥着各自的优势,教师只有选择合理的沟通方式,才能达到最佳效果。

二、与家长沟通的一般要求

(一)相互尊重

《幼儿园教育指导纲要(试行)》指出:"家庭是幼儿园重要的合作伙伴,应本着尊重、平等、合作的原则,争取家长的理解、支持和主动参与,并积极帮助家长提高教育能力。"尊重是实现有效沟通,建立平等、合作关系的基础和前提。家长尊重教师,才能理解教师的工作与付出;教师尊重家长,才能从家长的角度去思考问题,才能一视同仁地对待每一个幼儿;教师与家长之间实现相互尊重,才能真正打开良好沟通的大门。

(二)因人因事而异

不同类型的家长有不同的处事特点,幼儿园教师与家长的沟通要因人而异,要懂得分析不同类型家长的特点,选择恰当的方式与之沟通,才能使沟通达到预期效果;面对不同的事件,家长的态度、情绪、思想、心情等方面都会有不同的反应,教师要从事件本身出发,选择适宜的策略与家长沟通。

(三)注意语言表达的技巧

与家长沟通时,幼儿园教师应该具备一定的语言表达技巧,才能使沟通产生良好效果。例如,针对幼儿在具体事件中反映出来的具体问题提出意见和建议时要懂得委婉表达,不随意给幼儿贴标签,以先表扬后建议的方式,使家长更容易接受。

三、与接送幼儿时的家长的沟通礼仪

家长来幼儿园接送幼儿的时间,是教师与家长接触次数最多的时候,也是教师与家长交流的最佳时机。教师应抓住这段时间,向家长表示亲切问候,与家长进行简短的沟通,增进彼此的交流,建立平等、互信的友好关系。

来、离园接待
的有效沟通

(一)热情相待,笑脸相迎

微笑是打开人际交往的第一把钥匙。入、离园接待时,幼儿园教师应始终面带微笑,主动迎上前去与家长打招呼。如果因组织幼儿活动不能与家长口头交流,也应以点头、微笑、挥手等动作让家长感受到问候的温暖。

(二)言辞简短,平等对待

"忽略了一个家长,就等于放弃了一个孩子的教育。"家长来幼儿园接送幼儿的时候是教师接待家长的高峰期,教师要秉承着公平对待每一位家长的原则,尽量做到言简意赅地与每一位家长热情沟通与交流,不因家长的文化背景、经济状况、地位高低、职业尊卑等而区别对待,要让每位家长都能感受到教师的关注与重视。

(三)主动询问,真诚互动

在每日的入、离园接待中,幼儿园教师应抓住与家长沟通的良好时机,与家长进行情感上的交流,建立起相互间的信任。入园接待中,教师应向家长仔细询问孩子在家的情况,特别是有特殊情况的孩子,如生病时病情的严重程度、用药情况、在园活动的注意事项等;离园接待中,教师应向家长介绍孩子一天的学习生活情况等。沟通时,教师要注意态度真诚,语气和蔼,还要懂得沟通的艺术,切忌一问三不知或对家长的询问表现出不耐烦。

四、在园座谈的沟通礼仪

在园座谈是指教师根据幼儿在成长发展中遇到的某个问题,有计划地预约家长来幼儿园进行面对面交流的一种沟通方式。在园座谈可以促使教师与家长就具体问题进行深入探讨,使双方在某一焦点问题上达成共识,满足家长的个性化需要。

(一)做好充分准备

1. 确定主题,制订计划

确定好交流的主题,并制订好相应的计划是座谈顺利进行的保证。孩子在成长发展过程中突出的特点、存在的问题,日常与家长沟通过程中所流露出的问题或是潜在的矛盾都可以作为教师座谈的主题。教师发现这些问题后,主动与家长沟通,可以避免问题扩大后处于被动状态,有利于与家长建立互信的关系。

2. 研究家长,分析背景

不同家庭背景、文化素质、职业兴趣、性格、年龄的家长,价值观和话语习惯是不同的,教师应提前了解、分析要座谈家长的综合情况,如家长的个性、思考交流的方式、在沟通中接纳自己意见的可能性有多大等,对这些情况都要有对应的沟通预案,要准备好与之相适应的沟通方式和语言表达。

3. 观察分析,收集策略

教师之间要深度沟通,共同围绕主题收集相关的解决策略,可以自己的教育经验少为由,向有经验的老教师咨询请教,也可以查阅相关资料寻找此问题的有效解决方案,还可以请专家从理论层面进行梳理。

4. 预约时间,确定地点

座谈要选择教师和家长都方便的时间段,以保证座谈的效果。为了保证对每个孩子、家长公平,教师每学期至少与每位家长座谈一次,每次时间不少于半小时。座谈的地点要根据沟通目标和内容来确定,如探视在园发生意外或生病的幼儿适宜以家访的形式,其他形式和内容可以跟家长沟通,确定是家访还是来园座谈。

(二)讲究沟通的艺术

1. 挑明主题,提高效率

落座后,在委婉的开场白后,要直接向家长说明本次座谈的主题,不拐弯抹角,以提高交流的聚焦性和有效性,避免家长在沟通过程中出现游离出主题的情况。

2. 表扬在前,建议在后

交流时教师要先表扬孩子近期表现中的进步和优点,营造良好的沟通氛围,使家长有一个好心情,不会对教师产生抵触情绪,从而利于后续愉快地进行交流。

3. 描述事件,勿下结论

每位家长都非常想了解孩子在幼儿园学习和生活情况。教师要把孩子在园的情况尤其是一些独特的表现,客观地呈现在家长面前。讲完后,教师要先征询家长的看法,这样家长才会乐于倾听教师的观点与评价,愿意与教师探讨相应的策略。切忌急于下结论,如你家孩子挺调皮的、爱打人等,这样容易造成两种后果:一是家长会认为老师对自己的孩子有偏见,二是家长会认为自己的孩子就是这样了,在今后对孩子的教育中可能形成某种心理定式,这样将不利于幼儿的发展。

4. 听说结合,积极回应

座谈是双向的沟通活动,只有双方都充分表达自己的意见,才能就幼儿教育问题达成一致。因此,座谈中教师不仅要重视表达,更要注重倾听与回应,只有了解了家长在其小孩教育过程中的优势、难处和困惑,双方才能达成共识,获得解决问题的良策。

(三)重视后续跟进

1. 概括总结,感谢支持

概括总结可以再次明确沟通的主题,帮助家长梳理家园配合实施时的方法。沟通结束时教师的感谢将为家长留下"沟通是件美好的事情"的良好印象,以期待与教师的下次沟通。

2. 持续观察,继续交流

座谈是为了孩子更好的发展。一次座谈结束往往意味着下次座谈的开始。教师一定要持续观察、分析、反思家长的教育行为有无改进和调整之处,孩子的行为是否有变化,需要家园再做怎样的共同努力等,以便为后续的沟通做准备,真正促进孩子的健康成长。

五、家访中的沟通礼仪

预约交流的
有效沟通

家访是由幼儿园老师发起的,到幼儿家里与幼儿家长面对面交流有关幼儿的进步和存在的问题、家长的疑惑和期待、教师的困难和理念等,并且寻求和倾听家长的意见建议,以达成某种教育共识,形成教育合力,促进幼儿健康、和谐发展的一种家园沟通方式。

(一)明确目的,拟定计划

家访能不能达到预期效果,能不能使家、园教育相互支持的关键在于幼儿园教师是否把家访当作一件很重要的工作来看待,也与幼儿园教师的访前准备是否充分有关。幼儿园教师在家访前,首先要对被家访幼儿的自身情况、家庭背景、家长信息等有一个全面而细致的了解;其次要明确此次家访要达到的目的是什么;再次要仔细思考、筹划要交谈的问题,怎样去赢得家长的理解与支持等;最后制订好详尽、可行的家访计划。这样才能做到有的放矢,提升家访的效果。

(二)守时守约,控制时长

家访的时间需要事先与家长约好,定好时间后,幼儿园教师一定要守时守约,若因特殊事情不能准时赴约,要提前告知家长,以免家长久候。此外,教师还要注意控制家访的时长,把家访时长尽量控制在 60 min 以内,既保证交流的效果,又能避免影响彼此的生活和休息。

(三)注重礼仪,展现素质

幼儿园教师家访时要注重自己的形象礼仪,衣着整洁、穿戴大方、仪表文雅、谈吐稳重,不要邋里邋遢、随心所欲。家访时,敲门、进门、换鞋、坐姿、喝水等都要注意体现个人的文明素养,不要四处张望,随意参观,勿对家庭的贫富进行语言评价或有情绪上的流露,如"哇,你家的房子装潢得真富贵!"等等。教师良好表现会让家长感觉到幼儿园对本次家访的重视,从而赢得家长的重视和尊重,为幼儿园增加良好声誉。

(四)懂得尊重,讲究技巧

幼儿园教师首先要从观念层面意识到家长也是家访的主体,而不是家访的客体,更不是发牢骚和批评的对象。幼儿园教师应尊重家长,并且学会聆听,认真探寻家长意见中的合理成分,并在交流中及时记录,也可在征求家长的同意后进行录音。其次,幼儿园教师还要认识到,家访的目的不是为了批评家长和幼儿,而是通过沟通和交流,达成一致的意见,更好地教育幼儿。最后,幼儿园教师要注意说话的语气和态度,要有礼貌、有耐心,要以理服人,循循善诱,要认真倾听家长的困惑和疑问,亲切地交换意见。总之,幼儿园教师应本着尊重、平等、合作的原则,争取家长的理解、支持和参与。幼儿园教师进行家访时,态度要诚恳,尊重家长、关怀幼儿,更要针对不同特点的家长注意谈话技巧和谈话内容。

(五)总结反思,及时反馈

离开幼儿家庭后并不意味着家访的结束,成功的家访既要从家访中发现问题,还要提出解决问题的策略。谈话内容一般都是零散琐碎的,这就要求教师对家访中零散的谈话材料进行整理,仔细分析和总结,并以此为依据制订出具有针对性的教育措施和计划,以便更好地因材施教。同时,幼儿园教师也要将访谈中发现的问题,以及下一步的计划等及时反馈给家长,征求家长的意见。

六、家长会上的沟通礼仪

为了让家长们在"培养幼儿自理能力重要性"的教育理念上达成共识,幼儿园中班的蔡老师安排了学期初家长座谈会。最初发言的两位家长正在兴头上,就很快被蔡老师打断了。她显得十分激动,滔滔不绝地急于将教育理念强加给家长,家长发言的环节变成了她的"一言堂"。当她再倡议家长发言时,家长们都低头不语了,有的家长悄悄地皱起眉头甚至摇头,还有四位家长中途退出。

家长会的有效沟通

在家长会上与家长进行良好的沟通是一门学问,上述案例中,蔡老师象征性地把"球"抛向家长,却又打断家长的发言,强行"夺过了家长手中的球",蔡老师只重视表达而忽视倾听的做法势必会引起家长的不满,最终影响家长会的顺利召开。

幼儿园开好家长会是增进家长对幼儿园了解和信任的基础,是实施家园共育的有效途径。通过召开家长会,幼儿园教师与家长可以就幼儿的表现、成长状况、学习情况等内容进行沟通交流,增进彼此的了解与信任。幼儿园教师在家长会上的沟通技巧直接关系着与家长沟通的效果,进而影响家长会的质量。

1. 提前通知,认真准备

家长会的时间要选择大多数家长有空的时间,以确保高关注度和高出席率。时间确定以后,教师可通过寄发邀请函、短信、微信或打电话等形式提前一周通知家长,便于家长调整好时间。家长会的内容也要提前告知家长,便于家长做好相关准备。

2. 恰当开场,气氛温馨

幼儿园教师的开场白是家长会的揭幕,应营造一种轻松、和谐的氛围。除了对家长们的欢迎与致谢之外,教师还可适当介绍本班近期工作、幼儿总体表现以及需要家长注意与配合的工作等。导入方式也可以灵活多样,比如,可讲述班级内一件引人思考的事件,也可展示幼儿的某件艺术作品,甚至也可以直接向家长们提出疑问等。

3. 平等交流,友好协商

家长说话时,教师应以真诚、开放、谦恭的态度,专注地聆听;与家长谈话时,教师也应避免以自我为中心,尽可能明确而理性地表达自己的想法,并采用商量的口吻。说到有孩子在园表现不佳时,教师应诚恳而有技巧地向家长解释,以找出孩子的问题所在。尤其要注意的是,不要公开批评某个幼儿或某位家长。

4. 内容丰富,针对性强

家长会前,教师可适当做一些调查,了解家长所关心的幼儿教育话题,从而有针对性地搜集本班幼儿的相关资料、档案和作品集。当家长询问对孩子的教育方式时,教师可以有针对性地给家长提供一些处理孩子问题的方向,让家长自行选择其愿意尝试的方法。若孩子发生的问题是幼儿园及教师无法处理解决的,教师可给家长提供一些适合的渠道来帮助解决孩子的问题,如咨询专家、查阅资料、与其他家长交流等。

5. 整理总结,及时反馈

对家长会上的安排布置、建议、意见等要及时整理,分析总结有关事件的处理方案、结果等并及时反馈给家长,增强家长对幼儿园和教师的信任,也可以为今后的家长会积累经验。

七、突发事件中的沟通礼仪

幼儿园的突发事件有很多种,如幼儿突然发病、意外受伤、家长跟老师或工作人员产生误解等。遇到这些情况,幼儿园教师要保持镇定,积极采取措施,防止事态恶化,争取把事件的影响和危险降到最低。

突发事件的有效沟通

(一) 保持冷静,妥善处理

某幼儿园主班老师接到家长反馈,班里超半数的孩子回家后出现呕吐、拉肚子现象,家长怀疑孩子是在园内食用了不干净的食物所致,情绪异常激动,甚至有家长准备向上级教育和疾控部门投诉。主班老师第一时间向园长如实汇报,随后园里立刻启动了应急预案:首先,班级三位教师时刻关注家长反馈,记录相关情况,在得知一位没有在校食用任何食物的孩子也出现了类似情况后,老师马上向家长们反馈,及时稳住了家长狂躁不安的情绪;其次,以家委会为中间方,以事实说话,缓和家长的情绪,了解关注家长动向,监督和控制事件的发展;接着,园长亲自去医院陪诊,了解孩子们的身体状况,安慰家长情绪;最后,为了进一步消除家长的疑虑,请就医家长把化验报告发至群里,保健室也以最快的速度公布对园内其他24个班级的调查结果,请疾控部门来现场指导和调研,加强班级消毒,给家长们一个满意的交代。三天后,孩子们的症状陆续消除,疾控部门得出的"疑似病毒感染"结论,也得到了家长们的广泛认可。

幼儿发生突发事件后,家长产生怀疑、情绪激动、对幼儿园及老师产生误解等情况是十分正常的,幼儿园教师面对这样的情况,一定要保持冷静,以静制动,将安抚、稳定家长情绪放在首位。教师要勇于承担责任,及时将事件上报幼儿园相关领导,妥善处理好事故。与此同时,要将问题的处理情况,及时跟家长进行反馈,稳定家长的情绪,让家长安心,以降低其与园方的对立感,让问题的解决出现转机。在上述突发事件中,正是因为主班教师善于回应问题,面对突发事件时,保持了沉着冷静,将问题及时向幼儿园及家长汇报,才使家园之间得到有效沟通,成功化解了误会与矛盾,避免酿成更大的冲突。

(二) 讲述客观,寻求理解

明明在幼儿园受伤了,膝盖上擦伤破了皮。李老师第一时间与明明的妈妈沟通,并征求明明妈妈的意见:"我们已经将明明带去保健室进行了处理,医生说没有什么大碍,如果您还是觉得不放心,您可以来医院看看,或者我们现在把明明送回家。"明明妈妈到了幼儿园,看到孩子膝盖上的伤十分生气,马上向李老师质问道:"你们是怎么照看孩子的?真的是自己摔的吗?不会是其他小朋友推的吧?"李老师礼貌地请家长到她的办公室坐下,详细地讲述事情发生的经过:"明明妈妈,没照顾好孩子,也是我们工作的失职。别说您了,我们看着也心疼。事情是这样的,喝完水后,明明去放水杯,没站稳不小心摔倒在地上,结果把膝盖给擦伤了。我们马上把明明送到保健室进行了处理。如果还有疑虑,您也可以问问明明。"明明妈妈听到李老师的这番解释后,情绪稳定了许多,反倒不好意思,连声道歉说:"李老师,我刚才情绪有点激动,实在是不好意思!"李老师接着说:"没关系! 谢谢您能理解我们的工作!"

意外事故发生后,家长由于不在现场,无法了解事件发生的全过程,再加上爱子心切,出现

过激的反应、对老师产生误解也是在所难免的。为了应对家长的质疑，教师一定要全面了解事件发生的详细过程，通过客观分析做出准确判断、科学结论，并第一时间主动向家长告知事件的来龙去脉，让家长充分知晓事件的全过程，以寻求家长的理解。教师讲述事件时一定要客观公正，实事求是，不隐瞒、不回避、不遮盖，防止因处理不当而引发家长对教师的信任危机。案例中，李老师能站在家长的立场，充分体谅家长的心情，实事求是地向家长陈述事件，让家长了解事件发生的前因后果，既消除了家长的质疑与不满，又获得了家长的理解与信任。

（三）诚恳道歉，以心换心

幼儿要离园了，奶奶接娜娜时发现孩子的裤子是湿的，心想："这位老师真不负责任，得找她去说说。"于是，她找到娜娜的老师，大声责备道："孩子的衣服都湿了，老师你也不给换，让孩子穿着湿衣服，多难受呀！"老师听到这话，赶紧关心地问："娜娜，你没事吧？"但奶奶还是不依不饶，继续说："你们老师还有没有责任心呀？"老师见娜娜奶奶情绪这么激动，马上向娜娜奶奶道歉："娜娜奶奶，实在对不起，是我们工作的失误。您指责我们，给我们敲响了警钟，以后不会再有这样的事情发生了。您放心，我们一定吸取教训！"老师接着蹲下对娜娜说："娜娜，今天老师做事情真粗心，没及时给你换裤子，肯定不舒服吧！真是对不起，以后有事一定及时跟老师说，老师会帮助你的。好吗？"孩子点头后，老师马上给孩子换了一条干裤子，接着对娜娜奶奶说："今天发生这个事情是我们的责任，是我们做得不够好，孩子不告诉我们肯定是还没有完全信任我们。娜娜奶奶，您在家里也多费心，帮我们说说好话，孩子建立了对我们的信任，有问题时就能积极与我们互动了。"娜娜奶奶听了老师的一番解释，火气也消了。

在幼儿园工作中，教师不可能完全避免工作中的疏漏，面对自己工作上的不足，要敢于主动承担责任，一味地为自己的失误找借口，只会让家长对自己的工作态度以及工作能力产生怀疑。面对家长的指责与埋怨，要懂得换位思考，要设身处地去理解家长的心情。很多时候，家长很在乎教师的态度，只有以诚恳的态度向家长表示歉意，才能得到家长的谅解。面对教师真诚的"对不起"，他们相信教师会有知错就改的决心并在工作上会有具体的改进。在案例中，老师能坦诚地面对自己工作中的失误，真诚地向家长、孩子道歉，用自己专业的职业精神和对孩子的爱心，换来了家长的谅解与信任。

八、与不同类型家长沟通的礼仪

良好的沟通效果取决于沟通者对沟通对象的充分了解与尊重，并根据沟通对象的个性特点，采取因人而异的沟通方式。家长是一个复杂、多元的群体，在年龄、性别、职业和文化背景等方面存在差异，所以教师不能无视他们的差异而采取单一、相同的沟通方式，同时又不能对每个家长进行过于主观的猜测和推断，幼儿园教师需要从整体上把握他们处理问题的基本特征，为解决自己工作中面临的问题提供参考。[①]

（一）有教养型的家长

对有教养型的家长，应尽可能将幼儿的表现如实向他们反映，主动请他们提出教育措施，认真倾听他们的意见，充分肯定和采纳他们的合理化建议，并适时提出自己的看法，和家长一起，同心协力，共同做好对幼儿的教育工作。有些家长对孩子的家庭教育其实是很有想法的，

①　晏红.幼儿教师与家长沟通之道[M].北京:中国轻工业出版社,2017.

可以提供交流平台,让家长相互激发对家庭教育这一话题的兴趣,相互学习各自不同的家庭教育方法。

(二)溺爱型的家长

与溺爱型家长交谈时,教师应先肯定幼儿的长处,对幼儿好的表现予以真挚的赞赏和表扬,然后再适时指出幼儿的缺点和不足。要充分尊重家长的感情,肯定家长热爱孩子的正当性,使对方在心理上能接纳教师的意见。同时,也要用恳切的语言指出溺爱对孩子成长的危害,耐心热情地帮助和说服家长采取正确的方式来教育孩子,启发家长实事求是地反映孩子在家的情况,千万不要袒护自己的孩子。

(三)气势汹汹的家长

接待发脾气的家长时,教师可以理服人,面带微笑,克制怨气,宽容大度。

教师与家长之间的沟通方式有很多,除了当面交谈,还有短信、QQ、家园联系栏、书信等方式。但是不管采用何种沟通方式,教师要在心理上树立自信、平等、尊重等正确观念,这是促进有效沟通的必要条件之一,也是促进家园合作顺利进行的重要条件。教师与家长沟通是一门艺术,而保持良好的心理状态是实现艺术完美表现的技巧,教师只有不断地学习和积累,提升家园合作的有效性,才能共同促进幼儿健康、和谐地发展。

经典故事

张老师的眼睛

幼儿园里有一位张老师,小朋友们可喜欢她了。张老师的眼睛又大又亮,看起来会说话呢!

小涛有一个自动铅笔盒,他可喜欢了。每当老师给小朋友们讲算术或者教英语的时候,小涛都会情不自禁地伸过手去,摸摸这儿,碰碰那儿。这天,小涛听讲时又走神儿去玩他的铅笔盒了。张老师发现后,并没有马上批评他,而是用她那双会说话的眼睛望着小涛,仿佛在说:"小涛,怎么又搞小动作呀?"小涛立刻明白,赶紧放下铅笔盒,认真听讲起来。

小荷发言时很紧张,声音小得很。张老师瞪大眼睛又说话了:"小荷,你说得很棒!如果再大声点就更好啦!"说来也怪,小荷一看见张老师的眼睛,紧张的感觉顿时消失了,声音也响亮起来。

张老师的眼睛,像两扇明亮的窗子,照得小朋友们心里亮堂堂、暖洋洋的。小朋友们都喜欢张老师,也都喜欢她那双会说话的眼睛,仿佛那里面藏着无穷的智慧和力量呢!

(根据网络资料整理)

任务三　学会与同事的沟通礼仪

良好工作环境的塑造取决于每位工作人员之间的有效沟通。热情、积极、主动是实现良好沟通效果的保证。幼儿园教师在工作时间内,除了与幼儿接触之外,与同事接触最多,同事之间人际关系的好坏会产生不同的效应,或助力,或阻力。幼儿园教师应掌握必要的处理好与同事之间关系的技巧。

一、与领导的沟通礼仪

（一）与领导日常交往中的沟通礼仪

1. 尊重领导

在幼儿园工作中，幼儿园教师与幼儿园领导是一种工作上的相互依存关系。对于教师而言，尊重领导不仅是礼仪的需要，更是与领导建立良好沟通机制的需要，可以说幼儿园教师与领导的沟通，始于尊重领导。在工作场合称呼领导要用尊称，如张园长、王主任等。与领导的日常沟通多使用敬语，如"您好""谢谢您"。与领导的交往要谦恭有礼，如看到领导时要主动与其打招呼；一起出席活动时让领导先入座；领导讲话时要认真倾听，必要时要做好笔记；在公众场合不可当众顶撞领导，要懂得维护领导的权威与尊严。

2. 把握适度原则

在与领导日常交往中，要注意把握适度原则，不要"缺度"和"过度"。"缺度"表现为畏惧领导、回避领导，从不主动积极地与领导沟通交流。如此情形，只会使领导和下属之间产生沟通障碍，从而影响幼儿园工作的顺利开展。"过度"则表现为与领导交往沟通过于频繁，与领导过分亲近、随便，或者以巴结讨好的方式去接近领导，过分地毕恭毕敬、点头哈腰，这也会导致领导心生反感，反而影响上下级之间健康关系的发展。与领导交往，既不要献媚讨好，也不要刻意避而远之，更不能骄傲蛮横，而应该不卑不亢，把握适度原则，与领导和谐相处。

3. 懂得因人而异

正如世界上没有两片完全相同的树叶一样，领导也具有不同的个性特点，需要采用不同的沟通方法，达到成功沟通的目的。要与领导建立和谐关系，使工作顺利地开展，需要细心观察、认真揣摩，耐心了解领导的个性特征、工作要求、倡导的工作方式等特点。不同的领导有其不同的个性特点、行事风格，因此也需要采取不同的沟通技巧。

（二）接受领导安排任务时的沟通礼仪

1. 服从安排

在幼儿园，领导是管理者，集权力与担当于一体。教师在工作中应该听从领导的指挥，服从领导的安排，恪尽职守地接受和完成领导安排的工作，不可随意推诿，拒绝接受安排。

2. 报告有据

在接受任务时，心中有想法，应该将自己的疑虑，简明扼要并准确地向领导报告，这样有利于领导通过分析判断做出科学的决断。每一次与领导沟通都要有内容、有层次、有重点，让领导感觉你是一个思维缜密、做事踏实的可靠之人。

（三）与领导意见不一致时的沟通礼仪

1. 选择合适的时机

当你对于某一问题的解决有自己的想法和意见时，要学会选择合适的时机与领导沟通，保证沟通的效果和效率。领导的工作通常比较繁忙，不同看法的交流适合在领导有充足时间的情况下进行，而建议的提出也要分清场合，有的建议适合当众提出，利于领导甄别判断；有的意见适合私下沟通，便于领导接受理解。切忌不分时间、不分场合地对领导的决策直接提出反对意见。

与领导的
有效沟通

2. 秉持诚恳的态度

向领导提出自己不同的看法或意见时，要真诚地本着解决问题的态度，从大局出发，向领导委婉、平和地表达，耐心细致地做出解释，与领导进行思想上的沟通，让领导聆听你内心的声音。即使你的观点不被采纳，也可以得到领导的肯定和重视。切忌与领导大声争辩、消极怠工、四处散布不满情绪等。

3. 运用恰当的方式

为了让领导明白你的想法，可以结合实际情况选择不同的沟通方式，面谈相对直接，电话、短信、微信则更显理性。当你的意见在第一次沟通中被否定后，还可以寻找一位在工作中与领导和你关系都很不错的中间人，让中间人与领导进行二次沟通，以消解第一次沟通中产生的隔阂和误会，让领导感受到你的良苦用心。

（四）在向领导汇报工作时的沟通礼仪

1. 如实汇报工作情况

在向领导汇报工作时，下属往往喜欢报喜不报忧，以为这样既能使领导开心，也能掩饰自己某些工作上的失误。而事实上，如果是在工作中遇到了问题，没有第一时间告知领导，只会造成更加严重的后果。因此，对于不好的消息，要在事态变得更加严重前主动与领导沟通，如实反映情况，这样领导可以及时做出科学决策，减少不必要的损失。如若延误了时机，只会造成无可挽回的损失。

2. 严谨使用汇报措辞

汇报工作时，要先告知结果，再陈述经过，这样就可以简明扼要地向领导报告重点内容，从而节省领导的时间。汇报的措辞要严谨，要从客观实际出发，准确无误地陈述事实，尽量少出现自己的推测和臆断，不能出现一些模糊的话语，如"可能是""应该会""大概可以"等。领导需要你的确切结果而不是模棱两可的语句。汇报中措辞的严谨与否，会直接影响到领导对你能力高低的判断。

3. 虚心向领导求教

当你汇报工作结束后，要主动请领导对工作进行点评。以谦虚真诚的态度征求领导的意见和建议。对于领导的点评，即使是批评的话语，也应该认真领会、仔细反思，能够虚心接受领导批评的下属，才能够不断得到进步，获得领导的赏识。

（五）面对领导批评时的沟通礼仪

1. 态度要诚恳

因工作失误而受到领导批评时，要端正心态，表现出诚恳的态度，把领导的批评视为对自己的培养与教育，从批评中接受教训。领导批评你的时候，你要积极地询问错误内容，及时查找自己失误的原因，吸取经验教训，不断改进工作方法，避免以后再发生类似的错误。你要采用认真、低调、冷静的方法对待领导的批评，这样既能表现出对领导的尊重，也能体现出对工作认真、负责的态度。①

2. 不要为自己的失误找借口

领导不会无缘无故地批评下属，聪明的下属往往善于接受批评。面对批评，要有忍耐性，

---

① 潘鸿生.有效的沟通技巧——别输在不会表达上［M］.北京:北京工业大学出版社,2017.

不要为自己的失误百般申辩。即使是错误的批评，处理得好，坏事也会变成好事，可能还会给领导留下好印象。如若反复纠缠，寸步不让，非要把事情弄个水落石出不可，只会让领导认为你气度小，以后领导可能不会再批评你，但也不会再信任和器重你。

二、与同事的沟通礼仪

工作中，幼儿园教师要学会与同事进行良好沟通，团结一致、相互协作，营造和谐融洽的工作氛围，保证工作顺利开展。幼儿园教师应把握好与同事日常交往、工作交接、教学研讨时，以及产生异议分歧、发生利益冲突等情况中的沟通礼仪。

与同事的
有效沟通

（一）与同事日常交往中的沟通礼仪

1. 相互尊重

尊重是人与人之间沟通交往顺利进行的基本前提，在沟通中发挥"润滑剂"的作用，使沟通双方在一种融洽的气氛中进行，最终达到双赢的结果。在与同事沟通过程中一定要态度和善，保持尊重的姿态，要谦虚谨慎、戒骄戒躁地与同事和谐相处。要能够看到同事身上的优点，并不吝啬赞美与肯定。

2. 平等相处

作为一起共事的同事，不管你是经验丰富的老教师，还是刚刚步入工作岗位的新教师，大家的身份是相同的，地位是平等的，应该摒弃不平等的关系，在与同事相处中切不可表现出高人一等的样子，这样才有利于营造和谐工作氛围。

3. 沟通有度

你与同事沟通，有利于思想上的交流，增进对彼此的了解，但是沟通需要把握好尺度，不过分冷漠，也不过分热情。要尊重别人的隐私，不随意探听别人的秘密，不在背后非议自己的同事。

（二）与同事交接工作时的沟通礼仪

当你在与同事进行工作交接时，要态度温和诚恳，不要蛮横霸道，要坦诚地与同事进行工作上的沟通和交流，认真倾听对方的意见，相互尊重各自的劳动成果，不明白的问题，虚心向同事请教，吸取同事好的工作经验，帮助自己能够更好地完成工作任务。

（三）与同事进行教学研讨时的沟通礼仪

1. 态度要诚恳

幼儿园经常会组织开展形式多样的教学研讨活动，通过发现问题指导教学，促进教学改革，实现教师的共同成长。幼儿园教师要以积极、正面的心态认识活动的意义，积极地参与到活动中去。在活动中，诚恳的态度有助于良好研究氛围的形成，使活动充分发挥它的价值。

2. 语言要精练、准确

在研讨活动中，对于发现的问题，教师要积极思考、主动发言，可以通过对一些细节进行举例做出具体说明，也可以从整体的角度提出自己的看法。语言力求精练、准确，既有针对性，又要有理论支撑。

3. 评价要巧妙

在教学研讨活动中，经常会有需要对同事的教学工作进行评价的环节。作为评价者应该秉持实事求是的原则，把握沟通的艺术，巧妙地做出自己的评价。你要明白没有十全十美的授课者,也没有一无是处的授课者,在研讨活动中对其他教师进行评价时,应注重肯定性与鼓励性相结合。一般情况下应该多赞美,首先要对优点进行肯定和表扬,再坦率诚恳地指出需要改进的方面。但是在指出问题时,一定要注意表达方式,讲究策略,以免引发对方的对抗和消极情绪。

（四）与同事在产生分歧时的沟通礼仪

同事之间,由于生活背景、人生经历、个人立场等方面的差异,面对某一问题时,往往会因不同的看法而产生分歧。面对分歧,不要一味地争辩,互不相让,这样只会让分歧的沟壑越来越大,影响同事之间的关系,要巧用委婉、幽默的语言化解尴尬的场面。用平和的心态真诚地与同事沟通,交流各自的立场与看法,从而寻求最佳解决问题办法。

（五）与同事发生矛盾时的沟通礼仪

在与同事相处过程中,难免会出现某些利益冲突,产生一些矛盾,如果矛盾不能及时得到解决,将会直接影响工作的正常开展。当与同事产生矛盾时,要懂得冷静思考,首先从自己身上找原因,站在对方的立场去想问题,如果是自己的问题,要学会放下架子,主动道歉,用自己的真诚化解矛盾。如果是对方的问题,要明白"退一步海阔天空"的道理,用一颗包容、豁达的心去打破僵局,重新建立一段融洽的同事关系。

📖 经典故事

直言相告未必对

金老师已经工作好多年了,各种各样的人和事遇到过不少,但她还是很容易得罪人。她心里搁不住事儿,有什么就说什么,从来不会隐藏自己的观点。有的同事把茶水倒在纸篓里,弄得满地是水,她会叫他不要这样做;有的同事在办公室里吸烟,她会请他出去吸;有的人爱没完没了地打电话,她就告诉她不要随便浪费公司的资源……她这样做是好心,可是,直接后果是把同事们都得罪了。每个人都对她有一大堆意见,甚至大伙一起去郊外游玩也故意不叫上她。有一次她实在很生气,就向园长反映,没想到园长也不太支持她,反倒弄得她在幼儿园里处于被动地位。她想不通,明明我是实话实说,为什么结局会这样呢?难道做人就一定要虚伪吗?

（根据网络资料整理）

任务四　了解与友邻的沟通礼仪

幼儿园教师作为社会中的一员,除了与幼儿、家长、同事的沟通之外,同样也需要面对社会中各种各样的人际交往。其中,邻里关系是社会交往中一种重要的人际关系。和谐融洽的邻里关系能给个人带来积极的体验与感受,促进工作、学习、生活上的进步与发展,推进和谐社会的构建。良好的沟通与表达是处理好人际关系的基础,作为幼儿园教师,必须学会通过良好的沟通妥善地处理与邻里的关系。

一、亲切问候,拉近距离

与邻里间良好人际关系的建立可以从一句亲切的问候开始。碰到邻居后,主动与邻居寒暄几句,不仅给邻居良好的第一印象,还可以向对方传达自己友好的信息。每次与邻居见面时的问候,一个善意的微笑,一句亲切的"您好",可为你与邻居之间搭建一座友谊的桥梁,拉近彼此的距离。

二、寻找话题,促进交流

沟通是人际交往的桥梁,邻里之间的沟通交流可以有效拉近彼此的距离,增进相互的感情。社会中邻里之间交流最大的困难在于不了解对方,缺乏彼此交谈的共同话题,致使邻里之间即便见面也是相对无言。要想打破这种无话可说的尴尬局面,就要善于主动寻找话题。有了合适的话题,就能使谈话融洽自如。因此,在平日里,要留心观察,寻找你与邻居的共同点,比如你们家里都有宝宝,那么育儿经验就可以成为你们的共同话题,交流便可由此展开。

三、平等尊重,和睦相处

邻里之间的相处必须遵循平等与尊重的原则,不论你是何种职业,何种身份,既然大家在同一个社区里,大家都是平等的,应该互相尊重,和睦相处。邻里之间交谈时,不要随意打断对方的谈话;不要好为人师,随意对他人进行评判、指责;还要注意与邻居沟通的禁忌,不要口无遮拦以致伤害到对方;要懂得尊重别人的隐私,相互尊重彼此之间的私人空间,不要随意打探别人的秘密。

四、积极热情,互相帮助

亲邻互助,是中华民族的传统美德。邻里之间,若是有人遇到困难,一定要积极主动地提供帮助。邻居家里产生矛盾,要设法进行沟通,帮助化解纠纷。若邻居身患重病,应及时探视,并帮助解决一些力所能及的问题。若邻居有事,家中小孩无人照看时,也应该积极主动地给予帮助。

五、相互谦让,维护和谐

邻里间长时间共同生活在一个小区里,难免会出现一些矛盾纠纷,例如私占小区绿地、噪声扰民、争抢车位、宠物惹事、乱丢垃圾等现象。面对这样的问题,要懂得忍让,学会换位思考,多从别人的角度出发,坚信宽容别人就是宽容自己,用亲切、平和的语言与之进行友好协商,换取相互的理解,共同维护好社区的和谐稳定。切忌得理不饶人、咄咄逼人的沟通方式。

任务五　了解与媒体的沟通礼仪

在全媒体时代,幼儿园各方面工作均可通过媒体的传播清晰地呈现在公众面前。当前社会媒体对幼儿园的生存发展所产生的影响也越来越大。一方面,当幼儿园的工作做出成绩,并与媒体建立良性互动时,媒体的宣传报道可以帮助幼儿园构建良好的正面形象,产生良好社会效应；另一方面，如果幼儿园工作没有做好，又不懂得如何与媒体打交道，那么有可能媒体的报道就会给幼儿园工作造成困扰。因此，提升幼儿园应对媒体的能力是时代发展的需要，也是幼儿园自身发展的需要。作为幼儿园教师，我们需要用正确的态度看待媒体，学习和了解与媒体相关的沟通技巧，处理好与社会媒体的关系，以便更好地开展幼教工作。

一、在与媒体日常交往中的沟通礼仪

（一）注重形象礼仪

幼儿园教师面对媒体时，务必做到仪表大方，举止得体。发型自然，服饰整洁大方，搭配合理，不穿着奇装异服。在着装上女教师应显得庄重高雅，男教师应显得干练大方。坐姿和站姿要自然，不能有跷二郎腿、摇头晃脑、挤眉弄眼等小动作。幼儿园教师大方得体的礼仪形象能给媒体留下具有专业精神的印象，进而促进幼儿园良好形象的树立。

（二）注重语言规范

教师在面对媒体采访时，要注意语言表达的规范性，说话吐字清晰、语速均匀适中，表情要具有亲和力；使用标准的普通话，保证信息传达的准确性。规范的语言表达，既是幼儿园教师良好专业素养的体现，也能够展现幼儿园良好的品牌形象。

（三）注重对情绪的控制

在与媒体交往中，要理解媒体人的职业需要，学会控制自己的情绪。即使面对媒体具有攻击性的发问时，也要保持冷静，不要口无遮拦，说出带有偏激性的话语，要懂得有技巧地表达自己内心的不满，避免产生负面影响。

（四）注重适度原则

与媒体交流一定要懂得把握好适度原则。对于一些还没有弄清楚事实真相或者是职责范围以外的敏感话题，只能描述性地介绍你所掌握的客观情况，不要随意评价或者妄加揣测。对于涉及幼儿或家长的问题一定要注意保护隐私。教师可以通过恰当的沟通方式主动向媒体提出要求，只提供新闻的基础性要素，满足媒体报道的需要，而涉及幼儿及家长或者幼儿园的隐私性信息，比如家长的真实姓名、与事件有直接关系的个人隐私、媒体拍摄的图像等，则要媒体通过技术处理不直接披露，保护好幼儿及家长的隐私，维护好幼儿园的公众形象。

二、在危机事件中与媒体的沟通礼仪

（一）端正认识，热情接待

近年来，幼儿园危机事件频发，媒体对有关事件的报道在社会上引起轩然大波，给某些幼儿园教师带来了巨大的舆论压力与误解，但并不能因为这些负面影响就对媒体产生拒绝、排斥的态度。幼儿园教师要端正对媒体的态度，要认识到媒体在幼教行业发展中的积极作用，建立与媒体的良性互动，积极配合媒体的采访，为媒体提供过程性和连续性的信息，充分发挥媒体在信息传达、价值整合以及舆论引导方面的积极功能。当面对媒体采访时，无论是正面报道，还是危机事件的报道，幼儿园都应该热情、礼貌接待，决不能推脱、怠慢，这是幼儿园教师，尤其是园领导应该具备的基本素养。尤其是在突发事件中，面对媒体的询问时，幼儿园教师在了解事件完整信息的基础上，应以主人翁的姿态自信沉稳地回应媒体，解释争议,保证信息的真实,避免谣言的产生。

(二)坦诚面对,灵活沟通

幼儿园发生危机事件后,教师与媒体沟通的目的是要帮助公众了解事实的真相,避免无端的猜测,引发社会的恐慌。但当危机事件是由幼儿园本身引起时,幼儿园应该坦诚地面对媒体,向公众认错并做出诚恳的道歉,以认真负责的态度向外界说清楚事实真相,并做出担当后果的承诺,以便取得公众的信任和谅解。教师在与媒体沟通时,语言表达要精练、准确,使媒体能够迅速准确地获取事件的相关信息,尽力避免模糊性表达,以免媒体因领会不足,而出现报道失实的严重后果。如果有一些特殊事项是不能对外宣布或暂时不能公开的,那么就必须懂得"真话"不讲完的沟通策略,面对记者的追问,要懂得礼貌性拒绝,这样既守住了信息发布的底线,也给媒体留下了良好的印象。

三、面对媒体报道失实时的沟通礼仪

(一)冷静分析

当幼儿园发现新闻媒体对自身的报道出现失实时,要冷静对待,理性分析。从情感的角度上,公众在不明就里的情况下,习惯将法律的天平倒向媒体一边。如果错误信息不足以引起公众的注意,或只是一个很快会被忘记的微弱反应,那么可以持忍让的态度,不做任何回应;当媒体的错误足以引起纠纷或者形成不利于自身的舆论时,则应当以职业化的、不对抗的方式与相关媒体联系,让媒体知悉。

(二)理性沟通

面对失实且对幼儿园的形象具有消极影响的报道时,幼儿园要保持理性,不要与媒体发生正面冲突,尽量通过专业化、职业化的渠道,尽快寻找各种有力的支撑证据,递交给媒体,证实其报道是失实的。在事实面前,让媒体认识自己的错误,要求媒体对失实报道进行处理,以挽回幼儿园的形象。

(三)寻找正确的解决途径

对于情况特别严重而与媒体又沟通无果时,幼儿园应立即与当地网警或向媒体主管机构投诉举报,通过正确的途径来促进问题的解决。有条件的幼儿园则可以向媒体负责人表达希望更正的意愿,并给记者和编辑提供新的稿件以挽回不良影响。需要注意的是新的稿件不要刻意驳斥前一篇错误的报道,多提供正面的事实和证据,因为你的目标是传递给公众正确的信息,而不是和记者争执错误的问题。

📖 经典故事

请向国徽敬礼

第一次世界大战中,美国一名黑人少校军官和一名白人士兵在路上相遇,士兵见对方是黑人,就没有敬礼。当他掠身而过,忽然听到背后一个低沉而坚定的声音:"请等一下。"黑人军官对他说:"士兵,你刚才拒绝向我敬礼,我并不介意。但你必须明白,我是美国总统任命的陆军少校,这顶军帽上的国徽代表着美国的光荣和伟大。你可以看低我,但必须尊敬它。现在我把帽子摘下来,请你向国徽敬礼。"士兵最终向军官行了礼。这位黑人就是后来成为美国历史上第一位黑人将军的本杰明·戴维斯。

（根据网络资料整理）

案例分析

"难不倒"的服务

香港丽晶酒店的礼宾服务在全香港五星级豪华酒店中是数一数二的。丽晶礼宾部的主管考夫特先生说：如何关心客人，如何使客人满意和高兴是酒店服务最重要的事情。考夫特先生在1980年丽晶开业时就从事礼宾工作。多年来，每个到过丽晶，每个接受过考夫特先生服务的客人无不为他提供的"难不倒"服务所折服。

一次，客人在午夜提出要做头发，考夫特先生和值班的几位酒店员工迅速分头忙着联系美容师，准备汽车，15 min内就把美容师接到酒店，引入客人房内，客人感动地说这是奇迹。

又有一次，一对美国夫妻想到中国内地旅游，他们在动身的前一天才提出来。考夫特先生立即派一名工作人员直奔深圳，顺利地办完手续。他说："时间这么紧，只有这个办法，因此，再累再苦也得去。"

有人问考夫特先生，如果有人要某种法国产香槟酒，而酒店中没有怎么办？考夫特先生说："毫无疑问，我要找遍全香港。实在满足不了客人，我会记下香槟酒的名称及年份，发传真去法国订购，并向客人保证，他下次再来丽晶时，一定能喝上这种香槟酒。"

【分析】

当然，不是所有人都能像考夫特先生那样，也许我们的酒店也不具备这种条件。但是，这种全心全意为客人服务的精神和意识，是我们每个优秀员工都必须具备的。

例如，某酒店前台迎送服务礼仪规定：客人乘坐的车辆到达酒店时，店员要主动为客人开启车门，用手挡住车辆门框上沿，以免客人下车时碰到头部，并主动向客人打招呼问好。如果遇到老年客人，下车时还需要搀扶一下。携扶老人，酒店没有明文规定，但对于一心一意为客人服务的员工来说，这是应该想到的，应该做到的，这就是酒店礼仪的灵活运用，真情服务，也就是个性化服务。这些类似的服务可以增加客人的满意度，而客人的满意度会带来"客人的忠诚"，"客人的忠诚"必定会带来企业的获利和成长。

（来自百度文库，有整理）

项目测评

自测项目	分值	评分标准	自评分	小组评分	实得分
与幼儿的沟通礼仪	20	1. 掌握与幼儿沟通的要求 2. 能在一日活动中各环节实现与幼儿的有效沟通 3. 能恰当运用不同的沟通形式与幼儿实现良好沟通			

续表

自测项目	分值	评分标准	自评分	小组评分	实得分
与幼儿家长沟通礼仪	20	1. 掌握与家长沟通的一般要求 2. 熟悉不同沟通途径中的沟通礼仪和技巧 3. 能就案例中的某一问题实现与家长的有效沟通			
与同事沟通礼仪	20	1. 掌握与同事沟通的一般要求 2. 能够在不同场合实现与同事的有效沟通 3. 设计问题情境,并根据问题设计与同事进行有效沟通的语言			
与友邻沟通礼仪	20	1. 掌握与友邻沟通的一般要求 2. 设计问题情境,并根据问题设计与友邻进行有效沟通的语言			
与媒体的沟通礼仪	20	1. 掌握与媒体沟通的一般要求 2. 能够在不同场合实现与媒体的有效沟通 3. 设计问题情境,并根据问题设计与媒体进行有效沟通的语言			

项目八　幼儿园教师教育教学礼仪

学习目标

知识目标：了解幼儿园一日活动各环节礼仪知识及幼儿教育相关理论。

能力目标：掌握在幼儿园保教活动中的礼仪要求。

素养目标：培养学为人师、行为世范的意识。

礼仪是人类文明的基本要求，也是个体道德素质的外在体现。"少成若天性，习惯成自然。"幼儿期又是个人一生发展的基础关键期，文明礼仪的培养及习惯的养成对儿童的终身发展都有着非常重要的意义。幼儿园教师是对孩子一生成长产生巨大影响的人，他们的个人修养、言行举止和待人接物礼仪都会对孩子起到潜移默化的作用。所以，幼儿园教师应当言传身教、为人师表，加强自己在幼儿园一日生活中的礼仪规范，为幼儿树立良好榜样。

任务一　了解幼儿园一日活动礼仪规范

幼儿园一日生活对幼儿的学习和发展很重要，各个环节都蕴含着丰富的教育价值。苏联教育家马卡连柯曾说过："不要以为只有你们在同儿童谈话、教训他、命令他时才是教育，他们生活的每时每刻，甚至连你们不在场的时候，也是在教育儿童……"幼儿园教师应当抓住一日生活中的一系列教育契机，以高水平的内在素养和礼仪规范影响、教育幼儿，将礼仪行为养成渗透到幼儿的一日生活中，寓礼仪教育于生活活动中。

一、幼儿园晨间接待礼仪

"一日之计在于晨"。入园环节是幼儿在园一日生活的开始，幼儿园教师应充分利用入园环节，为幼儿营造温馨舒适、丰富有趣的入园环境，开启幼儿美好的一天。

教师应准时到达晨接场地（大门口或教室门口），着装整洁得体，面带微笑，精神饱满。用幼儿熟悉或喜欢的手势、亲切的语言或动作与幼儿互相问好，再对幼儿进行晨检，并引导幼儿主动、有礼貌地向其他老师问好，与家长道别（图8－1－1）。

图 8－1－1

知识链接

问候方式大小有别

小班：教师可以多使用肢体语言与幼儿问候，如抱一抱、亲一亲，摸摸头等；还可以叫幼儿的小名，引导他们说一说自己感兴趣的话题。

中班：教师可以蹲下来与幼儿拉拉手，交流几句话，如"你的牙齿好白啊，一定刷牙很认真。""某某小朋友，你今天梳的辫子真好看。"等，对幼儿进行赞美与鼓励。

大班：教师可以朋友的身份出现，与幼儿击掌或拍拍肩，给他们一个甜甜的微笑和亲切的问候。

主班老师接待幼儿入班，同时检查幼儿穿戴及随身携带的物品，如发现危险物品，用游戏的口吻引导幼儿将物品交给老师代为保管。教师与每位家长礼貌交接，及时了解幼儿情况，确保每名来园幼儿都得到及时关注，避免幼儿独自入园。面对情绪不高的幼儿要及时疏导，必要时与家长友好沟通后，可采用"抱一抱、哄一哄、说一说"等方式开导幼儿。

同时为了培养幼儿的自我礼仪服务意识，可以让中大班幼儿在晨间入园过程中独立完成入园插卡考勤，主动与教师问好，自己换鞋并摆放整齐，自己洗手、喝水、如厕等，还能为他人服务或协助老师承担值日工作等。

二、幼儿园盥洗礼仪

幼儿园的日常盥洗活动主要包括洗脸、洗手、漱口、梳头等。盥洗活动是幼儿在园一日生活中多次出现的环节，所以教师应该采取多种方法，有意识地去引导培养幼儿的盥洗礼仪、盥洗方法，形成良好的生活习惯。

（一）日常盥洗常规礼仪

首先，给幼儿创设安全、卫生、干净的盥洗环境，提供充足的盥洗用具。

其次，在盥洗室要关注幼儿盥洗过程。餐前、便后及户外活动后，分批或根据活动需要灵活组织幼儿轮流、有序、正确地洗手，并允许幼儿在手脏的时候，及时就近自行洗手。教师可和幼儿一起洗手，同时领诵相关儿歌、童谣，让幼儿感受到洗手的快乐（图8-1-2）。

再次，餐后要引导幼儿用正确的方法漱口，午睡起床后组织幼儿洗脸，给长发的女孩梳头。耐心协助暂时只能部分生活自理的幼儿顺利完成盥洗。及时检查幼儿衣服是否弄湿。提醒幼儿洗手后及时关水，培养节约用水的意识。

最后，要通过多种活动建立良好的盥洗常规，逐步引导幼儿了解洗手、漱口等活动与身体健康的关系，从而培养幼儿关注身体健康的意识，养成良好的生活卫生习惯。

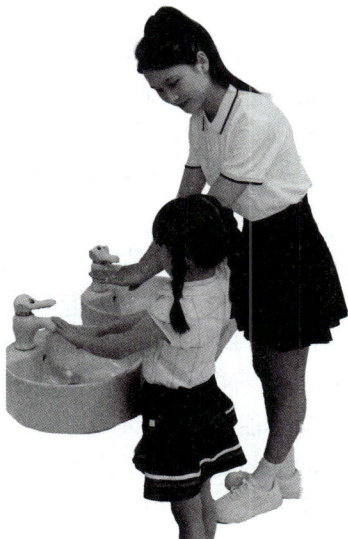

图8-1-2

（二）洗手、漱口步骤

1. 洗手的步骤

第一步，挽起衣袖，以免弄湿。

第二步，打开水龙头，用水湿润双手；关闭水龙头，涂抹洗手液或肥皂。

第三步，认真搓手心、手背、手指、手腕，并搓出泡沫。

第四步，轻轻打开水龙头，用水冲干净手上的泡沫。

第五步，关上水龙头，在水盆里甩一甩手，尽量不要把水滴甩到地面上。

第六步，在毛巾架上找到自己的毛巾，把手擦干净。

第七步，放下袖子，整理好衣服。

2. 饭后漱口的步骤

第一步，取出自己的漱口杯，到饮水机接半杯水。

第二步，端漱口杯到水池处，注意不要将水洒出。

第三步，喝水并含在嘴里"咕噜咕噜"，然后吐在水池内；上述动作再重复一次。

第四步，倒掉多余的水，放回漱口杯。

第五步，取擦嘴的小毛巾，擦干嘴巴。

？ 知识链接

两个好朋友，手碰手，你背背我，我背背你。来了一只小螃蟹，小螃蟹，举起两只大钳子，大钳子。我跟螃蟹点点头，点点头，螃蟹跟我握握手，握握手。

樊颖.动漫界·幼教365（小班），2020，08.

三、幼儿园如厕礼仪

如厕是幼儿在园生活的重要组成部分。幼儿从家庭来到一个陌生环境，心里很可能会产生一定压力，加上如厕方式及如厕器具的变化，对大多数幼儿来说，在幼儿园如厕变成一项挑战。教师应该为幼儿营造轻松愉快的如厕环境，让幼儿身心得到和谐发展。

（一）日常如厕常规礼仪

如厕是幼儿在园一日中多次出现的生活环节，教师应创设轻松、安全、干净的如厕环境，培养幼儿文明如厕的习惯。

入园初期，要注意观察幼儿是否掌握了如厕的正确方法，查看幼儿是否会自己擦屁股、整理衣服、洗手等。适时提醒并鼓励幼儿有需要时及时大小便，让幼儿懂得在园如厕是一件很正常的事情，不紧张、不拒绝。

对于能力较弱、不能独立如厕的幼儿，要多多关注并给予一定的帮助，必要时可以手把手地教幼儿如何穿脱裤子，鼓励幼儿在遇到困难的时候及时表达出来，寻求帮助。可在厕间适宜的位置贴上小脚印图片，帮助幼儿调整如厕的位置。多关注幼儿如厕情况，并及时与家长沟通，取得共识。

恰当组织、保障盥洗室里的良好秩序，并注意安全。如果是在教室内的卫生间，教师的站位须确保全体幼儿都在视线范围内,照顾幼儿有序如厕的同时,也能关注其他幼儿的动态;如在单独的卫生间,两位教师要合理分工,一人在教室内关照剩余幼儿,一人在卫生间内组织好幼儿如厕秩序。

正确合理地使用便纸。便纸要大小适宜,方便幼儿取用。要告诉幼儿每次撕两节纸巾、对折、擦拭,然后再撕两节擦拭。从小班开始教会幼儿合理取纸,用多种方式鼓励幼儿养成节约用纸的习惯。

教师允许幼儿在学习和游戏过程中根据自己的需要及时就近如厕,培养不随地大小便的习惯。教师应及时记录并反馈幼儿在园如厕情况,要求家长协助老师做好幼儿如厕教育。

（二）重点关注的如厕礼仪

1. 重视性别礼仪教育,尊重幼儿隐私

在幼儿园常常会发生这样的情况,即幼儿喜欢窥视异性的如厕方式,尤其小班幼儿居多。教师应在课程内容中注重幼儿性别礼仪教育,培养幼儿保护身体隐私部位的安全意识。使幼儿了解男孩女孩性别特征的不同,如厕方式男女有别,打消幼儿对异性如厕的好奇心,进而开展性别隐私教育,如要按照男女分别如厕,他人如厕的时候不窥视,尊重他人隐私等。

2. 礼貌对待便在身上的幼儿

小班幼儿在园常常有尿床或尿裤子的现象出现,如果遇到这种情况,又遭人笑话,会使他们感到难为情。再加上教师的训斥和埋怨,会更让幼儿产生自卑的心理,所以我们需要对这样的孩子给予更多的关爱。

首先,面对这种情况,教师要及时安抚幼儿,缓解幼儿的紧张情绪,不要过分声张;其次,协助幼儿及时处理,尊重幼儿的自尊,将幼儿带入寝室内更换衣裤,禁止当着全班幼儿的面更换;最后,了解原因,并在平时有针对性地给予指导和帮助。比如针对容易尿床的幼儿,鼓励他们醒来立刻如厕,在午睡前或午睡中提醒其排便。

四、幼儿园午睡礼仪

《3—6岁儿童学习与发展指南》强调"让幼儿保持有规律的生活,养成良好的作息习惯(如早睡早起、每天午睡等)"。幼儿园的午睡活动是幼儿一日活动的中间环节。根据幼儿的生理特点,在结束上午的半日活动之后,幼儿可以在午睡环节放松身心、恢复精力。幼儿园安排午睡是非常必要的,对于幼儿的身心发展有着重要作用。从幼儿的角度来讲,独立入睡及穿脱衣物,是培养幼儿手眼协调能力、精细动作的重要契机,更是培养其良好的生活自理能力和自我服务能力的重要途径,所以教师应重视对幼儿午睡礼仪的培养。

（一）睡前礼仪

1. 合理安排睡前活动,创设良好睡眠环境

伴随午饭后的散步、看书等,可放舒缓、安静的音乐,安定幼儿情绪,同时注意通风、温度及光线的明暗,并提醒幼儿睡前如厕。

2. 设立一套幼儿午睡礼仪规范

睡前引导幼儿自觉脱外衣、外裤、鞋袜,并按顺序摆放整齐,静悄悄地进入睡眠室,然后整理床铺,摆放好枕头,把被子完全打开,最后躺下盖好被子。

3. 做好睡前的安全检查

仔细检查幼儿是否将扣子、硬币、小石子、小棒、别针等物品带在身上或带到床上,避免午睡时误伤。

(二)午睡和睡后礼仪

第一,午睡期间,教师可与幼儿亲密接触,稳定幼儿情绪,帮助幼儿尽快入睡,或用温柔的语言和手势暗示幼儿。对个别入睡困难的幼儿,可运用拍拍肩、摸摸头等情感沟通动作,使幼儿自然地安静下来,尽快入睡。

第二,幼儿午睡期间,教师要认真巡查幼儿午睡情况,关注幼儿身体状态,确保午睡的秩序与安全。

第三,睡后教师用多种方式温柔唤醒幼儿,起床后按顺序穿衣,整理床铺(图8-1-3)。

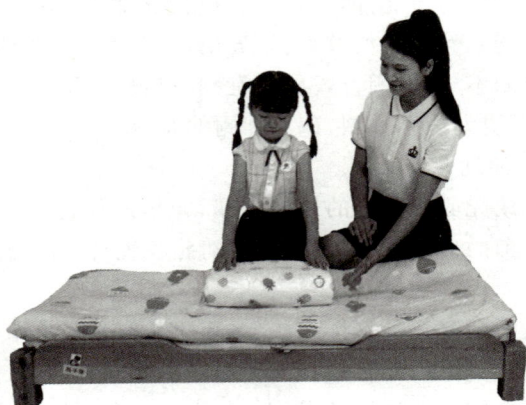

图 8-1-3

知识链接

儿 歌 三 首

穿衣歌	穿鞋歌	叠衣歌
抓领子,	小脚丫,	关好门,
盖房子,	伸进鞋,	抱抱臂,
小老鼠,	小小手,	低低头,
出洞子,	用力拔,	弯弯腰,
吱扭吱扭上房子。	小鞋子,	衣服叠好了。
	穿穿好,	
	走路不摔跤。	

(根据网络资料整理)

五、幼儿园整理礼仪

《3—6岁儿童学习与发展指南》对幼儿"具有基本的生活自理能力"的要求包括整理自己的仪容仪表,整理个人的物品及整理环境。整理活动是培养幼儿自理能力和为集体服务意识的重要环节,可以为幼儿适应未来社会生活奠定良好的心理基础和生活基础。

(一)日常整理常规礼仪

幼儿园教师在日常活动中创设整洁有序的环境,让幼儿体验到安全感、舒适感和秩序感。在日常整理环节中,可播放舒缓音乐作为提示信号,营造愉快且舒适的整理氛围。用亲切的口吻、做游戏的方式鼓励幼儿参与到整理班级玩具、材料、桌椅等活动中。

教师在幼儿进行整理的过程中,可根据个体差异设置整理目标和要求,适时为有需要的幼儿提供帮助。运用小口诀、儿歌、动作示范等直观形象有趣的方式,指导小班幼儿完成擦脸、梳理头发、整理衣服、鞋袜等仪表整理活动,并鼓励中大班幼儿自理或互助。

(二)主要环节整理礼仪

1. 幼儿仪容的整理

幼儿仪容的整理,包括幼儿对自身衣着鞋袜等的整理,也就是幼儿基本的自我生活整理。

(1)穿脱袜子。帮助幼儿分清袜子的袜面和袜底,注意防止幼儿把袜子脱下后里面朝外。穿好后检查袜子的反正,整理舒适。对于动作较慢的幼儿,可协助他们多加练习。

(2)穿脱上衣。如穿套头衣服,重点帮助幼儿分清衣服的前后。穿对襟衬衣或外套时,要学会拉起拉链或扣好纽扣,纽扣从最下面一个扣子向上扣,注意对齐扣眼儿。穿好后将衣服下摆整理平整。

脱套头衣服,难点在于要把衣服拉过肩膀的位置。要帮助幼儿找到正确方法,也可以鼓励幼儿互相帮忙,在后面协助拉一下,把衣服顺利脱下来。脱衬衣或外套时只需解开拉链或扣子,脱下后要把衣服抖一下,使衣服恢复平整。建议教师为幼儿准备一个专门挂放外套的空间,避免衣柜拥挤凌乱。

(3)穿脱裤子。幼儿在提裤子时,不容易将裤子拉到位,经常是斜吊着或者歪扭着。注意指导幼儿穿好裤子后检查是否平整,保持衣着整齐。脱裤子时要先将裤腰脱到屁股以下,再坐到小凳子上,把裤腿脱下来,注意不要站着单腿脱裤腿,以防摔倒。

2. 幼儿对个人物品的整理

(1)对书包的整理。可以让家长为幼儿准备两个袋子,一个用来装干净的衣服,放入幼儿的用品柜,另一个用来装替换下来的脏衣服。幼儿要学会把替换下来的脏衣服装进袋子里,而不是随便塞进书包里。书包里可以装自己的水壶或文具。

(2)对个人其他物品的整理。教师应为幼儿准备临时存放物品的筐子或柜子并做好标记,使幼儿熟知,能够把自己的物品分类并整齐地放入,以便妥善地保存。教师可以在相应的位置预先做好标记,协助幼儿将物品分类放置。

3. 对环境的整理

(1)对户外活动器材的整理。幼儿园里所有的户外活动器械都应该有固定存放的位置,而且摆放的高度和方式,要适宜幼儿自己取放。同时在每个存放点制作明显的标识,使幼儿能够清楚各种器材所在的位置,以及具体的摆放方式,这样便于幼儿自行取放和整理。户外活动结束后,幼儿要把自己使用过的器材分类放回指定区域。如果有需要较长时间整理的,可以由小组值日生和老师共同来完成。

(2)对区域材料的整理。区域活动材料的摆放,应该整齐有序,并且便于幼儿独立取放。区域中小组合作活动或个人游戏活动结束后,幼儿要和同伴共同整理用过的区域材料,将所用的材料整理复原。把废余材料放进垃圾桶或指定的容器内,把自己的物品记录单写好姓名或做好标记,放到指定的位置。

对于整理过程比较复杂的区域和材料,可以提醒幼儿提前开始整理,以便有充足的整理时间,可以为幼儿提供必要的整理工具,比如抹布、小扫把、小簸箕等,以便幼儿有效地参与到整理活动中。

六、幼儿离园送别礼仪

离园是幼儿在园活动的最后一个环节,也是调整幼儿情绪、缓解焦虑,开展良性家园沟通、实施有效互动的契机。

离园前,教师组织幼儿等待家长的到来,目光关注全体幼儿,轻声维持离园秩序。站在幼儿园班级门口,确认家长身份,与家长做好交接。教师热情接待家长,主动招呼家长,真诚的目光交流可以赢得家长的信任与好感,养成与每一位家长进行礼貌而简短交流的习惯。

幼儿离开时,热情而用心地与每位幼儿道别,摸摸幼儿的手和头,给幼儿一个拥抱,说上一句简单的悄悄话,或者提醒幼儿跟老师及同伴告别,然后挥手跟幼儿及家长告别(图8-1-4)。所有这些看似简单而细小的举动,都可以把教师的关爱充分地传递给每个幼儿,同时也会在家长的心中延伸。

图 8-1-4

提醒有家长来接的幼儿,将玩过的玩具和材料放回原位,带齐个人所有物品,引导幼儿以自己的方式与教师道别。与此同时教师也要主动与幼儿家长道别,待大部分幼儿离园后,接待个别有沟通需要的家长,待全体幼儿离园后再次整理班级环境。

经典故事

丰子恺教子

　　丰子恺,浙江桐乡人,著名现代画家、文学家、教育家。早年从事美术和音乐教学,五四运动以后,从事漫画创作。丰子恺在平时生活中,经常教育孩子们对人要有礼貌。

　　丰子恺是名人,家里常有客人来访。每逢家里有客人的时候,他总是耐心地对孩子们说:"客人来了,要热情招待,主动给客人倒茶、添饭,而且一定要双手捧上。如果用一只手给客人端茶、送饭,就好像是皇上给臣子赏赐,或是像对乞丐布施,又好像是父母给小孩子喝水、吃饭。这是非常不恭敬的。"他还说:"要是客人送你们什么礼物,可以收下,但你们接的时候,要躬身双手去接。躬身,表示谢意;双手,表示敬意。"这些教导,都深深地印在孩子们的心里。

　　有一次,他在菜馆里宴请朋友,把几个十多岁的孩子也带去作陪。孩子们吃饭时,还算有礼貌、守规矩。当孩子们吃完饭,他们之中就有人嘟囔着想先回家。丰子恺听到了,也不敢大声制止,就悄悄地告诉他们不能急着回家。事后,丰子恺对孩子们说:"我们家请客,我们全家人都是主人,你们几个小孩子也是主人。主人比客人先走,那是对客人不尊敬,就好像嫌人家客人吃得多,这很不礼貌。"

　　丰子恺的儿子丰陈宝,小时候很守规矩,但怕见生人,在客人面前,常常显得不大懂礼貌。他觉得,小陈宝之所以这样,恐怕是因为他平时很少接触生人,缺乏见识和锻炼。于是,他就利用一些外出的机会,带着小陈宝出去见见世面。一次,丰子恺到上海为开明书店做编辑工作,把小陈宝也带去了,一方面是想让陈宝打下手;另一方面,也考虑给他接触生人的机会。有一次,来了一位陈宝不认识的客人,客人跟丰子恺说完话,起身告辞时看到了小陈宝,并热情地打招呼。小陈宝一下子愣住了,不知道如何是好,傻呆呆地站在那里。丰子恺送走了客人,他责备小陈宝说:"刚才,那位叔叔跟你打招呼告别,你怎么不理睬?客人向你问好,你也要向客人问好;客人跟你说再见,你也要说再见,以后要记住。"

　　在他的教导下,孩子们个个都是懂规矩、讲礼貌,长大后有出息的人。

(根据网络资料整理)

任务二　掌握幼儿园教师保育礼仪

　　幼儿园是孩子们的乐园,每个角落里都闪现着他们的微笑、好奇、智慧与爱心。这里有宽敞明亮的活动室、温馨舒适的起居室、小巧可爱的盥洗室,还有丰富多彩的玩教具。这就是孩子们的另一个温暖小家庭,这个家里的"家长"就是教师和保育员,他们共同担负着教育幼儿的职责。幼儿在园内和保育员朝夕相处,保育员除了关注幼儿的饮食、卫生、身体状况外,还要关注幼儿的心理健康发展,配合主班教师开展教学活动等。保教并重是幼儿园教育的基本原则,保育员的工作不仅仅是"保",更重要的还有"育"。在日常活动中,要用自己的一言一行去影响幼儿,将"保"和"育"同时做好,这才真正是保育员的职责所在。

一、保育教师基本卫生操作礼仪

保育教师主要负责幼儿的饮食起居，从幼儿成长的规律和特点来看，保育教师所做的各项工作均围绕班级幼儿的健康成长开展。所以，保育教师最重要的礼仪规范，就是卫生操作礼仪规范。保育教师必须严格遵守"幼儿一日生活制度常规"及"保教人员工作程序要求"。

（一）个人卫生礼仪

保育教师的个人卫生，将直接影响幼儿的身体健康，并对幼儿良好卫生习惯的养成具有示范意义。所以，保育教师首先应按照幼儿园卫生标准做好个人卫生。做到"四勤"：勤洗澡、勤洗头、勤修面、勤剪指甲。保持头发、身体无异味，面部、头发干净无污物，衣服鞋袜干净整洁，不留长指甲，不染指甲。

保育员个人
卫生礼仪

工作前后要洗手，采用通用"七步洗手法"认真清洗。经常进行手部护理，保证不开裂，不脱皮。定期参加卫生培训，宣传卫生知识，掌握卫生操作方法按时进行健康检查，防止带病上岗。

（二）基础卫生操作礼仪

1. 卫生清洁

每天早上提前来园，打开门窗，流通空气；准备好饮用水及餐具水杯；发现有苍蝇或其他昆虫的出现，应立即清除。保证地面干净完好，无垃圾，无污迹，无积水。拖地时可来回推送墩布擦拭，保证擦地过程中墩布始终不离开地面，这样既快又干净。

关于卫生清洁
工作的礼仪

保持门窗玻璃干净完好，窗台无浮灰，窗帘无破洞，无脏迹；各种提示标志光亮、完好；天花板、墙面无污迹、无积灰、无蜘蛛网、无剥落。

2. 卫生消毒

幼儿园的清洁卫生消毒主要工作包括常用物品清洁消毒、物体表面清洁消毒、空气清洁消毒、手清洁消毒、垃圾及排泄物处理。按卫生消毒阶段划分为日常预防性消毒工作和传染病发生时的疫源地消毒工作和传染病流行期间的消毒工作。

幼儿园的日常擦拭消毒，要求配制 5% 的消毒液，并分别准备好清水毛巾和消毒毛巾，采用"清—消—清"顺序，擦拭消毒要停留 5~10 min，再用清水毛巾擦拭一遍。配制好的消毒水，要在八小时内用完，用消毒水浸泡过的抹布擦拭东西后，应用清水洗干净。注意不能将脏抹布直接放入消毒水中清洗。带有消毒水的便盆、水桶等，在倒掉消毒水后，必须再用清水冲洗干净，以免对幼儿皮肤造成伤害。活动室、睡眠室、盥洗室的墩布要贴上专用标志，及时悬挂通风、晒干。保证随时有一把干燥墩布。

3. 卫生礼仪指导

在幼儿一日活动中，教师要特别注意幼儿"三前三后"的卫生指导与监督工作，即幼儿餐饮前、午睡前、放学前和入园后、如厕后、户外活动后的卫生指导工作。

幼儿园教师要根据孩子的年龄和性格特点，做好幼儿，特别是小班幼儿的洗手指导工作，做孩子的示范榜样。可以指导幼儿一边洗手一边念儿歌，做到干净洗手，节约用水。注意说话的语气，要做到表情亲切、轻声细语，目光有神且充满关爱。幼儿洗完手后要让幼儿及时用毛巾擦拭（一人一巾），秋、冬、春季还应擦手油，防止出现手皴现象。如果个别幼儿在园期间一直未能养成良好的卫生习惯，应该在每天放学时与幼儿家长沟通，提醒幼儿回家学会洗手、勤于洗手，并力求在家长的监督指导下使用正确的方法洗手。

二、就餐服务礼仪

一日三餐是幼儿在园进行营养补给的重要环节。保育老师要注意自身的服务礼仪，保证就餐环节的规范有序，培养幼儿良好的就餐习惯。这些对于促进幼儿的生长发育，培养其生活自理能力，有重要的作用。

第一环节
餐前准备

（一）餐前服务礼仪

1. 消毒餐桌

教师在餐前 20 min 左右，进行餐桌消毒。按照一遍清水，一遍消毒液，一遍清水（清—消—清）的顺序进行擦拭，要求消毒时间为 5~10 min。

2. 盥洗就座

教师在就餐前，指导幼儿整理书包物品，排队洗手；播放轻音乐，让幼儿整齐就座，使其逐渐安静下来；或播放故事，让幼儿安静听讲。

3. 发放餐具

小班要指导幼儿正确使用餐具，中大班可安排幼儿值日，帮助保育教师发放餐具。

（二）就餐服务礼仪

取餐前要带好围裙、口罩，用肥皂及流动水洗手。饭菜要求冬季保温，夏季降温，用盖布盖好防尘。

分餐时要求动作快、量均。根据幼儿年龄按照"少盛多添"原则分餐，可先给进餐慢的幼儿和体弱的幼儿盛饭，让他们先吃，再给其他幼儿盛饭，随后根据幼儿个体差异进行餐量调整（图 8-2-1）。

第二环节
分发饭菜

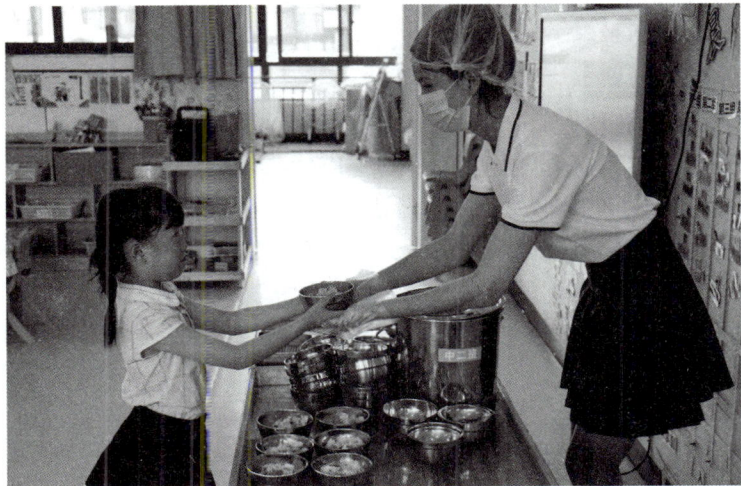

图 8-2-1

幼儿进餐过程中,要巡回观察,密切关注幼儿进餐状况。提示幼儿养成正确的坐姿,正确使用餐具,教育幼儿不挑食、不撒饭菜、不剩饭菜,保持桌面、衣服、地面的清洁。

观察幼儿餐巾的摆放及使用情况。指导幼儿在打喷嚏、咳嗽时,应背向餐桌,用手或餐巾捂住口鼻;用餐后,正确使用餐巾擦嘴,先将餐巾展开从嘴角两边向中间擦,然后将餐巾对折,再擦一次。如果脸上、手上有饭粒或其他东西,还要用干净的餐巾擦拭脸和手,然后把用过的餐巾放入托盘或指定地方。

第三环节
指导用餐

(三)餐后服务礼仪

1. 收拾餐具

让幼儿将用过的饭碗、勺等餐具分类轻放到指定的地方,并告知老师"我吃好了,谢谢您!"通过以上方法,培养幼儿文明的用餐卫生习惯。

2. 清理卫生

饭后协助主班老师指导幼儿漱口。及时清理餐具、餐桌、清洁地面并进行卫生消毒,注意必须等幼儿全部吃完后才能打扫卫生。

第四环节
餐后服务

3. 观察幼儿餐后行为,及时纠正幼儿的不良行为

比如,幼儿饭后不能剧烈运动,不能马上就寝,教师可以让幼儿在指定的安全范围内自选游戏玩具或散步。

三、午睡服务礼仪

幼儿每天的睡眠时段包括午睡和夜间睡眠。3—6岁幼儿每天睡眠时间应保证 $11 \sim 13 \, h$,其中午睡 $2 \sim 3 \, h$。幼儿身体正处在发育之中,培养良好的睡眠习惯有利于幼儿的身体发育。从早晨至中午,幼儿参加各种集体教育活动和游戏活动,身体会很疲劳,午睡尤为重要。从医学保健角度来看,幼儿睡眠时,身体各部位和脑及神经系统都在进行调节,耗氧耗能减少,利于消除疲劳,而且睡眠时内分泌系统释放的生长激素会比平时增加 3 倍,所以睡眠的好坏直接影响着幼儿的生长发育。根据幼儿的生理特点,幼儿园一日生活中安排 $1.5 \sim 2 \, h$ 的午睡时间是非常有必要的。

(一)午睡前的准备礼仪

做好幼儿睡前卧室准备工作,准备好睡眠所用的床铺和被褥,小班的被子要打开并掀成90°,方便幼儿脱外衣之后立刻钻进被窝,避免着凉。秋冬季铺床后要关窗,夏季开窗通风,拉上窗帘。室温要适宜,光线要暗一些,空气要清新。午餐后组织幼儿散步或安静进行区域自主游戏,然后组织幼儿按平时的如厕要求,依次如厕、洗手。指导幼儿按顺序脱掉衣服、袜子,叠放整齐,进入睡眠室时要安静,不带玩具上床。

第一环节睡前
的准备

(二)指导幼儿午睡礼仪

1. 合理安排午睡床位

根据平时对幼儿的观察,要合理安排午睡床位。难以入睡或有不良睡眠习惯的幼儿,安排到易于受到老师关注的位置。体质弱的幼儿,可安排在背风处休息,体质好、怕热的幼儿可安排在通风处,但不能吹过堂风。易尿床和活泼好

第二环节指导
幼儿午睡

动爱说话的幼儿,应该睡在保育员的周围,方便照顾;咳嗽、感冒的幼儿,最好能与其他幼儿保持一定距离,防止交叉感染。

2. 有序组织幼儿脱衣入睡

分批组织幼儿按顺序脱衣服,按照上衣—鞋子—裤子—袜子的顺序,并把衣服叠好,放在合适的位置。安静走入睡眠室,找到自己的床位,上床准备入睡。及时提醒幼儿保持正确睡眠姿势,以右侧卧位为好,不蒙头睡觉,不趴着睡。

3. 注意午睡安全检查

负责管理午睡的教师不能离岗,要巡回观察幼儿的睡眠状态,根据室温决定幼儿的盖被量,为蹬被子的幼儿盖被或减被;对于睡姿不稳的幼儿,要注意其是否要排便,对于起床小便的幼儿要注意其上下床及如厕的安全,避免着凉。关注睡在上铺幼儿的安全,防止其跌落摔伤。对未入睡幼儿的行为要注意观察,口内不能含东西,手里不能拿过小的玩具或物品,这些小玩意会使幼儿在情绪上处于兴奋状态而影响睡眠,同时还有可能将其塞入鼻腔或口腔,容易发生意外。

（三）午睡起床礼仪

1. 轻声唤醒

午睡结束时,要轻声唤醒幼儿,最好能以轻音乐提醒幼儿起床,不能高声、大声,或以吵嚷方式唤醒幼儿。

2. 叠被晾晒

幼儿起床离开睡眠室后,教师关门开窗,并将被子打开晾十分钟。同时指导并帮助幼儿按顺序穿好衣服(上衣—裤子—袜子—鞋子),检查幼儿穿着是否正确,鼓励中大班幼儿自己穿衣叠被。叠被时注意检查床上、褥下是否有异物,被子要叠好,宽窄与床一样,摆放整齐有序。如有幼儿睡觉时爱出汗,应注意将枕头、枕巾通风,切忌把枕头放在被子下面,而应将枕头放在被子上面,把枕巾铺平。

第三环节幼
儿午睡起床
服务礼仪

3. 做好午检

午睡起床后要做好午检,摸幼儿额头试温,观察其精神状态,检查其身体情况,根据当日气温适当增减衣服,并主动向幼儿问好:"小朋友,下午好!""你们今天睡得真香!"也要引导幼儿主动向教师问好。提醒幼儿如厕,安排幼儿洗手、洗脸、喝水。发现体温异常的幼儿要及时报告。

总之,为了使幼儿成为具有健全人格的人,我们一定要抓住幼儿习惯养成的关键期,遵循幼儿的成长规律,顺应幼儿的心理特点,遵守保育教师礼仪规范要求,并做到持之以恒,使良好文明礼仪习惯真正变成幼儿的内在需要,促使每个幼儿都能迈好人生第一步。

经典故事

善于用词汇表达

林老师是一家幼儿园副园长。幼儿园与教育局签订合同,承办一个培训项目。为了做好这个项目,幼儿园引进了一个非常有能力的新合伙人。林老师与新合伙人在工作中产生了一些摩擦,有时会因为一些小事情产生争执。一天,因为林老师修改了他的方案,两个人再次产生了争执。林老师随口说道:"不行就散伙吧。"合伙人听了后没有再说什么,但是,从那天起,两个人的矛盾逐渐加深。后来,合伙人对林老师坦白了自己的看法,觉得林老师说出"散伙"两字,他听起来特别刺耳。林老师这才知道,这个合伙人几年前离婚了,所以对"散伙"两字特别敏感。其实,林老师也不是真的想"散伙",而只是随口说出,她也没有想到对合伙人会造成这样大的伤害。

（根据网络资料整理）

任务三　掌握幼儿园教师教育教学活动礼仪

教学是一门艺术,幼儿园的教育教学活动是一种有目的、有计划地对幼儿实施素质教育的综合活动。教师在教学活动中表现出来的良好礼仪规范,既能体现出个人的自信、气质、涵养,也会对幼儿有一种亲和效应,让他们把教师作为可以信赖的朋友,愿意参加教师组织的活动。同时,教育活动礼仪还能对幼儿的道德品质、良好的习惯等方面起到潜移默化的熏陶作用。那么如何将教学活动前的准备做到有条不紊？如何在活动开展时用富有情感的有声语言、得体的仪态语言为幼儿创造良好的学习和生活环境呢？

活动教师
礼仪规范

一、幼儿园教师应该具有良好的心理素质

幼儿教育是基础教育的奠基阶段,幼儿园教师是幼儿身心发展过程中的重要引路人,也是幼儿良好社会性发展的重要促进者。幼儿园教师的心理健康水平,直接或间接地影响幼儿的心理发展和行为表现水平。

教师应该拥有健全的人格。乌申斯基曾经说过:"在教育工作中,一切都应以教师的人格为依据,因为教育的力量只能从人格这种活的源泉中产生出来,任何规章制度,任何人为的机关,无论设想得如何巧妙,都不能代替教育事业中教师人格的作用"。在幼儿教育的过程中,教师的品质和精神面貌,始终影响着幼儿,会一直贯穿幼儿人格萌芽形成和逐步发展的整个过程,是一种"不言之教"。

教师需要较高的内在素质。内在素质支撑教师良好外部形象。要提高内在素质,就需要幼儿园教师一要有高度的事业心和爱心,无论工作顺利还是受挫折,都能矢志不渝地坚守岗位,热爱教育事业和幼儿,有献身于幼教事业的决心;二要加强思想品德修养,加强专业知识和其他知识的学习,培养文化和艺术素养。以上均需要教师的长期坚持,而非一日之功。

二、幼儿园教师教学活动的言谈礼仪

课堂教学在很大程度上依赖于语言,精彩的语言能够吸引幼儿的注意力,提高幼儿的学习兴趣。语言是教师与幼儿交流情感的重要工具,教师无论是在教育教学活动中,还是在其他场合,都要讲究礼仪,做文明交往的使者时刻注意表达语言时的礼仪规范。

（一）幼儿园教师教学的语言要注重沟通交流

语言的魅力有时候并不在于妙语连珠,而在于能否引起对方的共鸣,激起对方交流的欲望,让双方的思想能够实现互动。古人云:"感人心者,莫先乎情,莫始乎言。"说话要避免空洞无物、枯燥无趣。幼儿的年龄特点决定了他们喜欢生动、有趣、活泼的语言。教学活动中加上

丰富的表情和适当的动作,更容易为幼儿所接受和模仿。在教学过程中,要更加注意教师与幼儿的互动,要以幼儿为中心,使用有感染力的、更能贴近幼儿生活的语言,这样才能有效激发幼儿的活动兴趣(图8－3－1)。

图 8－3－1

（二）幼儿园教师的教学语言要规范,用词准确,简明扼要

语言规范,包括语音、词汇和语法等方面,这些都要符合全国通用的普通话规范。全国都在推广普通话,不仅汉字、民族语言文字的书写要标准规范,同时口头语言也要规范,发音要准确,要让别人能听懂。众所周知,在幼儿园主要发展的是幼儿的口语能力。在家庭中,可能由于种种原因造成幼儿普通话不标准,而在幼儿园里幼儿的主要模仿对象是老师,所以近些年来社会上对幼儿园教师的普通话水平也提出了更高要求,要让幼儿在接受教育的起始阶段就能听到标准的普通话语音。

（三）幼儿园教师的教学语言应富有情感,有感染力

幼儿的模仿能力强,幼儿园里教师是幼儿的主要模仿对象,教师的语气语调,都可以有效传递信息。在语音方面,教师要使用规范的普通话发音标准,做到发音清晰,不使用方言,不念错字。教学语言要语速适中,语法规范、内容要生动有趣、语气要柔和、富有情感性,更要发自内心,这样才能够拨动幼儿的心弦,引起其内心世界的共鸣。

教师语言的轻重,语调的升降,语气的强弱变化,都是传递信息的有效手段。同样一句话,运用不同的音量和速度,不同的重音和停顿,不同的语调和语气说出来,都会表达不同的含义,产生不同的效果。幼儿园教师在授课期间的语言应该是活泼轻快、精神饱满、亲切温柔的,力求简洁,不可过分夸张,杜绝训斥、讥讽的语言。因为只有饱含慈爱、关心、朴实动人的语言,才能感染幼儿的情感,真正做到以情动人,拉近师幼间的距离,让幼儿从教师的言语表达中体验到语言的美感。

三、幼儿园教师教学活动的仪态礼仪

世界仪态学大师德惠斯·戴尔曾经说过:"在双方的交流中,有65%以上的信息是通过仪态来表达的。"足见双方交流中仪态的重要性。仪态是一种无声的语言,它比有声的语言更能体现一个人内在素质的高低。教师在课堂上完成教学,并不仅仅依赖于有声语言,有时还要借助仪态这种无声的语言。

教师在课堂上多数是以站姿出现,在幼儿园有时会坐在小凳子上,但是站要挺拔舒展,坐要端正,同时还要注意姿态和手势,整体姿态要协调自然,手势要适度。教师舒展大方的姿态,不仅能给幼儿形体上的美感,而且还会成为幼儿效仿的榜样。教师如果在上课时不注意,弯腰驼背或姿态不雅,就会对幼儿产生不良影响。

在课堂上,教师不仅将知识传递给幼儿,同时也与幼儿进行情感交流。表情在人与人的交流当中占据着相当重要的地位。面对幼儿的时候,教师应该时刻保持微笑,每个孩子都不喜欢面无表情、冷若冰霜的老师。优秀的老师会用自己优美的仪态来影响幼儿。

四、幼儿园教师教学活动的操作礼仪

(一)活动前的教学准备礼仪

幼儿园教师在活动前应该充分了解幼儿已有的知识经验、兴趣爱好,同时要充分研究和分析教材内容。根据活动主题,提前拟定主题明确、适合幼儿年龄特点和发展水平的活动方案。活动方案要将静态的预设活动与动态的生成活动相结合,活动中可根据突发情况,灵活调整预设的教学活动计划,有弹性地开展教学过程。

活动准备时的礼仪

(二)活动中的教学过程礼仪

幼儿园教师在活动开始后,要根据幼儿的学习活动特点,运用多样化的方法,组织活动内容。语言要和蔼可亲,能根据活动内容变换语气、语调及表情,吸引幼儿的注意力。同时要从幼儿的视角、兴趣点等方面礼貌引导幼儿,发现不专心的幼儿要用亲切的目光、亲切的话语、得体的手势及时纠正。充分利用教育活动中的游戏手段及说、弹、唱、跳等专业技能,让幼儿在活动中充分体验学习的乐趣(图8-3-2)。

活动开展时礼仪

图8-3-2

（三）活动后的教学反思礼仪

幼儿园教师在活动完毕后，应该及时反思，及时总结活动中出现的问题，总结幼儿在活动中的不同表现，根据不同性质的活动进行内容的延伸。在集体教学活动中发现了幼儿的兴趣点后，可以进一步帮助幼儿获得相关经验，并激发幼儿进一步探索的欲望，给幼儿充分的时间去探究、发现和享受探索的过程，从而使幼儿在操作中获得乐趣。教师对幼儿的这种尊重，也是教师礼仪的重要体现。教育活动就是要面向全体幼儿，坚持积极鼓励、启发引导的正面教育，促使幼儿主动学习。

教育活动中教师礼仪的侧重点

经典故事

错怪孩子以后

开饭时间到了，李老师很快介绍完今天的午餐，然后就请幼儿先洗手、再排队，最后把饭端到自己的座位上。孩子们一组一组排队上来，轮流拿勺子和端饭碗，老师们也有序地进行着分餐工作。

忙碌中，李老师好像看见姚远小朋友蹲在角落，正打算去看他，可被另外一个孩子叫了过去，然后又处理了一些事情，就把这事给忘了。分餐工作终于忙完了，孩子们都在津津有味地吃着。李老师突然发现姚远走到菜桶边正要往里倒饭菜，便非常生气地阻止了他，并要求他今天一定要吃完，不许浪费。他似乎有些委屈，不过还是回到了座位上。又过了几分钟，李老师去看他，发现他的饭菜纹丝未动，非常生气。刚要责备他，他就哇地一声哭了起来，并大声说道："这个饭是脏的。我不小心洒到地上了。"李老师回想着分饭时他蹲下来的动作，以及倒饭时的那种眼神，似乎明白了，自己错怪了他，便蹲下身，边抱住他边问："为什么不告诉老师呢？对不起呀，老师错怪你了。"

然后，李老师又在全班小朋友面前做了自我批评，承认自己的过错，错怪了姚远小朋友。接着李老师又教育他们："今后如果有人错怪了自己，要大胆而有礼貌地指出来。不要害怕，讲清楚了别人就不会错怪你了。"

（根据网络资料整理）

任务四　了解幼儿礼仪教育

一、明确幼儿礼仪教育的重要性

礼仪是人类社会最起码的道德规范，是一个人的思想境界、学识水平、道德素质、文化修养、交际能力的外在表现。中华民族素有礼仪之邦的美誉。《论语》云："不学礼，无以立。"荀子更有"人无礼则不生，事无礼则不成，国无礼则不宁"的名言。可见，对个人而言，礼仪是衡量一个人综合素质的重要标准；对社会而言，礼仪是判断社会文明水平的重要标志。因此加强礼仪规范是时代的呼唤、社会的要求、人民的期望。

幼儿礼仪教育的意义

学龄前时期是一个人个性品德开始形成的重要时期，这个时期所形成的习惯往往会影响人的一生，成为一个人行为习惯的重要组成部分。《纲要》中指出：要注重儿童的可持续发展，

对幼儿的教育应以情感教育和培养良好的行为习惯为主,注意潜移默化,并贯穿于幼儿生活及各项活动当中。心理学家威廉·詹姆斯说过:"播下一种理念,将会收获一种行为;播下一种行为,将会收获一种习惯;播下一种习惯,将会收获一种性格;播下一种性格,将会收获一种命运。"对于幼儿的培养,更要注重那些着眼于儿童未来发展的,能对幼儿一生产生影响的品质和终身受益的行为习惯的培养。礼仪作为一种交际情感,年龄越小越容易引导,因此抓紧对幼儿进行礼仪养成教育,是培养其良好品德及行为习惯的关键环节。

好品格是一切成功的基础。根据我国品德教育的要求,把幼儿礼仪教育纳入幼儿园思想品德教育当中,既能促进幼儿形成良好的道德修养,又能塑造幼儿良好的性格。礼仪教育是时代的需要,是培养新时代接班人的需要。再过若干年,等到现在的幼儿都走向社会,他们的礼仪习惯,又将直接影响到千家万户,关系到我们的社会风气。所以我们今天对孩子施以文明礼仪教育,明天我们的社会才会更加和谐。著名教育家陶行知先生说过:"六岁以前是人格陶冶最重要的时期。这个时期如果培养得好,以后只需顺着他继续增高的培养上去,自然成为社会优良分子,否则事倍功半。"因此,对幼儿进行礼仪行为的培养是非常重要的。幼儿每天在幼儿园,和小朋友、老师接触时间最长,在相处的每时每刻都要用到礼仪,只有让幼儿从小将文明礼仪行为融入自己的日常生活当中,成为自己的习惯,才能构建完美的人格,从而为幼儿今后的学习,乃至整个人生的发展产生积极的影响,所以在幼儿园开展礼仪教育是非常必要的。

二、制定幼儿礼仪教育的目标

幼儿礼仪教育是一项有目的、有计划地对幼儿实施素质教育的综合活动。幼儿礼仪教育的目标,建立在促进幼儿良好行为规范的形成和良好个性和谐发展的基础之上。幼儿可以在老师或成人的引导下,学习一些礼仪规则,从而控

幼儿礼仪教育的目标

制自己的行为,逐步形成良好的行为习惯。《纲要》指出,幼儿德育的目标是"能主动地参与各项活动,有自信心;乐意与人交往,学习互助、合作分享,有同情心;理解并遵守日常生活中基本的社会行为规则,努力做力所能及的事;不怕困难,有初步的责任感;爱父母长辈、老师和同伴,爱集体、爱家乡、爱祖国。"同时,《幼儿园工作规程》也指出:"幼儿品德教育应以情感教育和培养良好行为习惯为主,注重潜移默化的影响,并贯穿于幼儿生活及各项活动之中。"结合《纲要》和《规程》所言,同时考虑不同年龄阶段幼儿的认知能力和发展水平,对幼儿礼仪教育提出三个层次的要求:小班初步了解礼仪知识,中班学习礼仪知识,大班形成一些礼仪习惯。各个年龄班具体礼仪教育目标如下:

(一) 小班礼仪教育目标

1. 初步掌握日常生活中的简单礼貌用语,愿意学习并使用礼貌用语,如"您好""再见"等。

2. 知道打招呼是一种有礼貌的行为,愿意与人打招呼,做有礼貌的小朋友。

3. 知道别人叫自己时要应答,懂得这是一种礼貌行为。

4. 懂得要与同伴友好相处,体验运用礼貌用语进行交流的乐趣。

5. 能认识国旗,知道升国旗时要立正站好,向国旗行注目礼。

6. 在游戏中学会按顺序排队,排队时不推不挤,做守秩序的小朋友。

7. 玩具用完了,要放回原处,能根据玩具标记图,对应收拾、摆放好。

8. 初步养成良好的倾听习惯，乐意听老师和同伴们讲话，知道别人讲话时要注视对方。

9. 讲究个人卫生，知道饭前、便后要洗手，养成良好的个人卫生习惯。

10. 懂得爱护图书，知道要一页页地翻看图书，养成爱惜图书的好习惯。

11. 学习与他人分享，学习关心同伴，团结友爱。

12. 在老师的提醒下，能遵守游戏规则、遵守幼儿园秩序。

（二）中班礼仪教育目标

1. 学会在不同的情境下使用合适的文明用语，体验运用文明用语进行交流的乐趣。

2. 观察并学习谦让和分享的行为，初步懂得为他人着想，体验分享带来的快乐。

3. 能正确使用"请""您好""谢谢""再见"等礼貌用语。

4. 知道升国旗时要注意自己的仪表，衣着整洁、立正不讲话，从小培养爱国主义情感。

5. 学会与人交谈的礼仪，别人对自己讲话时注意听、不乱插嘴。

6. 遵守纪律，上课时不乱讲话，不打闹、不打扰别人。

7. 初步懂得犯错误后，应勇于承认错误、改正错误，会说"对不起"。

8. 懂得和小朋友友好相处，在游戏中不争抢玩具，不独占玩具。

9. 了解基本的做客礼仪，会说相关的礼貌用语，体验做小客人的快乐。

10. 进餐时保持安静，不独食、不挑食，养成文明进餐的好习惯。

11. 学做值日生，在老师的指导下会擦桌子、收拾玩具、整理书本等。

12. 不单独外出，过马路时要有大人带领，不在马路上乱跑。

13. 在集体面前能大胆表演，不认生、不胆小、不扭捏。

14. 热爱劳动，有一定的责任感，自己的事情要自己做。

15. 爱护图书玩具，讲卫生，注意节约。

（三）大班礼仪教育目标

1. 认识国旗、国徽，知道升国旗、奏国歌时要肃立，体验当小旗手的自豪感。

2. 学会使用"对不起""没关系"等礼貌用语，能感受到生活中文明言行的重要性。

3. 养成早睡早起的好习惯，晚上睡觉前对长辈、同辈说"晚安"，早上起床后说"早上好"。

4. 养成轻声说话和安静聆听的好习惯，知道在公共场合高声说话是不礼貌的行为。

5. 能主动向长辈问好，有礼貌待人的意识。

6. 知道待客的基本礼仪，愿意与同伴分享自己的好东西，能与同伴友好相处。

7. 了解餐桌礼仪、观影礼仪，学会遵守公共秩序，做个文明小使者。

8. 爱护花草树木，不乱扔垃圾，不践踏草坪，不在墙上乱写乱画。

9. 别人说话时不乱插嘴，不随便打断别人说话。别人向自己提问，要有礼貌地回答。

10. 学习乘公交车时主动购票，不推不挤，主动让座等基本礼仪，学会文明安全乘车。

11. 自己的事情自己做，学着帮父母做力所能及的事，提高自我服务能力。

12. 知道过马路时要走人行横道，自觉遵守交通规则，不在马路上追逐打闹。

13. 不欺负小朋友，不给别人起外号，不嘲笑别人的缺陷。

14. 遵守纪律，上课时不随便说话、不打闹。

15. 能注意别人的困难与需要，愿意帮助他人，体验关心、帮助别人的快乐。

三、了解幼儿礼仪教育的内容

幼儿礼仪
教育的内容

礼仪是人们在社会交往活动中的规范与准则,是文明程度、道德风尚和生活习惯的反映。幼儿在日常生活和社会生活中应遵循的行为准则和规范,所表现的内在道德要求和外在行为表现的统一,即为幼儿礼仪行为,也就是幼儿待人接物的礼节。幼儿礼仪教育内容,可归纳为四部分:幼儿个人礼仪、家庭亲子礼仪、幼儿园礼仪、公共场合礼仪。

(一) 幼儿个人礼仪

幼儿个人礼仪主要是指幼儿自身养成的礼仪行为习惯,一般来说包括仪容仪表、形态姿态、社会交往等内容。

1. 仪容仪表

坚持早晚洗脸,耳朵前后和脖子都要清洗。保持手的清洁,洗手时每个部位都要洗到,指甲缝更要注意洗净。指甲要及时修剪整齐,不留长指甲。脚要常洗,袜子要常换。保持身体和头发的清洁,养成经常洗澡、洗头的习惯。平时要将头发梳理整齐,不可蓬头垢面。早晚要坚持刷牙,饭后用刷牙或漱口的方式清除口腔内的食物残渣。不要当着别人的面擤鼻涕、挖鼻孔、掏耳朵、剔牙齿等。

2. 基本姿态动作

在幼儿期,应引导幼儿学会符合礼仪规范的正确姿态,包括正确的走姿、坐姿、立姿、蹲姿等。

开门、关门时动作要轻柔,不能用力过猛,更不能用脚踢门、踹门。取放物品要平稳、轻柔、准确、安全。取物品时要准确掌握拿取的部位,如杯子上的手柄、提包上的带子等。对没有规定拿取部位的物品,一般应拿取物品的中心部位,以免使物品倾斜或散落。放置物品要平稳,动作要轻柔。物品要放在合适的位置。如有咳嗽、打喷嚏、打哈欠的情况发生,应先用手捂住口鼻部位,之后用手绢、餐巾纸予以擦拭,方便时可再用水洗手。

3. 社会交往

幼儿在与他人交往时应该注意的礼仪规范包括使用礼貌用语主动打招呼、待客做客、接听电话、感谢道别等。

平时遇到老师、邻居或小朋友时,要主动问候,说声"您好",分别时说"再见";请求别人帮助时,要说"麻烦您"等礼貌用语;得到别人帮助后,要真诚地说"谢谢";在帮助了别人,得到别人的感谢后,应该说"不客气","不用谢";打扰了别人要及时道歉,说"对不起";当别人向自己道歉时,应回答"没关系"。

家中有客人来访时,要彬彬有礼。首先要将客人热情地引进门,礼貌地请客人坐下,然后要为客人沏茶、拿水果。如果客人来访时带了礼物,主人收到礼物后要致谢。客人临走,主人可回赠礼品,要送到门口,热情道别,欢迎下次再来。

去别人家做客时,敲门要用食指,间隔有序地敲三下,等待回音。如果没有回应,可以再稍加力度敲三下,敲门的声响要适中,不能用拳捶,更不能用脚踢或乱敲一气。

进门后要主动问好,如需换鞋,要把脱下的鞋子摆放整齐。当受到招待时,要说"谢谢",不能随便乱动主人房间内的东西。如果想玩主人家的玩具,一定要经过主人同意。做客玩耍时不要打扰大人谈话。离开时,要向每一位主人家成员道别,并对主人一家的款待表示感谢。

接电话时声音要轻,不要大声吵嚷。大人打电话,小朋友不要在一旁插嘴或抢话筒。不要一边吃东西一边接电话。打完电话要学会说"再见",之后再挂断电话。

（二）家庭亲子礼仪

1. 懂得尊敬长辈

称呼长辈时必须用尊称,不可直呼其名,更不能以不礼貌的言语代替;不可与长辈打闹玩笑,应该听从长辈教诲;长辈递东西时要用双手接,长辈与自己谈话时,应立即站起来表示尊敬;进餐、乘车、走路时,要请长辈先行;帮助爸妈做一些力所能及的事;回家和离家时要和家人打招呼,告知你回来了或你要走了。

2. 培养良好行为习惯

自己的事情自己做,如自己穿衣叠被,自己收拾玩具,用完物品后放回原位,爱惜物品,不浪费、不独占、不霸道,乐于与人分享。

3. 爱自己的家庭

了解爸爸妈妈的工作,知道爸爸妈妈的喜好、生日,并能向同伴大胆地介绍自己的父母;理解爷爷奶奶或姥姥姥爷的辛苦,感受老人对自己的关爱;懂得关心弟弟妹妹或哥哥姐姐,能为他们做力所能及的事。

（三）幼儿园礼仪

1. 升旗

参加升旗仪式必须衣着整洁,系好衣扣、裤口,脱帽,向旗杆方向立正站好,不得交谈、走动或做其他小动作。面对国旗行注目礼,直到国旗升至杆顶。

2. 入园离园礼仪

入园时向老师、小朋友问好,与家长道别;离园时向前来接自己的家长问好,与老师、小朋友道别。

3. 生活活动礼仪

盥洗礼仪:会自己洗手,不玩水,洗完手后要及时关好水龙头;能自己如厕,大小便自理,便后会冲水,并能整理好衣服。

进餐礼仪:饭前洗手;不挑食、不抢食;进餐不说话;注意保持桌面、地面、碗内的干净与整洁;不浪费粮食;吃东西或喝汤时,要小口吞咽,不要发出很大的声响;吃完饭后将碗筷归位;饭后擦嘴漱口。

午睡礼仪:午睡时整理好自己的衣物、发饰、物品;能安静入睡,不影响他人睡眠;保持正确睡姿——右侧卧,微曲双腿或仰卧,不蒙头睡觉;起床后要自己整理床铺。

4. 教育活动礼仪

集体教学:上课时要认真听讲,不随便插嘴,有事举手,经允许后再发言,不随便打断老师的讲课。

活动区活动:做到三轻——走路轻、说话轻、搬桌椅轻;学会商量,能尊重别人的意见;爱护玩教具等活动材料,轻拿轻放,不损毁,用完能归位。

5. 户外活动礼仪

做早操时会自觉排队;进出教室、上下楼梯时不大声喧哗、不上蹿下跳、不并排前行、不推挤他人;集合、解散听口令,不聚堆;做游戏时要谦让,不打闹。

（四）公共场合礼仪

1. 行走

在公共场所行走时，要遵守交通规则。右侧通行，不闯红灯；不占盲道；在狭窄的道路上，要主动给长者、残疾人让路；走过街天桥时，不往下扔物品；不随地吐痰、不尾随围观。

2. 等候

等候时遵守规则，要主动排队；不插队也不让他人插队；不席地而坐；不到处乱跑，不妨碍交通。

3. 乘车

在车站等车时应该排队，遵守秩序；上车时不挤作一团，应先下后上；上车时要礼让老、弱、病、残、孕乘客；上车后主动购票；行驶中不争抢座位，不向车外丢东西，不吐痰、不脱鞋、不蹬座位、不在车上吃东西；下车提前准备，需他人让路时要用"借过""劳驾"或"请您让一下"等文明用语。

4. 乘电梯

乘电梯时，应先出后进，不要强行挤入电梯；如果人很多，尽量等下一趟；走进电梯后，应主动给后来者让地方；如遇超载，后进者应主动退出。

5. 图书馆

进入图书馆，衣着要整洁，不要穿拖鞋、背心；阅读时不要读出声音，也不要和熟人交谈；走动时脚步要轻，尽量不要发出声响；不吃零食、不占座；不污损图书，阅后立即将书放回原位，以免影响他人阅读；借书、还书时按顺序排队；借阅图书应按期归还。

6. 超市

进超市购物时，若对已挑选的商品不满意，应将其放回原货架区，不能随意放置；选贵重商品时，应轻拿轻放；对超市内的商品不能随意品尝或试用；付款时应自觉排队；不在超市内追逐打闹；对服务员的热情服务要表示感谢。

7. 游泳馆

进入游泳馆，要穿泳衣、戴泳帽；不向游泳池内扔脏物，不在池内排小便；要服从管理员的管理，并对他人提供的服务表示感谢。

四、掌握幼儿礼仪教育的途径和方法

（一）礼仪教育的途径

1. 在日常生活中渗透礼仪教育

幼儿礼仪的养成是通过幼儿园一日生活中的教育活动来实施的，礼仪蕴藏于幼儿生活的方方面面，需要长期训练。这就要求教师把礼仪教育灵活地渗透到幼儿日常生活的各个方面，随时随地对幼儿进行礼仪教育。

幼儿礼仪
教育的途径

幼儿在园学习主要包括入园、进餐、盥洗、活动、午睡、离园等环节。日常生活的各个环节为礼仪教育提供了很多契机，教师要为幼儿提供各种各样的情境，制定各项行为规则；同时对每个环节的幼儿行为提出具体要求，把礼仪内容细化到各个环节中。比如，入园时，幼儿应主动向老师、同伴问好："某某老师，早上好！"教师应亲切接待每一位家长和幼儿，对幼儿的问候给予热情回应："某某小朋友，早上好！"进餐时，教师要提醒幼儿洗手，做到文明进餐，同时对幼儿的不良餐后行为及时纠正。

2. 在游戏活动中融入礼仪教育

美国著名教育家杜威认为幼儿阶段"生活即游戏,游戏即生活"。游戏是幼儿的主要活动,游戏是孩子们最喜欢的活动,通过游戏不但能使孩子们巩固礼仪教育知识,而且能使孩子们理解其行为背后的意义。

游戏本身具有一定的规则性,孩子们在游戏中扮演各种社会角色,学习各种社会规范,用不同的方式与周围的人交往。幼儿可以通过游戏认识社会、熟悉社会、适应社会,在游戏中培养应有的道德品质,如礼貌、独立、友善等。

《幼儿园工作规程》明确指出:幼儿园"以游戏为基本活动,寓教育于各种活动之中。游戏是对幼儿进行全面发展教育的重要形式"。在游戏中,幼儿不仅需要克服困难,还需要与他人合作、共享成功乐趣。教师可根据幼儿礼仪行为品质形成的发展特点,充分调动幼儿做游戏的积极性、主动性、创造性,培养幼儿对待周围人和事的正确态度,培养其观察、语言、想象等社交能力,从而促进幼儿良好道德情感和行为习惯的养成。

幼儿的思维是直观形象思维。通过多种生动有趣的活动,激发幼儿对礼仪认知的情感认同,利用游戏、情景练习等激发幼儿学习兴趣,让幼儿在情感与生活实践相结合的过程中,达到养成好习惯的目标。礼仪习惯的养成是一个从生疏到熟练,再由熟练到运用自如的过程。所以,要为幼儿提供各种实践机会,将礼仪与幼儿的生活密切联系起来,及时抓住机会,适时地启发、诱导,以期塑造幼儿的礼仪行为。再者,通过反复演练,让幼儿获得情感的体验,促进价值内化,最终形成良好的礼仪习惯,提高幼儿的礼仪水平。

3. 在教学活动中贯穿礼仪教育

幼儿教育课程是针对幼儿实施的有目的、有计划的教学活动。在教育过程中,应将礼仪教育渗透到各学科之中,使幼儿时时刻刻受到良好行为习惯的熏陶,以促进幼儿全面、和谐、平衡地发展。

例如,在语言活动中,可以讲礼仪小故事、背礼仪歌谣;在社会活动中,可以通过日常生活中的礼仪案例,教育幼儿养成良好的礼仪行为;在健康活动中,可以组织幼儿开展"我是礼仪小标兵"的体育动作创编活动;在美术活动中,当幼儿在操作过程中需要向其他幼儿借东西,如剪刀、胶水、橡皮等时,教师可以要求幼儿讲礼貌,和别人说"请""谢谢";不小心把别人的作品弄坏了要说"对不起"。这样一来,幼儿不但能在操作活动中得到锻炼,还懂得了一些礼仪方面的知识,可以说是一举两得。

总之,在幼儿园的教学活动中,教师要找准教育契机,依据幼儿发展需求,组织相关的主题活动,将礼仪教育渗透到学科教学中,最终促进幼儿全面和谐发展。

4. 幼儿园与家庭紧密配合进行礼仪教育

对幼儿进行礼仪教育需要幼儿园和家庭相互配合、内外结合,共同参与到孩子的文明礼仪教育中来。家庭教育是幼儿园教育的基础,二者相辅相成、缺一不可,各自发挥着不可替代的作用。

父母是孩子的第一任教师,也是孩子模仿的对象。孩子基本素质的养成和家长的培养、教育是密不可分的。在对幼儿进行礼仪教育时,需要家园相互配合,教育内容保持一致。如果在家庭中父母没有以同样的礼仪规范来要求幼儿,那二者之间就会出现教育断层,而这样的断层,反过来会大大影响幼儿在园教育,有可能使幼儿礼仪行为出现反复无常的现象。

幼儿园教师应该与家长经常保持联系,了解幼儿在家庭中的表现,掌握幼儿在家庭中的变化情况,以便采取有效的教育措施。同时教师还应向家长介绍幼儿在园学习情况和表现,宣传幼儿园的教育主张和对幼儿礼仪教育的要求,促使家长按照幼儿园的教育要求在家庭中对幼儿进行礼仪教育,最终使幼儿的礼仪水平在家园共育中得到提升。

5. 加强社区幼儿礼仪实践活动

幼儿的发展来源于实践活动,幼儿的思想品德、礼仪习惯也是在实践活动中逐渐养成的。我们要让幼儿走出校园、走向社会,进行礼仪实践锻炼。社区是实践的第一大环境,可以为幼儿创设实践的机会与条件,充分发挥幼儿的主动性,如上超市购物、亲子旅游等,让幼儿走向社会进行礼仪实践锻炼,使幼儿的礼仪行为影响家长、辐射社会,从而营造文明礼仪大环境。

（二）礼仪教育的方法

1. 行为训练法

行为训练法是指教师在对幼儿进行礼仪教育的过程中,组织幼儿按照正确的礼仪行为规范自己,通过参加各种活动和交往锻炼自己,以形成其良好的礼仪行为习惯。

幼儿礼仪
教育的方法

礼仪教育不是单纯的知识教育,它具有十分鲜明的可操作性和实践性。只有经过实际的行为训练,礼仪教育才能收到好成效。幼儿良好礼仪行为的培养,是由"行"到"情",再由"情"到"知",然后将知、情、行合而为一的过程。所以,在教育过程中,坚持行为训练,给予幼儿具体的指导与必要的督促,因势利导,持之以恒,帮助幼儿将行为内化成习惯,让幼儿在实践活动中体会礼仪行为的意义,内化为礼仪品质。

幼儿参加行为训练的方式是多种多样的,例如教师人为创设情景进行行为练习;布置适当的任务让幼儿去做,如整理玩具、做值日生等;各种生活情景中教师组织的幼儿行为练习,如来园和离园的礼貌行为练习、用餐后的卫生行为习惯等等,使他们在实践中体会礼仪、加深印象。

2. 榜样示范法

榜样示范法是指在幼儿接受礼仪教育过程中,教师用他人好的礼仪行为去影响和教育幼儿,最终使幼儿形成良好礼仪品质的方法。榜样对于孩子具有极大的感召力,作为教师和家长,首先要以自身的形象、风度、语言、行为为孩子做榜样。另外,还可以结合古今中外文明礼仪方面的典范人物、典型事例对幼儿进行礼仪教育,帮助幼儿在心中树立起礼仪方面的优秀榜样,使幼儿经常受到熏染,慢慢内化为自身的习惯。

幼儿的思维是直观的、具体的、形象的。模仿是幼儿为人之初最基本的学习行为方式。因此,设置一定的礼仪情境,树立一定的榜样,使儿童有意无意间进行模仿,可以有效地促进儿童良好礼仪品质的形成和发展。生动的榜样、鲜明的范例,比语言的说教更容易使幼儿信服,能产生最直接、最具体的影响,并在幼儿脑海中留下深刻的印象。正因为如此,幼儿生活环境中的成人都应当具有自觉的文明礼仪行为,在生活的点滴小事上为孩子做出榜样,潜移默化地影响和感染幼儿。

教师对幼儿心理发展和品德形成的影响是非常大的,教师在幼儿心目中有着崇高的地位,正是这种高度崇拜的心理,促使他们对教师的各种行为表现都能认真地模仿和学习。因此,教师一定要注意自己的示范性影响。孔子云："其身正，不令而行；其身不正，虽令不从。"可见身教重于言教。教师的一言一行、一举一动，都会潜移默化地影响和感染孩子。教师应时刻注意自己的言行举止，做到举止端庄、仪表大方、语言文明，以便对幼儿产生潜移默化的良好影响。

家庭是幼儿主要的生活环境，父母是幼儿接触最多的人，家长的礼仪行为在幼儿礼仪行为养成教育中也起着最直接和最重要的作用，我国古人就提倡"教子以德"。许多教育家与名人更是强调家庭礼仪教育的重要性。幼儿是在模仿中学习做人的，而父母是孩子生活中模仿的主要对象。如果父母平时文明礼貌，敬老爱幼，关心帮助有困难的人，这种善良的情感和行为会深深地影响孩子。由此看来，家长应以身作则，为孩子树立礼仪典范。

3. 角色扮演法

角色扮演法就是教师在礼仪教育过程中为幼儿创设某些现实生活中的礼仪情境，让幼儿在其中扮演一定的社会角色，这就要求幼儿注意礼貌用语，表现出与这一角色一致的礼仪行为规范。在此过程中，使幼儿能够亲自体验他人的角色，从而更好地理解他人的感受和处境，体验他人在不同情境下的内心情感，以此了解自己所承担的社会角色应遵循的社会礼仪行为规范和思想品德要求。

在现实生活中，每个人都有一种或几种社会角色，而每一种社会角色都有自己特殊的行为模式。儿童从家庭来到幼儿园，从家中的"小太阳"变为群体中的普通一员，随着角色的转换，要求他们要把家庭中养成的一些习惯做出改变，学会遵守社会集体生活当中的礼仪规范。因此，角色扮演实际上就是儿童的一种社会学习过程。

在日常活动中，教师可以为幼儿创设主题情境，如在"娃娃家""小医院""小超市"等组织主题情境。表演过程中注意礼貌用语的使用、人际交往的开展。幼儿在所创设的情境中进行实际演练，获得并强化礼仪情感体验。这也是对幼儿的综合考察，可以促进幼儿外在学习行为内化，最终形成良好的礼仪习惯。平时也可以在班上播放一些公益广告片段，如让座、尊老爱幼等，让孩子们围绕不同主题进行讨论，通过回答教师预设的问题使他们从情感上、行动中懂得礼仪行为的意义。

4. 行为辨析法

在礼仪教育过程中，教师应适时适度地引导点拨，让幼儿清楚为什么要这样做，哪些是好的礼仪行为，哪些是不礼貌的行为，帮助幼儿克服行为上的盲目性和形式模仿上的机械性。幼儿年龄小、思维水平较低、理解能力较差。面对这样的教育群体，幼儿园教师在礼仪教育的过程中，就需要及时对幼儿进行启发引导，唤醒幼儿对礼仪学习的主动性，同时防止幼儿的盲目模仿行为。

某幼儿园的一位教师想让孩子使用文明礼貌用语，对孩子说："以后咱们都要用'您好''谢谢''对不起'等文明用语，谁说了这些文明用语，就给谁贴一朵小红花。"这位教师既没给孩子讲为什么要这样做，也没给孩子讲在什么场合要这么做。孩子为了得到小红花，就总是围在老师跟前叫"老师您好"，弄得老师都不耐烦了。还有的小朋友，为了得到老师的小红花，就在操场找到一个小朋友，突然跑过去把人家撞一下，然后说："对不起，对不起"，回到教室后向老师汇报说自己说了"对不起"，教师就奖励了一朵小红花。幼儿只知生搬硬套文明用语，却不知为何说、何种情况下说文明用语，这种教育方式显然是失败的。

另外，可以根据社会认知冲突理论设计问题和问题情景，让幼儿在对事件的观察评议中分辨美丑善恶,知道好与不好。例如,在"邻居"活动中,李阿姨上夜班需要休息,小毛吵闹影响到李阿姨休息。教师扮演李阿姨,表现出自己的烦躁不安、生气情绪。此时可以让儿童思考:"小毛的哪些行为是不对的?如果你睡觉的时候别人大吵大闹,你心里会怎么样?小毛应该怎样做才好?"这样,在问题情景中使幼儿把自己的体验与李阿姨的现实情绪联系起来,能够从别人的角度去体验感受,引导儿童对事件进行辨析,让幼儿知道对邻居要有礼貌,要学会关心体谅别人,在别人休息看书的时候,应该保持安静等。

　　5. 环境熏陶法

　　所谓环境熏陶法是指教师、家长创设和利用良好的礼仪环境来教育幼儿的方法。这是一种以隐性教育为主的间接教育法。环境熏陶法具有潜移默化的作用,具有极强的渗透力,能够很好地塑造孩子的人格。美好的环境是一种强大的精神氛围,它具有极强的能量和深刻的内涵,对培养幼儿的礼仪行为十分有利。幼儿所处的环境应该是有秩序的、整洁的、和谐欢乐的,生活制度也应是有规律的,人与人之间文明礼让,团结友爱,这样的环境才是培养幼儿良好礼仪习惯的必要条件。当然,这里所说的环境主要包括幼儿园、家庭和社会的精神环境以及物质环境。

　　幼儿园可以把有关礼仪教育主题活动的图片张贴在教室主墙上,时刻提醒幼儿一言一行都要符合礼仪规范。在教室的图书角放置礼仪方面的书籍,使幼儿在欣赏故事的同时,也能进行故事表演,并受到模范人物的感染。另外,还可以通过美化物质环境,让幼儿生活在整洁、优美的环境中,感受到环境的美,引导幼儿爱护环境卫生、爱护花草树木,使幼儿在美好的环境中自觉遵守秩序,学习礼仪之道。还可以在幼儿园中创造讲礼仪的氛围,让幼儿从中学会礼仪规范。例如,每天早上幼儿来园时,从幼儿园的大门到大厅一直到教室,值周老师、保健医生、班级教师一路用热情的微笑、真诚的问候,迎接所有小朋友的到来。一声声亲切的问候,一个个爱护的动作,既感染家长、也影响孩子;每天幼儿来园、离园,整个幼儿园洋溢着温馨的气氛,问候声、道别声也一并传播着礼仪的气息。这一切都可以使幼儿在潜移默化中初步养成文明礼貌的良好习惯。

　　同样,充满温情的家庭氛围对培养孩子的爱心也起着潜移默化的作用。家庭成员之间,特别是夫妻之间、晚辈与长辈之间,要相互体贴。这样日积月累,孩子在良好的人为环境影响下,自然就会形成良好的礼仪习惯。如果父母经常争吵、谩骂甚至打架,孩子时常处于恐惧、忧郁、仇视的情绪里,又怎能要求他去关心别人呢?

　　总之,对幼儿进行礼仪教育可以采用多种方法、多种渠道,这些方法措施互相结合、互为补充,形成一个教育整体,才能更好地培养幼儿礼仪习惯。只要我们针对幼儿的心理,让他们乐中有学、玩中有学,从多种有趣的活动中挖掘素材,循循善诱地加以引导,使他们在学习中受启发、明道理,在实践中见行动,就能使他们学会文明礼貌、以礼待人。

经典故事

窦燕山教子

　　窦燕山,原名窦禹钧,五代后晋时期蓟州渔阳人(即今天津蓟州区人)。据说窦燕山出身于富裕家庭,但早年为人不好,以势欺贫。有贫苦人家向他家借粮食时,他小斗出、大斗进,小秤出、大秤进,明瞒暗骗,昧心行事。

　　窦燕山到 30 岁还没有子女,大家私下说这是老天在惩罚他。一天晚上,他梦到死去的父亲说,窦燕山心术不好,品行不端,如不痛改前非,重新做人,不仅一辈子没有儿子,还会短命。要赶快从善积德,才能挽回天意。从此,窦燕山暗下决心,痛改前非。

　　自那以后,窦燕山就像是换了一个人,周济贫寒,克己利人,广行方便,受到人们一致的称赞。他还在家里办起了私塾、聘请名师教课。有的人家,因为没有钱送孩子到私塾读书,他不但主动去把孩子接来,而且还免收学费。

　　后来,他的妻子生了五个儿子。他把全部精力用在教育儿子的身上,不仅时刻注意他们的身体,还注重他们的学习和品德修养。在他的教育下,五个儿子都成了有用之才,先后登科及第:长子中进士,授翰林学士,曾任礼部尚书;次子中进士,授翰林学士,曾任礼部侍郎;三子曾任补阙;四子中进士,授翰林学士,曾任谏议大夫;五子曾任起居郎。窦家的五个儿子被人们称之为窦氏五龙。

　　当时,一侍郎曾赋诗一首:"燕山窦十郎,教子有义方。灵椿一株老,丹桂五枝芳。"这"丹桂五枝芳"就是对窦燕山"五子登科"的评价和颂扬。

(根据网络资料整理)

项目测评

自测项目	分值	评分标准	自评分	小组评分	实得分
一日生活礼仪	25	1. 了解一日生活各环节礼仪要求 2. 能对比不同环节礼仪差异 3. 明确各环节礼仪规范			
保育礼仪	25	1. 知道保育礼仪要求 2. 能结合礼仪原则分析案例 3. 能对比教师与保育员的不同礼仪			
教学礼仪	25	1. 了解教师应具备的良好素质 2. 举例说明教学礼仪的语言艺术 3. 结合案例分析课堂教学礼仪规范			
幼儿礼仪教育	25	1. 了解礼仪教育的重要性 2. 掌握礼仪教育途径与方法 3. 能开展幼儿礼仪教育活动			

项目九　幼儿园教师公务礼仪

学习目标

知识目标：了解幼儿园教师公务礼仪的主要内容。

能力目标：掌握宴请、接待、拜访礼仪等相关要求，学会运用规范的公务礼仪。

素养目标：培养良好的公务礼仪习惯。

风度翩翩的绅士谁不喜欢？优雅知礼的淑女谁不欣赏？礼仪是立人的根本，成事的关键。作为一名幼儿园教师，掌握必要的公务礼仪知识，不仅能很好地维护他人的自尊、尊重他人的感受，而且还能更好地向他人展示自己的长处和优势。幼儿园教师讲究公务礼仪，就会在人前树立良好的个人形象，获得对方的好感与信任，进而推动幼教事业发展。

任务一　了解宴请礼仪

在宴席上最让人开胃的就是主人的礼节。

——莎士比亚

这句话是客人对注重礼仪主人的最好褒奖。由此可见，宴请他人时有礼有节是多么让人舒服。幼儿园教师多掌握一些相关的公务礼仪知识，懂礼、知礼、行礼，就能在潜意识中拉近自己与他人的关系，从而受到别人的尊重与信任、亲近与认同，为以后与他人合作交流奠定一定的基础。幼儿园教师在幼教工作过程中，会经常遇到以宴待客的情况。宴请客人，不仅出自主方人员的地主之谊，而且也是宾主双方以及其他人员更加广泛、深入交流的一个绝佳机会。在安排宴会时，要坚持"三 S 原则"，即适度、适人、适量。如果不注意这些原则，就会在宴请客人的时候弄巧成拙、漏洞百出。

一、中餐安排的相关礼仪

中餐，指具有中国本土特色、依照传统方法制作而成的中式餐饮，是中国人日常生活中经常享用的具有传统风味和特色的饭菜和饮品。

幼儿园教师熟练掌握并运用一定的中餐礼仪，做到文明用餐，在宴请或接待时将显得至关重要。

中餐礼仪，是指在品尝中餐时应当自觉遵守的习惯性做法和传统习俗。讲究中餐礼仪，是接待人员提高沟通交流能力、做好本职工作的重要途径，也是接待人员精神面貌、个人修养与综合素质的重要表现。中餐礼仪涉及内容广泛，接待人员主要从掌握时间、地点选择、用餐方式、座次安排、就座礼仪、菜单选择、上菜顺序、饮料配备、餐具使用、用餐举止等方面内容来学习。

（一）时间的选择

中餐礼仪的一个重要环节就是接待人员在举办正式中餐宴会时，要妥善安排好宴会时间和地点。接待人员应注意以下三个方面：

1. 根据客人需求而定

依据接待对象的具体情况来选择宴会的时间，不能在客人最繁忙的时间，这样往往会被拒绝。出于礼貌，应提前咨询好客人的空闲时间，多提供一些可供客人选择的时间，更能体现主办方的礼貌和诚意。

2. 注意区域风俗习惯差异

根据时间一般把中餐分为早餐、午餐和晚餐三种。通常，正式的国内外宴会以晚宴为主，而沿海多以"饮早茶"的形式宴请他人。

3. 宴请时长控制恰当

中餐礼仪讲究对用餐时间的控制。一般中餐正式宴会的用餐时间为 1~2 h，非正式宴会和家宴的用餐时间控制在 1 h 左右，简单的便餐通常在半小时左右完成。

（二）场地的选择

在宴请宾客时，除了享用中餐的美味佳肴之外，还要注重环境的优雅。很多时候，用餐环境在一定程度上体现了接待方对宾客的重视程度。根据不同的接待宾客安排不同的用餐场地，才能让宾客在用餐时既享受了美食、也欣赏了美景，同时还愉悦了心情。因此，宴请成功的关键因素就是选择好合适的用餐地点。

在中餐宴请时，要根据卫生条件、优雅环境、交通便利、设施齐全、菜肴特色、大众评审六个方面来选择中餐的用餐地点。接待人员在场地选择时应该面面俱到、考虑充分。

（三）用餐的方式

中餐的用餐方式根据用餐规模划分为宴会、家宴、便餐几种具体形式。我们主要论述一下宴会和家宴的注意事项。

1. 宴会

宴会一般是指机关、团体、组织或个人出面组织的，具有一定目的并以用餐为形式的一种社交性聚会，有正式和非正式之分。正式宴会从参会宾客、到场人数、嘉宾服饰打扮、席位排列顺序、宾主致辞等方面都要遵循相关的要求。非正式宴会则不做高标准的要求，也没有严格的讲究，一切从简。

2. 家宴

家宴，即在家中举办宴会宴请宾客。一般的家宴都比较轻松随意、不过分讲究，但也有一些事项需要注意，主要是家宴席次安排中的"四尊"。

第一，面门为尊。在家里宴请客人切记：尊位是面对正门的位置，不能安排客人坐在背对正门的座位。

第二，以右为尊。在家宴中，客人要坐在主方的右边，这样顺时针方向上菜时，便于客人先受到照顾。

第三，中座为尊。家宴时，要让客人尽量坐中间的位置，尤其是在人多的情况下，这样能更好地显示主方的礼仪周全。

第四,近墙为尊。家宴时,安排客人落座在近墙的位置以防他人打扰。

（四）座次安排

中国的饮食文化源远流长,伴随着饮食文化一起产生的饮食礼仪也是颇为讲究,尤其是座次的安排。

正式场合中的中式宴会都会按照职务和身份进行座次的排位。宴会中有女士出席则将女士安排在一起就座,即主宾坐在男主人右上方,其夫人坐在女主人右上方;如遇主人的身份地位低于主宾的身份地位时,可安排主宾坐在主人的位子,而主人则坐在主宾的位子上,第二主人坐在主宾的身侧,以示对主宾的尊重。

主宾偕夫人,主人最好偕夫人一同赴宴,以示尊重,如主人的夫人确实因故不能出席,可请与主人身份相当的女士做第二主人。

座次排列在中餐宴会中极为讲究,一般贵宾和第一主人坐在靠近台下最前的一两桌,非主宾不能随意坐主桌。一般来说,主桌上要摆放席位卡。从桌子的形状上来分,把主桌分为长方形和圆形,长方形的是横摆桌,主客的座位要和众席相对而坐,圆形的桌子则需要主客围着桌子而坐。

（五）就座礼仪

在中餐宴会中,注意就座礼仪是很有必要的。

在正式的宴会中,应当由服务人员带领入座,以免因坐错或找不到位置而尴尬。

开始宴会之前先让年长者入座,然后女士入座,最后才自己入座。

宴会选在高档餐厅时,要把适合观赏优美景致和精彩演出的最佳位置让给主宾。宴会选在中低档餐厅时,通常安排客人坐在靠墙的位置,避免受到他人打扰。

在宴会时,一定要让身体与餐桌保持合适的距离,不能太远也不能太近,昂首挺胸、面带微笑、举止优雅、坐姿端正。

宴会中两人并排就座时,右为上座,左为下座。可以在上菜时先让居右的客人受到照顾。只有三人的宴会,客人应居中就座。

宴会结束离席时,应立即站起来帮长者或女士拖拉座椅。

（六）菜单选择

中餐宴请选择菜肴、确定菜单是一件比较难决定的事情。要想做到胸有成竹,就要在宴请之前把客人的饮食口味和饮食禁忌了解得一清二楚。确定菜单需要注意如下方面:

第一,注意宾客的饮食口味和宗教禁忌。清楚宾客喜欢什么口味的饮食,有什么饮食禁忌,还要根据宾客的宗教信仰、民族风俗、地方风俗、饮食习惯、职业特征等来综合分析需要预订的宴会菜单,以免冒犯到宾客。比如,有些少数民族不吃猪肉,只吃牛羊肉;信佛的人不吃荤腥、葱、蒜等食物;湖南、湖北、四川人喜欢辛辣食物,而沿海一带人喜欢清淡、甜一点的食物;高空从业人员和驾驶员在用餐时坚决不能饮酒等。

第二,根据宾客个人的具体情况而定。提前了解清楚客人的口味,知道客人喜欢吃什么,不喜欢吃什么,忌讳吃什么。如有人爱吃海鲜,有人爱吃鸡,有人讨厌吃蒜、香菜、鱼等。

第三,适当搭配菜肴。首选特色菜、拿手菜。可选择酸汤鱼、火锅、烤鸭等具有地方特色的菜品。还可选择该餐厅最受欢迎的拿手菜。菜品丰富多样的搭配选择，可以让客人感到主方的热情周到、细心真诚。荤素合理适当，不能一味点荤菜或素菜，一般荤菜可比素菜多选择三个左右。注重营养均衡，选择的菜品要蛋白质、脂肪、维生素等营养成分俱全。

第四，合理搭配好点心与汤。在选择点心时，要坚持甜点和甜汤搭配，咸点和咸汤搭配。

（七）上菜顺序

在中餐宴席进餐前，服务员送的第一条湿毛巾是用来擦手的，以保证双手干净用餐。一般情况下这个湿毛巾是温热的，保证客人在使用时温度适宜。

在中餐宴席间，服务员在上龙虾、水果时，会送上一只小小的水盂，里面可能漂着几片柠檬或花瓣，不要把它当成饮料，它是供客人洗手使用的。方便用干净的双手享用虾和水果。那么在洗手时注意要用两手轮流沾湿指头，轻轻刷洗，然后用小毛巾擦干。

中餐宴会的上菜是讲究先后次序的，不能一次性上齐所有菜品，要一道一道地上，所有的主次桌上菜时间和数量以及菜品一致，不能有厚此薄彼之嫌。中餐先上佐料后上菜，先上凉菜后上热菜，所有菜品上齐后，服务员会询问主方，是否开始上饭。餐毕，服务员会送上热茶，放置于餐碟右侧，餐具随即撤去，留下酒杯、茶杯，然后上甜点，最后上水果。

中餐宴会上菜方式大致有两种：一种是由个人自取的大盘菜；一种是由服务人员托着菜盘，为每个人分菜。

上菜讲究先凉后热、先炒后烧，先上清淡咸鲜的，后上甜的、味浓厚的，饭最后上。规格较高的宴席，要先上热菜中的主菜，如鲍鱼宴里面的鲍鱼、燕窝席里的燕窝、海参宴里的海参，即所谓先上最贵的热菜，再上熘、炒、烧、扒的菜肴。

（八）饮料配备

"上饮料"与"请上座"一样，是接待来宾时必不可少的两大要点。在中餐宴会中，一定要注意饮料的配备。

饮料的种类很多，除了必备的茶水、酒水之外，还要配备适合来宾口味的其他饮料。饮料多配备几个品种，便于宾客选择。

1. 茶水

中国传统的待客习惯是以茶待客。茶水贯穿于宴会始终，一直持续，不可间断。

2. 酒水

中国人讲究"无酒不成席"。在中国，酒的品种有很多，有白酒（浓香型、清香型和酱香型）、红酒、啤酒、黄酒等。宴会时要依据客人的爱好选择合适的酒水。按惯例，烈性酒不宜在涉外宴会中出现；官方宴请通常要求禁酒。选择白酒时，要注意度数和饮量，千万不能过度饮酒或强行劝酒、灌酒。以客人的意愿为主来饮酒才是有礼数的表现。片面强调"喝足"，是失礼的表现。

3. 汽水

可乐、雪碧在非正式场合的宴会中是非常受欢迎的饮品。尤其是夏天，这些汽水是解渴消暑的最佳选择。

4. 果汁

果汁也是适用于非正式场合多一些，尤其是新鲜的果汁如橙汁、西瓜汁、草莓汁等，是广受宾客欢迎的饮料,也是待客的必备饮料。

5. 矿泉水

随着人们养生意识的增强,没有任何添加成分的矿泉水、纯净水常用于现代交际场合。因此,在宴会中也要常备充足的矿泉水或纯净水。

(九)餐具使用

中餐宴会中使用筷子、杯子、碗、盘等餐具,也有讲究。

1. 筷子的使用及注意事项

正确使用筷子,要用拇指、食指和中指的前面部分,握住筷子上部约三分之一处。使用筷子注意"八不要"原则:

不要将筷子横放在碗、杯子、桌子上,而要将其放在筷子座上或盘子边缘。

不要将筷子插在菜肴或米饭中,容易让人想起祭祀等不愉快的场景。

不要用筷子直接叉食食物。

不要拿着筷子与他人交谈。

不要拿着筷子指指点点或用其敲打餐具。

不要舔食筷子上的残留食物。

不要用筷子随意翻动或搅动食物。

不要用自己的筷子为别人夹菜。

2. 餐匙的使用及注意事项

进餐时餐匙是用来舀取汤、羹、粥等,并辅助筷子取用食物的餐具。使用餐匙时要注意的事项如下:

要将餐匙放在自己的碟子上,请勿将其放在食物中或桌子上。

如果食物过热,勿用餐匙弄来弄去或将舀起的汤、菜用嘴吹来吹去。

不要将餐匙含在嘴里或反复吮吸餐匙上的食物。

用餐匙取菜或取汤时,不要太满,避免菜汤溅到桌子、他人或自己身上。

3. 碗的使用及注意事项

碗主要用来盛放米饭、面条等主食。使用碗时要注意"三不要"原则:

不要把碗端起来进食。

不要用手直接抓取碗里的食物,要用筷子或餐匙。

不要将碗里的食物盛放得太满,七分满最好。

4. 盘子的使用及注意事项

盘子是用来盛放食物的餐具,又称碟子。使用盘子时要注意"三不要"原则:

不要在盘子中存放多种菜肴,这样看起来既不雅观,也会串味。

不要一次取很多菜肴放在盘子中,否则会给人很贪吃的感觉。

不要把鱼刺、骨头、花椒、辣椒等物放在盘子的前端。

5. 水盂的使用及注意事项

水盂是供客人在吃鱼、水果、虾等食物前后洗手用的。洗手时,先轻轻沾湿、涮洗手指前端。洗净后还要用毛巾或纸巾擦干。切忌洗手之后随意甩手,避免洗手时因用力过猛而将水盂中的水溅到桌面上。

6. 其他餐具使用及注意事项

用餐时的湿毛巾是供客人擦手的,不要用其擦汗、擦嘴、擦脸等。

擦手完毕后,要将其放回原位。用餐结束前,服务员再次送上的湿毛巾是用来擦嘴的,不要用其擦脸、擦手、擦汗等。

水杯是用来盛放汽水、清水、果汁、牛奶等饮品的。使用时,切勿将水杯倒扣在桌面上。

牙签是餐后剔牙用的。在进餐时,不要当着他人的面剔牙,要用一只手掩住口部。切记不要将牙签含在嘴里和他人交谈。

（十）进餐话题

中国人讲究热情好客,在宴会中吃得开心,这就需要在进餐时跟客人找到共同的话题,来调节宴会气氛。宴会进餐时要多说轻松、自由、快乐的话题,或一些非常有趣的事情,这样不仅调和了就餐气氛,还能让在座的他人得到快乐的感受,从而加深彼此的交情。不要谈论他人的隐私。避免说让主人难堪的话语。

（十一）用餐举止

个人用餐时的举止表现,是其礼仪修养的一个重要体现。用餐时,要随时检点个人举止,主要从用餐前的行为举止与进餐时的行为举止来看。

1. 用餐前的行为举止

用餐前的行为举止主要是指用餐之前的准备工作和等待用餐时的行为表现。用餐前行为举止优雅得体,要做到以下几个方面:

（1）稍修边幅。参加任何形式的宴会,最好要在出门前做到整体形象整洁、优雅、清爽。一般女性化淡妆,穿时装,男士则处理好胡须,穿套装。如果是作为主人宴请宾客时,应该更加注意穿着打扮,尽量精致高雅些,以示对客人的礼貌和尊重。

（2）适时到场。应邀赴宴应适时到场,不过早到也不应该迟到。最好在约定时间前十分钟到场,太早到场会让主人措手不及,迟到会让他人等候。

（3）真诚交际。宴请是扩大交友圈、改善人际交往关系的重要途径。宴会时与他人适当交际很有必要。这就要求我们务必做到用真诚的心与他人交流思想和看法,不要一味地阿谀奉承、吹嘘。

2. 进餐时的行为举止

要想做到进餐时的所作所为符合礼仪规范,就要做到如下"十不"原则:

（1）不要违反他人饮食习惯。中国地域广阔,民族众多,各地方人们的饮食习俗不尽相同,在宴会中一定不要触犯他人的饮食风俗。此外,职业的不同也会引起饮食习惯的不同。如与海员同时进餐时,切记不要把鱼翻身,以避其"翻船"的忌讳。

（2）不要不顾进餐形象。开始进餐时不要急不可待、狼吞虎咽,这样容易给人留下一种粗俗不雅的形象,而是要淡定从容、神情自然、举止文雅,这样就会给人一种优雅有礼的印象。

（3）不随便给他人夹菜。不要随便主动为他人夹菜、切忌鲁莽行事。共同用餐时,可以很有礼貌地劝他人品尝或多用饭菜,但应注意,适可而止,根据他人喜好来夹菜。

（4）不去争抢食物。不要菜看一上桌就立马夹菜,只夹好菜。与他人一起用餐时,要先让长者或小孩取餐,必要的时候给予照顾,适量地为其取用食物。

（5）不随意挑选菜肴。不要在菜盘里把菜夹起来又扔回盘里,挑来拣去的。取食饭菜时,要一次性夹起来,做到稳、准、快。

（6）不要玩弄桌上摆放的餐具。不要把盘子、杯子、筷子等餐具弄出声响,否则容易给人不稳重之感。

（7）不要在宴会现场吸烟。宴会现场是公众场合,不允许吸烟。吸烟污染空气,影响环境质量,也是一种无礼的表现。

（8）不要当众清嗓子。宴会时不要当众清嗓子、吐口水、吐痰等,以免影响他人健康,同时给他人极不礼貌的感觉。

（9）不要当众乱剔牙。宴会时不要当众剔牙,如果非使用牙签不可,应侧身用手掩口进行。牙签所剔之物用纸巾擦拭后丢弃在垃圾桶内。

（10）不要随意离席乱走动。宴会用餐时,不要随意离座走动,也不要离座站起夹菜。如有急事,要向同桌者致歉后才可离开。

二、西餐安排的相关礼仪

西餐是西方国家饮食饭菜的统称,通常用刀叉取食进餐。随着中外合作交流机会的日益增多,很多国外的先进教育理念也在幼儿园教育教学中广泛运用,这就要求幼儿园教师掌握一定的西餐宴请礼仪,便于在日常工作中接待外宾。西餐与中餐在文化、礼仪、风俗、口味、习惯及用具方面都完全不同,因此,了解一些西餐礼仪对幼儿园教师接待外宾是非常有用的。

西餐礼仪是指进食西餐时所应当遵照的基本规则。要想优雅而不失风度地吃西餐,就要对西餐的席次安排、餐具、菜序、西餐的品尝、酒水的饮用及西餐的要求等方面,有充分的了解。

（一）西餐的席次排列

在我国西餐受到年轻人的广泛热爱,它传入我国已有一百多年的历史。掌握必要的西餐知识,才能在吃西餐时,做到有礼有节、举止高雅。

我们应该了解一下西餐约定俗成的席次排列规则。

第一,女士为尊。在西方传统的礼仪中,女士的地位是很重要的,尤其在宴会上,首先照顾的是女士,对女士要非常尊敬,把女士放在重要位置。

第二,主宾为尊。在用餐时,要把男女主宾的席位分别安排在男女主人身旁,以便重要的男女主宾能最先受到服务员的照顾。

第三,以右为尊。西方席次排列中一个重要的规则是以右为尊。就餐时,靠近主人右手边的客人身份要高于左手边座位的客人。因此,在就餐时应将男女主宾的座位分别安排在男女主人的右手一侧。

第四,以近为尊。一般情况下,西餐席次的安排规则是把最尊贵的客人安排在距离主人最近的座位上。

第五,交叉落座。男士与女士交叉落座是西餐席次的排列原则。所以,在西餐宴会中我们对面以及身旁的人都是和我们性别相反的人。这种交叉落座的席次排列方式有利于男女之间的相互交流。

圆桌、长桌和方桌是西餐宴会中常见的餐桌。长桌是西餐使用最多的餐桌,其席次排列是:男女主人在长桌中间面对面落座,根据宾客的身份,男女交叉落座。长桌的两端可不安排席位,也可安排席位。

（二）熟悉西餐的餐具

1. 刀叉的正确摆放方法

西餐中出现在餐桌上的刀叉包括:吃肉所用的刀叉、吃黄油所用的刀叉、吃鱼所用的刀叉、吃甜点所用的刀叉等。这些刀叉的形状不同,其摆放的位置也不一样。一般情况下,吃黄油所用的刀叉横放在左手正前方;吃甜点所用的刀叉横放在餐盘的正前方;吃鱼和吃肉所用的刀叉,以餐刀在右、餐叉在左的规定分别取用,不能纵向摆放在盘子的两侧。用刀叉进食的顺序要由外侧向内侧取用。各种不同种类的酒杯和水杯,一般摆放在右前方。

2. 刀叉的正确使用方法

刀叉的正确使用方法有两种,一种是公认文雅的刀叉使用方法,即进餐时始终右手持刀,左手持叉,边切割食物边叉食食物。另一种是先右手持刀,左手持叉,切割完毕盘子中的全部食物,再将右手的餐刀斜放在餐盘的前方,左手的餐叉换到右手后开始进食。建议第一种方法用在正式的宴会场合,在便宴场合选择第二种方法。

使用刀叉时的注意事项:

要两肘下沉,用刀叉切割食物。两肘位置较高,就会影响到他人用餐,还会给人不太雅观的感觉。

要安静、稳当地切割食物,不要弄出声响。

要将食物切得大小适中,不大不小,最好以能一次入口为度,以免一口口地咬着进食,看起来不雅观。

要用餐叉叉食,不要用刀尖扎着食物进食。

不用刀叉时,要刀口向内,叉长向下,放于餐盘边沿。

刀叉掉落在地,不要捡起来继续使用,应请服务员帮换一副新刀叉。

此外,我们还需要了解有关刀叉的常识。

一次,一位朋友去吃西餐。他用餐到一半的时候需要处理一件其他事情,可是当他回到座位后,发现他的刀叉和食物都被服务员撤掉了。对于服务员的做法,这位朋友非常生气。在质问服务员后他才明白,是自己不懂得刀叉摆放方法造成的尴尬。

在用餐的过程中,如果将刀口向内,叉齿向上,刀叉平行摆放,或是刀在上,叉在下地交叉摆放在盘子里,这是在暗示服务员:请将刀叉与餐盘同时撤掉,已用餐完毕。

用西餐时临时有事离开餐桌,要注意刀叉的摆放:将刀口内向,叉齿向下,呈八字状放于餐盘上。这是在暗示服务员:此菜还未用完,请不要撤掉餐盘和刀叉。

所以,怎样正确摆放刀叉,清楚自己向服务员传递什么样的信息,就要了解好刀叉的摆放方法,以免造成误会。

3. 餐匙的使用

餐匙也叫调羹,分汤匙、甜品匙、茶匙等,是西餐中不可或缺的餐具。在具体用途上,三者不可相互替代,也不可用来舀取其他的主食和菜肴。

汤匙个头稍微大点,通常纵放在用餐者右侧最外端的位置。甜品匙个头较小,一般横放在吃甜品用的刀叉正上方。若没有甜品,则此位置被同样较小的茶匙代替。茶匙主要用于搅拌食物,不能用它来舀取红茶或其他饮品。

使用餐匙时,不要在取食时乱搅一通。每次适量取食,餐匙不宜全部入口,应保持餐匙干净。不要把使用过的餐匙放回原处,也不要将其直立于其他餐具中,更不要把餐匙插在主食和菜肴中。

4. 餐巾的使用

餐巾在用餐时起到保持卫生和传达信息两种作用。

餐巾分长方形和正方形两种。服务生会在用餐前把餐巾叠成美丽好看的造型,放在水杯中或餐盘上。在用餐时,要将服务员叠好的餐巾对折后,将折口朝向膝盖,放在自己的大腿上。以上过程都要动作轻柔地在桌子下面完成。

在用餐过程中,可以用餐巾擦嘴。与人交谈前,要先擦拭嘴巴。不要用擦嘴的餐巾擦手、擦脸、擦汗,更不要用来擦餐具,以免服务人员误认为餐具有卫生问题,特意前来更换餐具。

剔牙时,可以用餐巾掩住口部。比如:一手拿餐巾,一手拿牙签剔牙。

在宴会上,主人可以用餐巾示意宾客开始就餐。当看见主人将餐巾铺好时,就表示可以用餐了。当主人将餐巾折叠整齐放到餐桌上时,暗示着用餐结束。客人也可用这种方法,示意"我吃饱了"。

中途暂时离开,将餐巾放在自己的椅背上,表示临时离开,用餐未完;将餐巾放在餐桌上,表示用餐完毕,服务人员会立即来"撤席"。

(三)西餐自助餐礼仪

西餐自助餐因其自由、方便的特点,受到越来越多的人的喜爱。

西餐自助餐的取菜顺序是:取面包、黄油—冷菜—热菜—甜点和水果—咖啡。

西餐自助餐取菜时需要注意的细节:要按照取菜的顺序,沿餐台顺时针方向取菜;取菜时,身体与餐台距离适中,不要过近或过远;取菜后,把餐具放到原来的位置。取菜要坚持少量多取,以免造成浪费。

建议大家用餐前,提前观察清楚菜肴的种类,做到心中有数地吃好、吃爽。

西餐中的自助餐简单、方便,但在进餐时也有讲究。尤其是"吃相"要时刻注意。比如,不能咬着吃面包,要撕下能放入嘴巴的小块形状面包,再用黄油刀涂上黄油食用。

(四)西餐的菜序

西餐用餐时的先后顺序,就是西餐的菜序。东西方饮食文化和饮食习惯的差异导致中西餐菜序的差异较大。因此,在西餐宴会中要想吃饱吃好、做到合理搭配,就必须详细地掌握西餐菜序的相关知识。

西餐根据规模大小和正式程度分正餐和便餐,菜序上存在很大差异。

1. 正餐的菜序

正式场合所享用的西餐菜序复杂多样,一般由八道菜肴构成。一顿内容丰富、完整的正餐,往往需耗时 2 h 左右。

(1)开胃菜。所谓开胃菜,也就是西餐的头盘。它作为正餐的"前奏曲",一般不被列入正式的菜序。开胃菜是由蔬菜、水果、海鲜、肉食等组成的菜肴拼盘,色彩鲜艳美观,刺激宾客的味蕾,易引起宾客的食欲。

（2）面包。切片面包是西餐正餐中的主要面包,宾客可以根据自己的口味在面包上涂抹不同的果酱、奶油或奶酪食用。

（3）汤。西餐的"开路先锋"是汤,口感芬芳浓郁的汤是开胃的好菜品。西餐正餐的正式开始往往是从喝汤开始的。常见的西式汤有红汤、白汤、清汤等。

（4）主菜。主菜是西餐的"主旋律",西餐的主菜有冷菜和热菜之分。正规的西餐会上一道冷菜,包括泥子、冻子;热菜会上两道:鱼菜和肉菜。而肉菜的标准非常高,是西餐的重中之重,它标志着用餐档次与水平的高低。

（5）点心。通常主菜之后会上点心,可以使没有吃饱的人补餐填饱肚子,点心包括蛋糕、饼干、三明治等。

（6）甜品。西式甜品有布丁、冰淇淋等,它是正餐中必不可少的一道菜肴。

（7）果品。西餐中的果品有干果和鲜果。干果包括核桃、松子、开心果等;鲜果包括苹果、草莓、西瓜、菠萝等。

（8）热饮。在西餐中,热饮是最后上的,以帮助消化之前进食的食物。最正规的热饮包括红茶或黑咖啡。西餐中的热饮可以在餐桌、客厅或休息厅享用,其地点灵活多样,可随时调整。

2. 便餐的菜序

在很多场合,人们出于节约时间的考虑,会习惯于采用西餐便餐。接待人员接触西餐便餐的机会也会多一些,因此也要了解一下便餐的菜序。西餐便餐的菜序简单,大体上由开胃菜、汤、主菜、甜品、咖啡五道菜组成,但每道菜都具有代表性。

（五）酒水的配备

酒水在西餐宴会中是重中之重。酒水价格越昂贵,饮用的讲究也越多。在西式宴请中,一定要清楚地了解酒水的饮用规则。西餐的每道菜式都有固定的酒水搭配规则,每种酒的饮用也有特定的杯子,两者构成了饮酒时的重要原则。

1. 杯的使用

西餐中酒杯的使用种类繁多,共有 20 多种。一般放置在用餐者面前餐刀的上方,横排放置三四只酒水杯,其中香槟杯、红葡萄酒杯、白葡萄酒杯必不可少。根据惯例,由外侧向内侧依次取用。

2. 酒的饮用

西餐宴会上忌饮啤酒、白酒,只配洋酒。根据饮用的时机不同,西餐宴会上的酒水分餐前酒、佐餐酒和餐后酒。

（1）餐前酒,即开胃酒,一般在正式用餐前饮用,是为打开胃口而饮用的酒。鸡尾酒、味美思和香槟酒是较为普遍的餐前酒。在一般的社交场合,男士多习惯饮用威士忌苏打、威士忌调味、马提尼等,女士则以饮雪利酒为主。不习惯饮用含酒精饮料的客人,则可以饮用果汁、可乐、咖啡等。

（2）佐餐酒,又称餐酒,是指在正式用餐期间所饮用的各种酒水。在西餐中,佐餐酒主要是以干葡萄酒或半干葡萄酒为主。白葡萄酒因其味酸,去鱼腥,可在进食海鲜、鱼肉、鸡肉等"白肉"时饮用;红葡萄酒味苦,去油腻,可在进食猪肉、牛肉、羊肉等"红肉"时搭配饮用。

（3）餐后酒,具有解油腻、助消化的作用,可以在用餐之后饮用。常见的餐后酒有香甜酒,以糖液与白兰地混合而成,配以薄荷甜酒、香蕉甜酒等。餐后酒中所常见的一种酒是白兰地,它具有浓、香、烈的特点。

（六）西餐的品尝

西餐所品尝的菜式种类很多,吃法各异。我们得知道每一道菜式的吃法。

1. 开胃菜

色拉是开胃菜的主要组成部分,海鲜或果盘有时也用于开胃菜式中。吃开胃菜时,要注意两点:一是吃色拉时不要用刀切,只用餐叉叉食。二是要用专门的器具食用海鲜。一般吃牡蛎、带壳的蜗牛等都要用专门的餐叉食用,大虾要剥壳后再食用,小虾则可以直接叉食。

2. 面包

西餐中的面包有烤面包和鲜面包两种,吃法不同,应注意区分。一是烤面包。应慢慢咬着吃,不能撕着吃,并用黄油刀涂上黄油、鱼子酱等。二是鲜面包。应用左手拿取可一次入口的一小块,涂上黄油或果酱后食用。

3. 汤

喝汤在西餐中是很讲究的。正确的喝汤方法是:右手持汤匙,由近及远,向外侧将汤舀起,随后送入口中。汤如果所剩不多,可用左手由内侧托起汤盘,使其外倾,随后以汤匙舀取食用。

4. 主菜

西餐中的主菜有很多样式,冷菜常见的有泥子、冻子等,热菜最常见的有鱼、鸡、肉等。

泥子一般是以虾、蟹或动物的肝脑为主料,配以鸡蛋、芹菜,加入佐料,搅拌而成的一种菜肴。食用泥子需要用餐叉。

冻子是用煮熟的食物和汤汁冷却凝结而成的一种菜肴,食用冻子时,应以刀切割,以叉食之。

食用鱼时,要用餐刀将骨、刺剥出,把鱼肉切成适中小块,并用叉取食。

吃鸡之前要先去除其骨骼,再用刀切割鸡肉,用叉取食。

西餐的肉菜主要包括牛排、猪排、羊排等。进食肉菜时要从左往右切割,适量叉取后食用。

5. 点心

饼干、三明治、土豆片、通心粉是西餐中的主要点心。

饼干要用右手拿着吃。

三明治要用双手捧着吃。

土豆片不要捏碎,应直接以手取食。

通心粉不能吸食,要用右手握叉将其缠绕在叉上,左手则持汤匙予以辅助,将其送入口中。

6. 甜品

布丁和冰激凌是西餐中最常见的甜品。

布丁是流质性食物,要用专用的餐匙取食。

冰激凌放置于高脚玻璃杯中,可用餐匙食之。

7. 果品

西餐的果品常见的水果有苹果、香蕉、草莓、菠萝、橙子等。西餐中的水果进食方法与日常生活中的吃法不一样。

草莓。普通的草莓直接用手取食即可。而吃带调味汁的草莓,则必须使用餐匙。

香蕉。平常食用香蕉是剥皮后直接整只食用,但是在西餐中,香蕉应先剥皮,然后用刀切成小段,逐段食用。

菠萝。西餐中吃菠萝,需要将菠萝切成小块,再用餐叉取食。

橙子。在正规宴会上食用橙子,需要以刀去皮,再用刀叉剥离内皮,然后用刀叉分瓣食之。非正式场合,用刀去皮后,将其切成小块,可以直接用手取食。

(七)西餐宴会的基本要求

西餐礼仪源自古代宫廷,具有极为严格的进食要求。接待人员在西餐宴请时要想做到礼仪周全、不失风度,就要提前学习好西餐礼仪的具体知识。一般来说,参加西餐宴需要注意以下四个方面:

1. 讲究穿着

赴宴之前,应该精心搭配个人穿着,以示对他人的尊重和对宴会的重视。西餐着装有礼服、正装、便装三种。

(1)礼服。按惯例,礼服用于参加隆重的宴会。在重要的宴会中,女士须穿拖地长裙,搭配长筒薄纱手套;男士可穿黑色燕尾服,扎领结。当然本民族的盛装,如我国的中山装、旗袍等,有时也可起到礼服的作用。

(2)正装。在普通的宴会上,宜穿黑色、藏蓝色等深色套装或套裙,这是正装的代表。

(3)便装。便装用于参加一般性的聚餐。浅色西装、休闲西装以及女士的时装等都属于便装之列。

2. 举止文雅

在西餐宴会上,举止文雅、行为得体是个人素养的重要体现。要想给别人留下良好的印象,必须注意如下几个方面:

(1)进食无声。进食过程中不要发出任何声响,尤其是不要发出咀嚼食物的声音或品尝酒水的声音。

(2)防止异响。异响包括两种,一种是个人身体发出的声音,如咳嗽、打嗝儿、打喷嚏的声音;另一种是因扭动身体或站立不稳而导致的桌椅声响。用餐时,应尽量避免发出这些声响。

(3)讲究吃相。用餐时,要注意餐桌、餐具的干净整洁,及时用餐巾擦嘴。还要避免汤汁溅到自己或他人身上。

3. 尊重女士

西餐礼仪的一大主要特点是尊重女士,体现在如下两个方面:

(1)礼待女主。女主人是西餐宴会中的主角。客人要积极主动问候女主人,并按女主人的示意来开始进餐或结束进餐。

(2)照顾女宾。男士在吃西餐时有义务主动有礼地照顾女宾客,如为其存外套、挪桌椅、取甜点、水果等。

4. 积极交际

举办西餐宴会的主要目的是开展社交活动、扩大参与者的交际圈。因此,参与者不要只享受美味而忽略了交际。赴宴时,一定要注意宾主交际、来宾交际,这是必不可少的环节。

(1)宾主交际。赴宴时,客人一定要向主人致意,并表达感激之情。要懂得找一个合适的时机与主人聊天,便于联络情感。

（2）来宾交际。西餐宴会是会见老朋友、结交新朋友的好机会。积极主动与身边的宾客融洽交谈,既能显示出自身的随和近人,还有利于树立自身形象和扩大交际范围。

任务二　掌握接待礼仪

迎送来宾,既能反映园方的接待水准和园方的礼宾规格,也能很好地展现接待者个人素质。接待工作要讲究善始善终。在整个接待活动中,必须坚持主随客便、以礼相待。对于外来进园参观者,园内门卫要进行登记,如果人数众多,可集体登记,清点人数。此外,流感高发季,园内医务室要对进园参观的外来人员测试体温。总而言之,幼儿园教师在接待过程中迎送来宾,一定要掌握待客之道。

一、待客礼仪

以礼待客是接待之道的核心。要把这一指导思想落实在以下几个方面:

（一）细心安排,创造良好环境

幼儿园教师在与来访者约定后,应做好接待准备工作。具体指以下三点:

第一,干净整洁的环境。在客人到来之前,需要对会晤场地专门布置,并进行一次彻底的卫生清洁工作,创造良好的待客环境。

第二,种类齐全的生活用品。来宾来访前,需要准备好必要的日常生活用品,以备来宾之需。如水果、点心、茶水、玩具、报刊等。

第三,便利安全的交通工具。主动为客人安排力所能及的交通工具。解决来宾的交通问题要注意善始善终。这样做,既可为来宾排忧解难,也体现出了幼儿园教师善解人意的待客之道。

（二）讲究仪表,塑造良好的形象

双方都要讲究仪容仪表。要精心设计穿着打扮,修饰好仪容仪表或者神态表情,在接待中要表现得自然得体、落落大方。

（三）热情相迎,礼貌诚恳地待客

幼儿园教师在接待客人时一定要表现出自己的热情与真诚。这样才能让来宾感觉到主办方的真心实意。对来宾的热情相待,应当体现在以下两方面:

第一,要提前在门口迎接客人,如未及时迎接客人,见面时可立即用"失迎"或"有失远迎"等语言表达歉意。

第二,要做到时时、处处、事事以来宾为中心,切勿三心二意、顾此失彼,有意无意地冷落来宾。

二、熟悉详情

本着"知己知彼"的原则,迎送来宾的接待人员要提前对来宾的有关状况掌握清楚,才能有效保障全部迎送活动乃至整个接待工作的顺利进行。

（一）掌握来宾的具体状况

要将迎送来宾工作进行得圆满顺利,达到双方都满意的效果,接待方要充分掌握来访人员的具体状况。这是接待人员做好迎送工作的基本保证。

1. 主宾的个人简况

对主宾的情况如姓名、性别、年龄、籍贯、民族、单位、职务以及文化程度、宗教信仰、生活习惯、个人偏好、家庭状况、职位变迁、政治倾向、业务能力、社会评价等要了解清楚。对其他来宾的基本情况,亦大致有所了解。

2. 来宾的总体情况

接待人员应了解清楚有关来宾的总体情况如具体人数、性别、相关专业、内部关系、组团情况及负责人信息等。

3. 来宾的整体来访计划

接待人员应对来宾的来访计划,特别是访问目的、指导方针、大致安排等,有一定程度的了解。

4. 来宾的具体要求

接待人员要认真听取、充分考虑来宾所提出的要求或意见、建议,并做好记录,汇报给接待领导小组。

5. 来宾的抵达时间

接待人员务必再三核实来宾正式抵达的时间,如具体日期、具体时间以及相关的航班、车次、地点等,以免在具体工作中出现重大差错。

（二）了解己方的相关规定

从事迎送工作的接待人员对己方的相关规定一定要全面了解。

其一,己方的接待方针,包括己方对接待工作的要求。

其二,己方的礼宾规格。

其三,己方的关注重点,是指重视迎送来宾过程中的某些重点环节和重点来宾。

其四,己方的有关预案,是指对接待工作中随时可能出现的突发性、临时性状况所做的预备方案。

三、关注细节

接待人员在迎送来宾的活动中,要做到事事从大局着眼,明辨大是大非;还要做到处处从小事着手,关注细节问题,避免因小失大。古人云:"天时、地利、人和"才能做好一件事情。那么,在迎送活动中的"天时、地利、人和",主要体现在天气、交通、安全三大细节方面。

（一）天气状况

天气的变化多端对人们的正常活动产生很大影响。而在迎送来宾的具体工作中,天气情况则更是必须时刻关注的。主要应当注意以下几点:

1. 掌握天气变化规律

接待人员要充分了解当地的天气变化规律,提前做好预案。任何时候都不应该使迎送活动"逆风而动"或草率行事。

2. 制定应急方案

俗话说:"天有不测风云"。在制订迎送来宾的计划时,一定要考虑到可能产生变化的天气状况,并提前制订好应对方案。

（二）交通状况

接待人员要考虑到交通状况。交通方面存在隐患，将严重影响迎送活动的顺利进行。在交通问题上，要考虑两点：

1. 安排好交通工具

接待方要负责迎送活动中所使用的交通工具。

2. 向交管部门提前通报

向当地交通管理部门进行例行情况通报，是尊重交管部门的表现，必要时还能得到交管部门的大力支持与配合。

（三）安全状况

在公开的接待活动中一定要高度重视安全问题。树立"安全重于泰山"的观念。在迎送过程中要注意车辆行驶安全，还要根据情况采取必要的安全措施。例如，事先向公安部门报备，必要时请求对方给予协助。做好安保措施，提前对所有的活动参与者进行资格审查和例行安全检查。如果是特别隆重的接待活动，应当采取保密措施，并安排适量的保安人员到场协调。

四、斟茶倒水的礼仪

最具中国特色、最受人欢迎的待客方式是以茶待客，敬茶是招待重要客人必不可少的礼仪。

（一）奉茶的顺序

来访客人较多时，一定要慎重对待上茶的先后顺序，不能随意而为。

奉茶的礼仪规范如下：先客后主，先主宾后次宾；先女后男，先长辈后晚辈。

来访宾客较多且差别不大时，可用下面的顺序上茶：一是以上茶者为起点，坚持由近到远原则；二是以进入客厅之门为起点，顺时针上茶原则；三是以客人先来后到为上茶原则；四是不讲顺序，饮用者自行按需取用。

（二）敬茶的方法

以茶待客要遵守"酒满茶半"原则，一杯茶只倒七八成满即可，斟茶应先将茶沏好，倒入茶杯，然后放在茶盘之内端入客厅。客人如果较多，需多备几个茶杯。

敬茶的礼仪规范是：双手规范地端着茶盘进入客厅，先将茶盘放在离客人最近的茶几上，然后右手拿杯托，左手附在杯托旁边，从客人左后侧双手将茶杯递过去，并置于客人右前方。茶杯放到位后，杯耳应朝右侧。若是没有杯托的茶杯，应双手捧上茶杯。从客人左后侧上茶，这样不会妨碍到客人的交谈。尽量不要从客人的正前方上茶。

敬茶时，不要一只手上茶，更不要只用左手上茶。双手奉茶时，不要让手指搭在茶杯口上，或让手指浸到茶水中，以免把茶水弄脏。放茶杯时，不要因粗枝大叶而无意间撞到客人，也不要把茶杯放在客人所带物品上，或客人容易撞翻的地方。最适当的做法是将茶杯放在客人面前或右手附近。

（三）续水的时机

中国人有"上茶不过三杯"之说，意思是为客人续水上茶要讲究主随客便，切勿不停地为之斟茶。一杯是敬客茶，二杯是续水茶，三杯是送客茶。如果多次劝客人用茶，却无话可讲，可能会暗示宾客"应打道回府了"。

五、送别来宾要考虑周全,热情话别

接待方在送别来宾时通常会举行一个简单的送行仪式,包括话别和送行等。接待人员要做到一如既往、有始有终,必须认真做好话别和送行工作。按照送别礼仪,来宾是外地来的,那么主办方应在来宾离开本地之前专程前往其住所探望、话别。通常情况,接待人员应陪同来宾一同前往车站、机场或码头,亲自为来宾送行。接待人员要在来宾正式登机、登车或登船之际与对方握手道别,并预祝对方旅途愉快。一般情况下要目送来宾离去并挥手致意。特别要注意的是,送别人员不能在来宾尚未离开时提前离去。

礼仪常识

礼宾的次序排列方法有哪些

国际交往中的礼宾次序,是指对出席活动的国家、社会团体、各国人士的位次,按规则和惯例进行排列的先后次序。礼宾次序的排列,在国际上已有一定的惯例,常用的排列方法有以下三种:

(1)按身份与职务高低安排。一国代表团,按其成员的职位高低安排;多国代表团,按团长身份职位高低安排。由于各国的国家体制不同,部门之间的职务高低不尽一致,所以要根据各国的规定,按相当的级别和官衔进行安排。

(2)按字母顺序安排。在多边活动中,常采用按参加国国名首字母顺序安排,一般以英文字母排列居多。东道国一般排在最后。

(3)按时间先后顺序安排。东道国对同等身份的外国代表团,可按代表团抵达活动地点的时间先后顺序安排,也可按应邀复函日期先后顺序安排。

任务三　了解拜访礼仪

拜访,是指主动登门到别人家恭敬地进行拜会访问活动。日常生活中常见的交际形式是做客拜访,它是互相交流感情、增进友谊的有效途径。幼儿园教师会经常参与一些拜访活动,掌握一定的拜访礼仪是很有必要的。拜访的礼仪很多,要知道总体的礼仪规则,提前做好必要准备。还要明确每次拜访的目的,做到心中有数。此外,还得注意拜访时的言行举止等。

一、总体的礼仪规则

幼儿园教师在拜访家长、亲友和长辈时,要注意以下几个方面:

第一,不要在夜间拜访。夜间拜访会存在很多安全问题,实在是迫不得已,必须夜间拜访时,那就要简单、快速地结束拜访,不要过多交谈,以免影响对方休息。

第二,要提前对拜访对象通报请示。拜访的时间和地点要提前跟对方预约好,拜访当天,出门前也要再次告知对方自己的拜访行程,使对方心中有数。

第三,要尊重拜访的主人。进门后要主动问候主人以及主人家的其他人,可以用一些表示尊敬的问候语:"您好,见到您很高兴""打扰您了""给您添麻烦了"等言语。

第四，要保持良好的仪态。坐姿大方得体，站姿昂首挺胸。不东张西望，讲话要规规矩矩、自信大方。

第五，要保持认真倾听的习惯。要认真倾听主人的谈话，并有礼貌地回应。如持相反的意见，须等主人把话讲完后再阐述自己的观点。务必多听少说、多请教。

第六，要选择合适的时机告辞。为了避免过多打扰主人，拜访时间不宜太长；也不要突然告辞，要等主人把话讲完。

二、拜访前的礼仪

在拜访前掌握必要礼仪知识可促使拜访顺利进行。拜访前应主要掌握如下礼仪常识：

（一）提前预约拜访时间

选择双方都合适的时间去拜访，并提前预约好时间，便于主人及其家人提前做好准备。没有预约的拜访是很失礼的。

一般合适的拜访时间是上午 10 时或下午 4 时左右。应尽量避开早晨繁忙的时间、午休时间、吃饭的时间和晚上休息时间。做客时间控制在半小时左右，如主人显出疲倦或有其他客人时，应适时告辞。

如果预约好了拜访时间，就要信守承诺，准时到达，以免主人久等。如因突发特殊情况而不能前往，应提前告知对方并表示歉意。不经提前告知，随意失约是非常不礼貌的行为。

（二）礼品的选择

第一次拜访别人时，适当带些小礼品或鲜花。所送礼品最好有精致包装。关系很熟的可不必带礼物，但遇有重要节日，可以带些大家都喜欢的礼品。所赠送的礼物尽量不要在对方家附近买，这样会显得没有诚意，也没有礼貌。

1. 礼品选择的适宜性

（1）选择适合需要的礼品。送人礼品要投其所好，符合对方的实际需要，根据对方的兴趣和爱好挑选。如果拜访的主人家有老人或小孩，要选择适合他们需求的礼品。

（2）选择有意义、有价值的礼品。在公务活动中送礼讲究"礼轻情义重"。礼品不一定选择价格高的，但是一定要有价值和意义。不提倡大额高档的商品或名贵的珠宝，否则会让受赠者蒙受受贿之嫌。

（3）选择富有特色的礼品。在商务活动中经常选择独具特色、富有创意的礼物，会让对方有耳目一新的感觉。

（4）选择时尚新颖的礼品。送人的礼品不要过时或落伍。因每个人经济状况不一样，选礼物不一定要符合时尚潮流，但也不要太缺少时尚元素。否则会让对方有一种被轻视或应付的感觉。

（5）选择鲜花作为礼品。芳香怡人的鲜花很受人们欢迎。赠送鲜花，可以表达纯洁的友谊或情感，也可以体现高雅浪漫的品位和境界。因此，建议家庭拜访时赠送鲜花。

2. 选择礼品时坚持"五不要"原则

在选择礼品时，一定要回避对方的禁忌，不送对方讨厌的礼品。

（1）不要选择违反国家规定的礼品。赠送他人礼品时，不要选择违反国家法律、法规的物品，例如，国家级珍贵的野生动植物或涉黄、涉毒、涉枪等的嫌疑物品。给外国友人送礼品时，也要选择不违反对方所在国家法律、法规的物品。接待人员在执行公务时,不能以任何理由收受礼品。否则,就会涉嫌受贿。

(2)不要选择对方忌讳的礼品。赠送礼物时,要尊重对方的风俗习惯或个人禁忌。不要送忌讳的物品给对方,以示尊重。如,老人对钟表很忌讳,小夫妻忌讳送梨,恋人间忌讳送伞;不能送含高脂肪、高胆固醇的食品给患有"三高"疾病的人。

(3)不要选择有害身心健康的礼品。有些物品法律上没有明确禁止,但是对人们的身体健康有害。例如香烟、烈酒或庸俗低级的书刊等,尽量不要作为礼物送给对方。

(4)不要选择过期或陈旧的礼品。除古玩之外,在一般情况下不能把废弃、闲置品或未使用完的东西作为礼品送给他人。过期的食品和无用的物品都不能送与他人。此外,别人送的礼品也不能再次送人,这是对对方不尊重和轻视的表现。

(5)不要选择有明显广告宣传的礼品。不把带有明显广告语或广告标志的物品送给他人。这是尊重对方的表现,否则对方觉得你在利用他进行广告宣传。

3.赠送礼品时应注意如下几个方面

(1)礼品要有精美的包装。在正式场合赠送别人礼物时,要提前用专门的礼品包装纸或包装盒将礼物包装好。包装礼品时,也要讲究其材料、色彩图案及捆扎方式。礼品包装是礼品的重要组成部分,也是送礼时不可缺少的环节。如果不注意包装,就会被认为随意应付,还会导致礼品"贬值"。

(2)要神态自然、举止大方地送礼。赠送礼品时,不要偷偷摸摸、不好意思,应当站立起来,靠近受赠者,双手温柔有礼地送给对方。不要把礼品乱塞在对方的屋内,或悄悄放下,一定要告知对方。如果需要同时多人赠送礼品,按照先长辈后晚辈、先女士后男士、先上级后下级、先外宾后内宾的顺序,有条不紊地赠送。

(3)说明礼品的特别之处。当面亲自赠送礼品时,要给对方说清楚赠送礼品的原因、礼品的特色、礼品的寓意及礼品的用途等。对于比较新颖的礼品,要向受赠者说明其特点和用途,让对方清楚礼品的使用方法和新颖之处。

(三)注意个人仪表

仪表跟一个人的卫生习惯、内在修养、个人保养等方面有着密切关系。仪表是一个人精神面貌的外在体现。拜访他人之前,一定要注意自己的仪表。

首先,讲究个人卫生。清洁卫生是仪容美的关键,是礼仪的基本要求。不管长相多好,若不洗脸,那么必然会破坏一个人在他人心目中的美感。因此,每个人都应该养成良好的卫生习惯,在拜访之前更要讲究个人卫生。

其次,讲究服饰搭配。服饰反映了一个人的审美追求和穿着品位。拜访者的服饰既要自然得体,又要遵守职业规范。服装要与不同的场合相适应,根据客观环境、场合来选择与之适宜的服装。

(四)时间观念要强

拜访最基本的礼节是提前打电话与对方确定时间、地点。一旦确定好时间、地点后,就一定要做个守时的人。不能因为任何原因迟到,否则会影响你在对方心目中的形象。所以要提前打听清楚交通路线、路况,还要考虑到可能出现的意外因素,确保提前到达约定的地点,而且只能提前不能迟到。假若因为不可抗拒的因素迟到,要及时打电话告知对方。

三、拜访期间的礼仪规范

拜访期间的礼仪主要从敲门礼仪、握手礼仪、就座礼仪、谈话礼仪、拜访的时长控制以及需要另外注意的细节这几个方面来把握。

（一）敲门礼仪

进门前应按门铃或敲门，最好用食指或中指关节敲门，力度适中，间隔有序敲三下，等待几秒；如无应答，可再稍加一点力度，再有序地敲三下，如有回应，侧身立于右门框一侧，等待主人开门。主人开门之后，应进行简短的问候，等对方说"请进"之后再进去。进入房间后，顺手关上房门。

（二）就座礼仪

进入主人房间以后，千万不要急于坐下。主人没有说"请坐"就不能随便坐下。当拜访的是年长者或上级时，主人不坐，自己不能先坐。主人说"请坐"之后，要回应"谢谢"，然后用规范的坐姿、轻轻地坐下，千万不要跷二郎腿。主人如果端来水果或茶水，要立即起身用双手接过并表达感谢。另外，拜访他人时不要吸烟，以示对主人的尊重。

（三）谈话礼仪

与主人交谈时语气要温和亲切、使用礼貌、文明语言，并认真倾听主人的谈话。如有他人在场，可在旁边慢慢等待。如果你在谈话，又有客人来访，应尽快结束谈话，以免让他人久等。谈话的礼仪规范具体如下：

1. 语言简短、适当寒暄，尽量快点进入正题

要直截了当地表达你要说的事，不要没完没了地讲无关紧要的事情。

2. 语气温和、态度诚恳地谈话

跟主人谈话要语气温和，态度诚恳，声音适中，语调平和沉稳。多给对方发表意见和看法的机会，认真地听，不要辩解或打断对方讲话。如有意见，可在对方讲话停止之后再发表，和主人意见不一致时，不要争论不休。

3. 谈话姿势要得体

谈话的姿势往往反映出一个人的修养和素质。交谈时，要正视对方、倾听对方说话的内容，不要东张西望。否则，会给对方你心不在焉、三心二意、傲慢无礼的感受，让拜访陷入僵局或失败。

（四）拜访时间

合理把握与主人交谈的时间。第一次拜访的时间应控制在 30 min 左右为好，以免影响主人及其家人的正常生活。根据场合把握时间，如果谈完事情后需要立刻离开，可立即起身告辞。因为你是拜访者，提出离开的主动权在你，主人不可能提醒你该离开了。

拜访的时间超出了预定时间该如何处理呢？根据谈论事情的重要程度来决定是否有必要继续。如果事情非常重要，要用委婉的语气向对方说明，请他允许你把事情讲完。如果对方答应了你的要求，就可以继续谈下去。若对方声明还有别的事，则需再预约拜访时间。如果接下来的事无关紧要，对方也没留你继续闲谈的意思，此时就可以起身告辞了。

（五）握手礼仪

握手是一种沟通思想、交流感情、增进友谊的重要方式。无论拜访的结果成功与否，都应

与主人握手告别。握手时，目光要注视对方，面带微笑，不可心不在焉、左顾右盼。与他人握手时不可戴帽子和手套。在正常情况下，握手的时间一般不超过 3 s，握手时需要站立，以示对他人的尊重、礼貌。

（六）应邀到家中拜访时应注意的细节

应邀到主人家中拜访、做客时，未经主人允许不能随意参观主人的家。在主人的带领下参观时，不要去触动室内摆设的用品。对主人的家人要一一问候，对主人家养的猫、狗等宠物，不应表示害怕或讨厌，更不能踢打动物。离开时，应有礼有节地向主人表示感谢。主人献上水果、糖果、小吃等食物时，要等其他客人或年长者动手之后才能取用。不要乱丢果核、果皮，更不可以乱翻主人家的东西。

拜访礼仪是综合性，已经广泛地应用到日常交往之中。能否在交际中灵活运用以上礼仪规范显得极为重要。拜访成功，所办之事水到渠成；反之，将是竹篮打水一场空，搞不好还会被扫地出门，置你于尴尬境地。如果在拜访中注意正确地使用礼仪知识，一般情况下，不会发生拜访失败、尴尬的情况。

四、拜访结束时的礼仪规范

作为客人，口头提出告别后应立即起身告辞，不能三番五次说要走，结果还坐着滔滔不绝地说。走之前不要忘记对主人的热情招待表示感谢，尤其要向女主人道别。当主人送你走到门口即将分手时，应主动与主人握手道别，并说"请回""留步""再见"之类的客套话。在一般情况下也应发出回请的邀请。在日常生活中我们如何回请他人，具体做法如下：

在一般情况下，应邀参加婚礼、舞会、官方的盛大集会或者付费的活动后，不需要有"回请"的义务。而参加私人举行的家宴包括午餐、酒会、晚宴时，则需要回请，以示礼貌。

只要情况允许，最好以同样的方式回请对方。如果没有条件用同样的方式报答盛情，就应该设法请对方吃饭，或以其他能使其高兴的形式回请。如果对方谢绝了第一次邀请，应该再请一次，最好是两次以上或者多次。多次邀请，还是请不动，就可以作罢，或者等将来某个日子有适合他们参加的活动时再进行邀请。

经典故事

拜访的故事

张林是市外办的一名干事。有一次，领导让他负责与来本市参观访问的某国代表团进行联络。为了表示对对方的敬意，张林决定专程前往对方下榻的饭店拜访对方。

为了避免出现尴尬，他先用电话与对方约好了见面时间，并且告知自己将停留的时间长度。随后，他对自己的仪容、仪表进行了修饰，并准备了一些本市的风光明信片作为礼物。

届时，张林如约而至。他主动向对方问好，并与对方握手。随后做了简要的自我介绍，并双手递上自己的名片与礼品。简单寒暄后，他便直奔主题，表明自己的来意，详谈完后便握手告辞。

作为一名国家公务员，张林上述表现符合拜会的常规礼仪，展示了自身训练有素的交际风采。

（来自百度文库，有整理）

任务四　掌握庆典活动礼仪

庆典,是各种庆祝仪式的统称。幼儿园教师往往有机会参加各种庆典活动。掌握一些常见的庆典活动礼仪规范,就可以避免在重要的庆典活动中出错。我们主要从庆典活动礼仪规则、学校典礼的礼仪要求以及生活中常见的婚礼礼仪来进行学习。

参加庆典时,不论是主办方还是受邀宾客,都要时刻注意自己临场之际的行为举止。

一、庆典活动的礼仪规范

在庆典活动中,一定要做到文明礼貌。主要注意事项如下:

事先要洗澡、理发。男士应刮胡须,女士应化淡妆,干净、整洁地出席庆典活动。不顾形象出席庆典活动是不礼貌的。

要穿礼仪性服装。男士应该穿深色的中山装套装、西装套装,配以白衬衫、素色领带、黑皮鞋。女士应当穿深色的西装套裙或女士套装,搭配黑色高跟鞋。大方、庄重、整洁,一般不宜任其自然、随意着装。

要遵守时间。提前十分钟左右到达,不能迟到、无故缺席或中途离场。如有特殊情况不能到场,应尽早通知主办方,不要辜负主人的一番好意。

宾客参加庆典仪式时,可送些贺礼,如花篮、镜匾、楹联等,以表示对对方的祝贺,并在贺礼上写明庆贺对象、庆贺缘由、贺词及祝贺单位。

见到主人应表达祝贺,并说一些吉利的话语。

入座后应礼貌地与邻座打招呼,通过自我介绍、互换名片等方式结识他人。

宾客在典礼上致贺词时,不能随意发挥,要简短精练,要表现得沉着冷静、心平气和,注意文明用语,少用含义不明的手势。

在典礼过程中,宾客要根据典礼的进展情况,做一些礼节性的附和,如鼓掌、跟随参观、写留言等。不要在庆典期间随意走动,不要找周围的人说悄悄话、开玩笑。不要有意无意地做出对庆典毫无兴趣的姿态。对举办方的劳动要表示尊重。庆典结束,对主办人员表示祝贺与感谢,方可离开。

二、幼儿园典礼的礼仪要求

幼儿园典礼是一种较为隆重的庆典仪式,是为值得庆贺和纪念的事而举行的仪式。常见的幼儿园庆典仪式有升旗仪式、入园典礼、毕业典礼等。

1. 升旗仪式

(1)升旗仪式的程序。升旗仪式在幼儿园不是常规活动,只有特殊庆典时才会举行。举行升旗仪式时,幼儿园全体师生都应参加。全体幼儿集合在大操场上,整齐排列,面向国旗,肃立致敬。升旗仪式的整个程序是:

列队:在仪式开始前,全体师生面向国旗列队站好。旗手、护旗手、主持人等做好相关的准备工作。

出旗:主持人宣布升旗仪式开始,全体肃立;旗手持旗,扛在肩上或举至头上方,护旗手站在旗手两侧,齐步走向旗杆,悬挂完毕做好升旗准备。

升旗:当国歌奏响时,升旗手将国旗徐徐升起至旗杆顶。教师及全体幼儿行注目礼。

唱国歌:礼毕后由仪式主持人宣布,全体师生齐唱《国歌》。

(2)参加升旗仪式的礼仪。全体教师要求穿统一的园服参加升旗仪式。幼儿服装要庄重,不要穿着随意不整。戴帽子的要脱帽,以示对国旗的尊重。在整个仪式过程中全体师生都要保持肃立的姿态,并庄严行注目礼。如果来晚,恰逢升旗奏国歌时,要立即停止走路,严肃立正,等待升旗仪式完毕后,方可继续行走。

参加升旗仪式神态要庄严,精神要饱满,态度要严肃,队列要整齐,所有人都要保持安静,切忌喧哗、走动、嬉闹、东张西望、心不在焉、交头接耳。即使是寒冷的冬天,也不能把手插在口袋里。唱国歌要有激情,曲调准确,声音洪亮。

2. 入园典礼

(1)入园典礼的程序。很多幼儿园每年都要举行入园典礼。入园典礼是为祝贺新生入学而举行的隆重庆典仪式。入园典礼是对幼儿进行入园教育的第一课,可以使幼儿了解幼儿园的历史、现状,也可以使幼儿明确幼儿园的培养目标和管理制度,知道幼儿园学习生活的特点,为尽快适应在园学习和生活提前做好思想准备。入园典礼的程序如下:

主持人宣布入园典礼开始;

奏国歌;

主持人介绍幼儿园领导及各职能部门负责人;

园长讲话;

教师代表讲话;

在园幼儿代表发言;

新入园幼儿代表发言;

主持人宣布入园典礼结束。

(2)入园典礼的礼仪。入园后参加的第一项集体活动是入园典礼。尽量不要无故缺席入园典礼。应随班集体提前到达会场,到指定位置就座,不允许任何人迟到、中途离席。

在入园典礼上,学生与老师都应穿较正式的服装。

在各级领导和来宾、教师、幼儿代表等发言时,应适时地报以热烈掌声回应。奏国歌时,要听从主持人的指挥。原地起立,呈立正姿势。注意认真听讲,不交头接耳,不做与典礼无关的事情。手机要关闭或调成静音模式。在典礼过程中,不要接打电话,也不要收发短信。

典礼结束,主席台上的领导、来宾退席后,再有序退场。

3. 毕业典礼

(1)幼儿园毕业典礼的程序。毕业典礼是为毕业幼儿举行的隆重毕业庆典仪式,是幼儿园对幼儿进行毕业教育的最后环节。庄严、隆重、热闹的仪式会给幼儿留下美好、难忘的回忆。毕业典礼的程序是:

主持人宣布毕业典礼开始;

全体起立,奏国歌;

园长致辞;

宣布优秀毕业生名单,为优秀毕业生颁奖;

在宣读获得毕业证书的幼儿名单,向毕业幼儿授毕业证书时,如果人数比较多,可安排毕业幼儿代表上台领取;

教师代表发言;

毕业幼儿代表发言;

毕业班向母校赠送纪念品;

主持人宣布典礼结束。

(2)毕业典礼的礼仪。毕业典礼是幼儿在幼儿园参加的最后一次集体活动,没有特殊原因不允许请假,也不要迟到或早退,要提前十分钟到达指定位置。幼儿参加毕业典礼一般穿统一服装。领导和教师也要穿正式服装。严格遵守会场纪律,维护良好的会场秩序,要给母校、给老师留下一个美好的印象。

在领导、教师和幼儿代表发言时,在毕业幼儿代表领取毕业证书、荣誉证书时,都要适时地鼓掌表示欢迎和祝贺。以留恋、严肃、认真的态度参加好毕业典礼。

典礼结束,主席台所有领导、老师、幼儿代表均退席后,才能按照要求有序退场。

三、参加婚礼的礼仪规范

作为别人的亲朋好友,幼儿教师会经常被邀请参加婚礼。了解一下参加婚礼的基本礼仪,既是对新人的尊重,也能维护和增添婚礼的喜庆、和谐气氛。

参加婚礼时要注意以下几个方面:

(1)参加婚礼前,要做好面容的清洁和修饰工作。男士要洗好头发和面部,女士可以化个淡妆,不要浓妆艳抹地参加婚礼。

(2)女士的穿着打扮不要比新娘华丽抢眼,修饰、大方得体即可。男士的穿着打扮也不要比新郎更帅气,以免有跟新郎、新娘抢镜的嫌疑。

(3)收到婚礼的请柬后,要提前两三天主动和新人联系,告知自己能否出席,有哪几个人一同去,以便对方安排。

(4)祝词时,最好不要只说合乎道理的人生训示,显得不真挚。在祝词中可以掺杂上一些有关新郎、新娘的爱情趣闻小插曲,将气氛烘托到愉悦的状态。

(5)馈赠新人礼品。应当尽可能对新人的性格、爱好、需求等加以分析,然后选择合适的礼品和适当的送礼方式。

(6)参加婚礼要适时问候。应向新人的长辈们(尤其是双方父母)、上司等问候致敬,给新人合适的祝福,表示热情的关怀。

经典故事

风趣的陈毅

中华人民共和国成立初期,陈毅任上海市市长。有一次对工商界人士演讲,讲台上摆放着名贵的鲜花和精美的茶具。陈毅一上台就说:"我这个人讲话容易激动,激动起来容易手舞足蹈。讲桌上的这些东西,要是被我碰坏,我这个供给制的市长,实在赔偿不起。所以我请求会议主持人,还是先把这些东西'精兵简政'撤下去吧。"会场上立刻发出了轻松的笑声。

在一次会议上,陈毅市长为落实知识分子政策而大声疾呼:"不能够经过了几十年改造、考验,还把资产阶级知识分子这顶帽子戴在所有知识分子头上!"说到这里,陈毅摘下帽子,向参加会议的知识分子代表鞠了一躬,然后大声说道:"今天,我给你们行脱帽礼!"这真挚的感情和恰到好处的幽默,使与会者为之动容。

(根据网络资料整理)

任务五　了解涉外礼仪

一、涉外礼仪规则

涉外礼仪的准则是在长期国际交往中形成和发展起来的,不是由个人规定而产生的。在外事接待方面,各国礼仪既相通、相容又兼具各自特点。我国的涉外礼仪规则是在遵守国际惯例和各国民族习俗的基础上不断革新、完善而形成的。幼儿教育国际化是学前教育发展的趋势,幼儿教师会经常与外教、外国专家学者沟通交流,那么就不可避免地会接触到涉外事务,掌握涉外礼仪规则、外事接待礼仪、外事迎送礼仪等相关知识是非常有必要的。幼儿园教师作为公职人员从事接待外宾工作时,要注意以下几点:

(一)要有大局意识

[JP+1]涉外工作,特别是政治性的工作,要根据本国的对外政策进行组织,要有大局意识,不能偏执任意,逆对外政策而行。如国家禁止向某国出售某种材料,那么在涉外工作中就不能违反此规定。要坚持一切以国家大局为重的原则,不能做危害国家利益的事。[JP]

(二)要坚持不卑不亢

不卑不亢就是要在涉外交往中做到自然大方、待人真诚,既不妄自菲薄、自惭形秽,也不狂妄自大、嚣张放肆。只有在涉外交往中表现得不卑不亢,才能维护好祖国的尊严和自己的人格。坚持不卑不亢,就是尊重自己、尊重他人。

1. 尊重自己

外事工作人员在涉外交往中要坚持行动为先,尊重自己的原则。以自尊、自爱、自信的精神状态呈现在外国朋友面前,在行为举止中表现得豁达开朗、乐观坦诚、大方得体、不卑不亢。要做到谨慎不拘谨,主动不盲动,有主见、有魄力。在任何情况下,都要坚持自立、自强,以行动向国外友人展示中华民族文明有礼、不卑不亢的精神风貌。

2. 尊重他人

外事工作人员在涉外交往中坚持自尊的同时,也要尊重他人。从本质上来说,尊重他人就是尊重自己。在涉外交往中,要尊重外国友人,尊重对方的风俗习惯,平等、友善、虚心、礼貌地与对方交往。坚决反对自以为是、目空一切的狂妄自大行为,这些都是无礼的表现。

(三)要注重时效性原则

在外事交往中,要求外事接待人员必须提前做好研究并妥当处理问题,使外事礼仪的安排有针对性、时效性,既重礼仪而又不讲排场,更不铺张浪费。

(四)要秉承平等互利原则

平等意味着相互尊重,既尊重对方也捍卫自尊。在涉外交往中,各国人民只有相互尊重、友好往来,才能互惠互利。联合国宪章中明确规定:"大小各国具有平等的权利"。李嘉诚教诲儿子说:"如果你可以得到10%的股份,那么你最好只取9%的股份,这样才会有下一次的合作。"不难理解,一次的10%,绝不会比两次9%的利益多,懂得平等互利的原则就会得到更多的合作伙伴和合作机会。当然,这种互利是在不损害双方利益的前提下进行的。

(五)要坚持依法办事原则

合法是各国间交往与合作的首要原则。无论是我国法律、对方国法律还是国际法和国际私法,在外事交往活动中都必须遵守。坚持依法办事原则就必须尊重各国法律法规,争取各国法律法规的保护。

二、外事接待礼仪

在外事接待礼仪中,要以来访者身份确定接待规格,考虑周全。接待规格过高,影响领导正常工作;接待规格过低,影响上下左右关系。

高格接待:即主要陪同人员比来宾的职位要高的接待。如上级派工作人员了解工作、传达意见,兄弟企业派人来商量要事等,须高格接待。

低格接待:即主要陪同人员比客人的职位要低的接待。如主管部门或上级领导视察基层工作,只能低格接待。

对等接待:即主要陪同人员与客人职位同等的接待。这种接待规格最为常用。

采取何种规格接待,注意要灵活对待,关键取决于来访者的身份及实际情况。在接待过程中,还要遵从次序礼仪的要求,以准确定位来访者的身份,这是对来访者的尊重。一般有如下要求:

就座时,右为上座。即将客人安排在主要接待人员或领导的右侧。

上楼时,主人走在后,客人走在前;下楼时,客人走在后,主人走在前。

迎客时,主人走在前,客人走在后;送客时,主人走在后,客人走在前。

进梯时,有电梯工作人员时,客人先进、先出;无工作人员时,主人先进、后出并按住电钮,以防电梯门夹住客人。

进门时,如果门是向外开的,拉开门后按住,再请客人进。如果门是向内开的,把门推开后,请客人先进。

总之,外事社交场合,一般以右为大、为尊,以左为小、为次,进门上车,应让尊者先行,所有服务都应以尊者为首。

三、外事迎送礼仪

外事迎送礼仪是国际交往中常见的礼节。外事无小事,处处彰显着一个国家的形象及文化特征,迎送宾客贯穿整个外事活动的开始和结束。

(一)迎送安排

外国客人来访时,应按相应的规格首先对迎送活动做出周密安排部署,以保证客人在访问期间对我方留下良好印象。确定迎送规格,主要参考国际惯例、来访者的身份、访问目的及两国交往的关系综合衡量后决定。

1. 隆重迎送

一般适用于来访的外国国家元首、政府首脑、重要的官方代表团。要仔细安排迎送仪式的每个环节和细节,稍有不慎就会损害国家形象。因此必须讲求规范性和严肃性。

2. 一般迎送

适用于一般人员(专业代表团、官方人士、知名人士等)的来访。在来宾到达时,应安排对等身份人员前往迎送。一般迎送活动也要妥善安排,以免客人产生不快,避免敷衍了事的嫌疑。

3. 私人性质迎送

如果来访者是非官方人士,进行私人访问,如很久不见的外国友人来访,可适当准备一些鲜花以示欢迎。迎送时坚持礼貌、方便为原则,可不用太正式的仪式,开心随意些即可。

4. 准确掌握抵、离时间

根据对等原则和守时原则,有关工作人员必须准确掌握来宾乘坐的飞机、火车、轮船等交通工具的抵、离时间。迎接人员须提前 10 min 到达。如有欢送仪式,则应在仪式开始之前到达,并准备充分。

由于天气变化等意外原因,可能造成飞机、船舶、火车等延时到达。一般大城市,机场离市区较远,迎接人员应提前抵达迎接地点,以示对客人的尊重。如客人乘坐班机离开,应通知其按航空公司规定时间抵达机场办理有关手续;身份高的客人,接待人员可提前去代办。

(二)迎送仪式和内容

迎送仪式是外事活动中迎来送往的礼宾仪式,根据国际惯例,已有一整套完整的规范程序。根据外事交往的规格与来访者身份的不同,仪式的内容与隆重程度有区别。

1. 场地安排

场地安排因礼宾规格不同而不同。身份和职务较高的官方人士,要举行正式的迎送仪式。场地一般也选择比较高档的酒店或商务中心。

2. 人员安排

根据来宾抵、离时间,通知有关迎送人员,一般邀请身份相当的领导及官员,有时也会邀请各国或部分驻地使节参加。所有迎送人员都需提前到达指定地点。

3. 安排献花

献花适用于礼遇较高的外宾。对于外宾,在迎送仪式上要安排献花,也属于国际交往的重要仪式。献花须用鲜花或鲜花扎成的花束,一定要注意保持整洁、鲜艳,忌用菊花、杜鹃花、石竹花等黄色花朵。也有习惯送花环的国家,或者送一两枝名贵的兰花、玫瑰花等。通常在领导与客人握手后由少年儿童或女青年将花献上,一般适宜在迎送客人和客人见面礼完毕之后。有的国家则由领导者的夫人向女宾献花。

赠送花束或花篮只限于夫妇同来。有女性在的场合,单独送花给男性是失礼行为。假如来宾是夫妇,则须夫妇联名送花;假如对方只有女性,送花人名字只能用太太的。送花万不能大意,稍有疏忽,就会弄巧成拙。

4. 相互介绍

客人与迎接人员见面时,双方须互相介绍。通常先向来宾介绍前来欢迎的人员,可由礼宾人员或其他接待人员介绍。因客人刚到,可能会有些拘束,此时主人宜主动与客人寒暄。按国际礼仪标准:"应当受到特别尊重的一方有了解的优先权。"

5. 陪车

客人抵达后,主人是否陪同乘车可视情况而定。主人如果陪车,则应坐在客人左侧。

上车时,应从左侧上车,客人则从右侧上车,避免主人从客人座前穿过。遇客人先上车,坐到了主人的位置,不必请其换位。车门应由接待服务人员关好,注意安全。如果来宾是熟人,可直接上前握手,互相问候,此时不用介绍;如果来宾是首次来访,彼此又不认识,接待人员应主动做自我介绍;如果来宾是团体客人,可以事先准备好接站牌或欢迎横幅等,便于客人主动前来接洽。

6. 送别

有非常重要的客人时,主办方通常会专门安排送行仪式。送行人员要提前列队恭候于送行地点,主宾与主人相见后,在主人的陪同下,主宾与主方送行的其他人员一一见面告别,然后主人在主宾的陪同下,与来宾方其他人员告别。最后来宾在主方人员的陪同下,正式登上自己乘坐的交通工具,宾主双方再次握手道别。普通来宾一般不用准备送行仪式。送行的人员只有等客人乘坐的交通工具离去之后才能离开。提前离开是很不礼貌的行为。

(三)外事迎送注意事项

外事迎送注意"十忌"原则:

1. 忌迎送工作安排不周密

在迎送工作中,只有周密考虑、认真安排,才能做到双方满意。切忌马马虎虎。比如,迎送身份高的客人,应事先在机场(车站、码头)安排贵宾休息室,适当准备茶水,以备贵宾所需;来宾多的时候,还要事先安排好住房和迎送汽车。客人抵达住处后,稍做休息再安排活动,要给客人留下方便、洗漱和更衣的时间。

2. 忌迎送规格不恰当

一般来说,主要迎送人员通常都要与来宾的身份相当。但由于国体不同,当事人可能由于特殊情况不能到场,做不到完全对等。遇此情况可灵活变通,由职位相当的人士或由副职出面。总之,以主人身份同客人对等为宜。若当事人不能到场,则不管如何处理,都应从礼貌出发,代表人要主动向对方做出解释。

3. 忌迎送场面不适当

迎送场面的安排要适当。一般来说,若来访者非国家主要领导人,不举行隆重的欢迎仪式。

4. 忌主人晚到或误迎、误送

主人晚到或误迎误送,都是失礼的表现。必须准确掌握来宾乘坐的飞机、火车、轮船的抵、离时间,及时掌握情况变动。

5. 忌在迎送中不拘小节

忌戴手套与宾客握手;忌大声喧哗和随便打闹说笑;忌为客人代提小包和随身之物等。

6. 忌迎送人员临时变换

在安排接待人员时,要固定人员为好。切忌频繁更换,容易使客人感到陌生、拘谨。如因工作需要而变换,最好提前说明情况,表示歉意。

7. 忌不主动热情

见面时,迎接人员应热情欢迎,并主动介绍前来迎接的主要人员。然后要有礼貌地倾听客人的介绍。相互介绍时,从双方身份最高者开始。客人初到,主人应热情、主动地进行交谈,改变客人拘谨状态,让其放松下来。

8. 忌身份较高者为客人提送行李

一般迎送中,参加迎送的职务较高者,不宜亲自为客人提送行李,以免有失身份和尊严。

9. 忌迎送时间过于紧张

迎送客人的时间事先要计算好、把控好。何时集合、出发,要安排妥当。过紧了,容易出现慌乱紧张的情况;过松了,既浪费时间,又显得无话可说。

10. 忌迎送人员过多或过少

在安排迎送人员时,一定要比列适当。人太少显得冷淡、不热情,有时连行李都无人去拿;人员过多,也会造成浪费。

四、涉外工作人员礼仪

中国历史悠久,历来就十分关注和重视礼仪礼节。随着社会经济的发展和对外交往次数的增多,越来越多的人开始关注涉外礼仪问题。因此,幼儿教师作为公职人员在涉外工作中更应该增强礼仪观念、提高礼仪素养。

(一)涉外礼仪的基本要求

尽管涉外礼仪纷繁复杂,但只要能认真遵守其基本礼仪,就可以在涉外交往中游刃有余、得心应手。

1. 时间礼仪

在涉外交往中,取信于人是奠定交往对象彼此之间良好关系的基石。遵守约定、信守时间,是取信于人的一项基本礼仪。遵守信守时间的礼仪要注意以下几点:

(1)时间一旦约定,就应毫不含糊地予以遵守,不应随意变动。

(2)在有关约定时间的问题上,不可以模糊不清、反复更改。

(3)约会时,唯有"正点"到场最为得体。

(4)在双方约会中,不可早退。

(5)万一失约,需提早向对方解释缘由,并为此而向对方致歉。

2. 女士优先

在社交活动中遵循"女士优先"原则。成年男子应尽可能帮助女士、照顾女士、尊重女士、体谅女士、保护女士,并随时准备替女士排忧解难。

3. 公德礼仪

在公共场合遵守"不妨碍他人"的社会公德。讲究公德,顾及他人感受,切勿因为自己不当的言行举止,影响或妨碍他人,或使他人感到别扭、不安或不快。

4. 隐私礼仪

在言谈话语中,应遵守"尊重个人隐私"的礼仪。外国人普遍讲究尊重自由和个性。主张个人隐私不容干涉。在许多国家个人隐私受到法律的保护。因此,在与外国友人交往时,千万不要没话找话,信口打探对方的个人隐私。当对方不愿回应时,就应当适可而止。

5. 不得干涉

在涉外关系中,要遵守"不得干涉"的礼仪。要求同外国友人交往时,只要对方的所作所为不危及他人生命财产安全,不违背伦理道德,不触犯法律法规,不损害我方的人格尊严,原则上不必予以干涉和纠正。遵守不得干涉的礼仪,也是对对方的尊重。

6. 位置礼仪

在位置排列中,应遵守"以右为尊"的礼仪。在涉外交往中,有关排列位置的问题,原则上都讲究右尊左卑、右高左低。

关于前后的位置排列,情况要复杂一些。总体来说,基本上是讲究以前为尊的。即前高后低,前排的位置要较后排的位置尊贵。

(二)涉外人员的仪容仪表

涉外工作人员要注意个人形象,不要给外宾留下不好的印象。

第一,涉外工作人员的服饰、仪容要得体、整洁,头发、胡须、指甲、鼻毛等都要加以修整。

第二,着装应注意场合,通常穿深色服装参加正式活动。

第三,在公开场合不能穿背心、裤衩、拖鞋。

第四,穿西装应系领带,衬衫应塞在裤腰内,不要卷袖口,不要露衬衣下端。

第五,进入室内应脱掉大衣并摘下其他相应饰物,一并放于衣帽间内。

(三)涉外工作人员的言行举止

涉外工作人员的言行举止代表了国家的形象,因此要求非常严格。

第一,参加活动前,不吃带有刺激味道的食物如葱、蒜等。

第二,在外宾面前讲话应亲切文雅,不可争吵,不可大声喧哗。

第三,涉外人员的坐姿要端正,不可摇晃双腿或跷二郎腿,也不要靠在椅背或沙发背上并伸直双腿,更不可把脚或腿搭在椅子上。女士不可叉开双腿而坐。站立时不要倚靠墙或柱。

第四,在外宾面前,不要掏鼻孔、擤鼻涕、修指甲、剔牙齿、伸懒腰等,打喷嚏、打哈欠要用手帕捂住口、鼻,并朝向另一侧,避免发出声音。

第五,在公共场所应注意保持环境卫生清洁,不吸烟,不乱丢垃圾。

第六,服务要热情周到。如遇不能解决的问题时,应主动、及时向有关部门及领导汇报。

第七,要注意保密,做到内外有别。

第八,谈话要实事求是,不要允诺或答应没有把握的事,如若允诺,则要言出必行。

(四)涉外工作的要求

涉外工作是一项重要的工作,要严格遵守有关规定。

第一,做好保密工作,严守国家机密,不在外宾面前谈内部问题。除特殊情况,文件资料、工作日记本等不得随身携带。

第二,严格遵照上级指示和政策办事,避免掺杂个人情绪。尽可能避免发表不当的个人意见。

第三,谨言慎行,做事要积极主动。要有计划、有目的地开展工作,对对方可能提出的问题要事先向上级请示。

第四,工作人员要及时、准确地向上级汇报外宾工作情况、生活要求以及对各项活动的反映情况。如搁置不理外宾的反映,则是无组织无纪律的表现。

第五,未经上级批准,不得私自接受外宾的馈赠。若遇外宾坚持送小纪念品,可先收下,并立即报告上级组织,事后把礼品提交组织处理。

（五）称呼与问候的礼仪

对外宾的称呼与问候既要符合国际惯例,又要尊重个别国家的风俗习惯。

1. 称呼外宾

按惯例,一般称男士为"先生"、女士为"小姐",知道对方已婚则称"夫人",或索性均称"女士"。称呼部长以上的官方人员通常在职称后加"阁下",如"部长阁下",美国、德国等国家除外。

对君主制国家的国王、王后要称"陛下",称王子为"殿下",对王子之妻也称"殿下",但不能这么称呼公主之夫。熟悉的也可称"先生"或"夫人"。

对有爵位的人称其爵位,对军人称军衔,对神职人员称其教会职务,对学者等可称其学位或职称,一般都要连姓名称呼,如"××男爵""××将军""××神父""××博士"等。

2. 问候方式

在社交场合,一定要问候熟悉的外宾,通常说:"您好!"或"见到您很高兴!"若想不起对方名字,可歉意地说:"对不起,不知怎么称呼您!"或"真抱歉,我没有记准您的名字!"如果向第三者打听,切忌用手直指外宾。

经典故事

送　行

1962年,周恩来总理到西郊机场为西哈努克亲王和夫人送行。亲王的飞机刚一起飞,我国参加欢送的人群便自行散开、准备返回。周总理这时却依然笔直地站在原地未动,并要工作人员立即把那些离去的同志请回来。这次总理发了脾气,他严厉地批评道:"你们怎么搞的,没有一点礼貌! 各国外交使节都站在那里,飞机还没有飞远,你们倒先走了。"当天下午,周总理就把外交部礼宾司和国务院机关事务管理局的负责同志找去,要他们立即在《礼宾工作条例》上加上一条,即今后到机场为贵宾送行,须等到飞机起飞、绕场一周、双翼摆动三次表示谢意后,送行者方可离开。

（来自百度文库,有整理）

案例分析

某外贸公司总经理到国外谈生意,对方对中方提出的合作方案十分感兴趣,合作事宜基本确定。等待合同期间,外方代表出于礼貌邀请总经理到家里参加宴会。该总经理欣然应邀,他也很想看看外国人家里的样子。

到达外方代表家里后,为了拉近双方的距离,他一开始就问对方:"你脸色看起来不太好,是不是昨天晚上没有休息好?"还详细追问是不是生病了。为了显示自己的品位,他又问对方:"你的房子装修得很漂亮,应该花了不少钱吧?"

拜访结束后,外国代表说合同具体内容他还要仔细考虑一下,让总经理先回去等消息,不久就被告知合同取消。理由是外国代表觉得这位总经理不尊重他,对总经理的合作诚意产生怀疑。

【分析】

该总经理犯了外国代表的交谈禁忌。在中国，双方相互交往时习惯询问和别人相关的事情，比如身体状况、居住环境等。从古到今，中国人见面时经常说的就是你家里人都还好吧，替我问候令尊。以此来表示双方的关系比较密切，拉近双方距离。但是，在西方人看来，你所问的都是他的个人隐私，打探隐私就是不尊重他！

项目测评

自测项目	分值	评分标准	自评分	小组评分	实得分
宴请礼仪	25	1. 了解中餐安排的相关礼仪 2. 了解西餐安排的相关礼仪			
接待礼仪	25	1. 掌握待客礼仪有哪些 2. 了解怎样熟悉接待的详情 3. 掌握斟茶倒水的礼仪事项			
拜访礼仪	20	1. 了解拜访前的礼仪事项 2. 了解拜访期间注意的礼仪规范 3. 了解拜访结束的礼仪			
庆典活动礼仪	15	1. 掌握庆典活动的礼仪规范 2. 理解幼儿园典礼的礼仪要求 3. 了解参加婚礼的礼仪规范			
涉外礼仪	15	1. 理解涉外礼仪规则有哪些 2. 了解外事接待和迎送礼仪规则			

项目十　通信及互联网交流礼仪

学习目标

知识目标:掌握通信、互联网、传真及电子邮件交流礼仪基本内容。

能力目标:熟悉运用通信及互联网与幼儿家长沟通礼仪;能正确运用通信及互联网基本礼仪进行学习、社交和工作。

素养目标:树立热爱生活、热爱工作、积极向上的人生观和价值观。

在互联网时代,人们的形象更多地表现为真实生活形象与互联网中的虚拟自我表现结合的综合体。幼儿园教师要谨慎地对待自己在网络交流中的一言一行,时刻尊重他人,给家长和社会传达教育工作者的正能量,塑造新时代的完美新形象。

任务一　掌握接打电话礼仪

"未见其人,先闻其声",通过电话千里之外能听到对方的声音。言为心声,声如其人,双方的声音是一个重要社交因素。幼儿园教师在工作时使用电话沟通,处理事务等,往往体现了个人形象和专业素养,也间接反映了所在幼教机构的管理水平和教育服务水平。因此,在接打电话的过程中一定要注意相关礼节,如音量适中,语气亲切、柔和,态度热情、友好,说话要言简意赅,树立好自己的"电话形象"。

一、接听电话礼仪

接听电话不可太随意,要讲究必要的礼仪和一定的技巧,以免产生误会。无论是打电话还是接电话,我们都应做到语音清晰、语调热情、大方自然、音量适中、表达清楚、简明扼要、文明礼貌。

(一)接听电话前的准备工作

1. 准备记录工具

如果事先没有准备好记录工具,需要记录重要话语时,就不得不要求对方稍等一下。让宾客等待,这将是不够礼貌的行为。所以,在接听电话前,要准备好记录工具,例如笔、纸、手机、电脑等。

2. 停止一切无关的事宜

不要让对方感觉到你一边在通话,一边在处理一些与电话无关的事情,对方会感到你在分心,这也是不礼貌的表现。

3. 面带微笑迅速接电话

电话铃声响了以后,马上调整自身精神状态,面带微笑,语气温和亲切地接电话,让对方感受到你的热情。

(二)接电话基本礼仪

1. 要有良好的精神状态,注重接听电话的第一声

接电话时要保持良好的心情,虽然对方看不见你,但是能感受到你欢快的语调,留下极佳的印象。

面部表情会影响声音的变化,所以在电话中要抱着"与对方面谈"的心态去应对。当拿起电话听筒的时候,一定要面带笑容,因为笑容不仅能表现在脸上,也会藏在声音里。亲切、温情的声音会使对方对你产生良好的印象。如果绷着脸,声音会变得冷冰冰。接电话时,不能叼着香烟、嚼着口香糖;说话时,声音不宜过大或过小,应当吐字清晰,保证对方能听明白。

如果你接电话时,弯着腰靠在椅子上,对方听你的声音就是懒散的、无精打采的;若坐姿端正,所发出的声音也会亲切悦耳、充满活力。因此,接电话时,应尽可能注意自己的姿势。

当接到某位幼儿家长的电话时,若一接通对方就能听到亲切、优美的招呼声,心里一定会很愉悦。因此,接电话时,应有"代表幼儿园形象"的意识。

2. 要讲究接听电话的艺术,及时了解来电目的

听到电话铃声,应迅速地拿起听筒,最好在三声之内接听。电话若长时间无人接听,或让对方久等是很不礼貌的,会给他人留下不好的印象。与此同时,对方在等待时心里也会十分急躁。听到电话铃声后,应该用最快的速度拿起听筒,这样的态度是每个人都应该拥有的,这样的习惯是每个幼儿园教师都应该养成的。当电话铃响了许久才拿起话筒时,应该先向对方道歉,如果接起电话只是"喂"了一声,对方会十分不满,会给对方留下不良印象。

上班时间接通的电话一般都与工作有关,每个电话都很重要,不可敷衍。即使对方要找的人不在或要了解的事你无法解答,切忌只说"不在"或"不清楚"就把电话挂了。接电话时也要尽可能问清事由,避免误事。应了解对方来电的目的,如自己无法处理,也应认真记录下来,委婉地询问对方来电目的,就可不误事而且赢得对方的好感。要结束电话交谈时,一般应当由打电话的一方提出,然后彼此客气地道别,说一声"再见",再挂电话,不可只管自己讲完就挂断电话。接听电话时,应注意使嘴和话筒保持4厘米左右的距离;要把耳朵贴近话筒,仔细倾听对方的讲话。应等对方结束通话,然后轻轻把话筒放好。不可"啪——"的一声放回原处,这极不礼貌。最好是等对方挂断之后再放好话筒。

(三)接听电话注意事项

(1)"三声之内接起电话"是星级酒店接听电话的硬性要求,可以参考借鉴。

(2)注意接听电话的语调,让对方感觉到你是非常乐意与他交谈的,在你的声音中能感受到你的热忱。

(3)注意接听电话的措辞,绝对不能用任何不礼貌的语言使对方感到不友好。

(4)当双方谈话时间很长时,也必须有所反应,如使用"是的""好的"等来表示你在聆听。

(5)主动问候,以报部门的形式介绍自己,以问候语加上单位、部门的名称以及个人姓名的形式,最为正式;以问候语加上单位、部门的名称,或是问候语加上部门名称的形式,适

用于一般场合;以问候语直接加上本人姓名,仅适用于普通的人际交往。需要注意的是,不允许接电话时以"喂"或"你找谁呀"作为"见面礼"。特别是不允许直接问"有什么事儿呀?"

（6）如果想知道对方是谁,不要唐突地问"你是谁?",可以说"请问您是哪位?"或者可以礼貌地问"对不起,可以知道如何称呼您吗?"

（7）须搁置电话或让宾客等待时,应给予说明,并致歉。每20 s留意一下对方,向对方了解是否愿意继续等下去。

（8）对方需要帮助时,要尽力帮助对方解决困难。作为幼儿园教师应礼貌地接听每一次电话,对于每一个电话都能做到:问候、道歉、留言、转告、马上帮忙、直接回答(解决问题)。

（9）感谢对方来电,并礼貌地结束电话。

（10）当手机出现未接电话时要及时回复短信或者电话,询问是否有要事。

（11）若非有要紧事,晚上十点后尽可能不要给任何人打电话,以免打扰别人休息。

二、打电话礼仪

（一）打电话前的准备工作

首先,要弄清对方的电话号码、单位名称、姓名;简要记一下问题的要点和次序;收齐必要的资料和文件;准备好记录的纸、笔。不要打完电话后发觉遗漏了好几件事儿,接着再打电话麻烦对方。

其次,要选择适宜的通话时间,若在早上7点以前、深夜10点以后、用餐或午睡时刻打电话给他人,是一件不礼貌的事情。当然如果为了紧急事情打电话,那就另当别论了。打电话之前,应先考虑对方的时间,通常以不影响对方的休息和工作为前提。最后通话时间也不宜过长,一般以3~5 min为宜。如果与国外通话,还要考虑时差和生活习惯,接通电话后,要先询问对方时间是否合适,有无妨碍等。

（二）打电话基本礼仪

1. 事前准备,控制时间

在拨打电话之前,对自己想要说的事情做到心中有数,尽量梳理出清晰的顺序。做好准备后,在通话时就不会出现颠三倒四、现说现想、丢三落四的现象,同时也会给接电话人留下好印象。打电话时,忌讳通话内容不着要领、语言啰嗦、思维混乱,这样很容易引起别人反感。通话内容精炼、简洁是打电话人的基本要求。把握好通话时机和通话长度,既能使通话更富有成效,显示通话人的干练,也能显示对通话对象的尊重。反之,如果莽撞地在对方不便的时间通话,就会造成尴尬的局面,非常不利于双方关系的发展。如果把握不好通话时间,谈话过于冗长,也容易引起对方的负面情绪。

2. 简洁明了,彬彬有礼,用语规范

电话接通后,发话人对受话人的讲话要务实,在简单的问候之后,开宗明义,直奔主题,不要讲空话、废话,不要啰嗦、重复,更不要偏离话题,节外生枝或者没话找话。在通话时,最忌讳发话人东拉西扯、思路不清,或者一厢情愿地认为受话人有时间陪自己聊天,共煲"电话粥"。拨打电话的人要注意待人以礼,语言得体,尊重通话对象,并照顾到通话环境中其他人的感受。

通话之初,应先做自我介绍,不要让对方"猜一猜"。请受话人找人或代转时,应说"劳驾"或"麻烦您",不要认为这是理所应当的。

（三）打电话时注意事项

1. 简单明了、语义清楚

通话过程中要注意做到简单明了,说话时含含糊糊、口齿不清楚,很容易让通话对象感到不耐烦。尤其需要注意的是,不要在通话的同时,嘴里含着食物或其他东西。

2. 勿因人而改变通话语气

不要因为对方身份的改变而改变通话语气,应该自始至终使用亲切、平和的声音对待对方。如果对方听到声音发生明显转变,心里很容易产生反感,从而认为打电话的人在显示势力、没有教养。

3. 说话速度恰当流畅、抑扬顿挫

通话过程中要始终注意言谈举止,三思而后言。说话时速度要适当,不可太快,要让对方听清楚所说的每一句话。另外,说话的语调尽量做到抑扬顿挫和流畅,给人舒服的感觉。

4. 不要大声回答问题

通话过程中不要大声回答问题,不然将造成双方的疲劳。如果当时所处的空间声音嘈杂,则应该向对方致歉,并征求对方的意见,能否重新更换通话地点,或者留下电话号码稍后再拨。

5. 修正习惯性口头禅

很多人在说话过程中都习惯性地带有口头禅,在通话过程中应该努力加以修正和克服。因为口头禅听多了容易让人产生疲劳而导致精神不集中,这对交流的顺利进行是很不利的。

6. 断线应马上重拨并致歉

如果在通话过程中突然发生意外情况而导致通话中断,那么就应该按照对方的电话号码迅速重新拨打过去,不要让对方以为是你故意挂断了电话。电话重新接通之后,应该立即向对方致歉,并说明断线的原因,从而获得对方的理解。

三、电话礼仪禁忌及礼貌用语

（一）禁忌用语

在接电话时切忌使用"说""讲",说、讲是一种命令式的方式,既难让人接受,又不礼貌。有的人在接听电话时,一接起电话马上说:"说!""讲!"或者多加一两个字"听到,说!"这种强势的电话接听方式显得过于粗鲁无礼,给人一种盛气凌人的感觉。

（二）礼貌用语

1. 您好! 这里是×××幼儿园,请问您找谁?

2. 我就是,请问您是哪一位? ……请讲。

3. 请问您有什么事? （有什么能帮您?）

4. 您放心,我会尽力办好这件事。

5. 不用谢,这是我们应该做的。

6. 您打错号码了,我是×××幼儿园老师,……没关系。

7. 再见!

8. 您好！请问您是×××单位吗？

9. 我是×××幼儿园老师，请问怎样称呼您？

10. 对不起，我打错电话了。

四、收发短信礼仪要点

1. 发短信一定要署名

这既是对对方的尊重，也是实现交流的必要手段。

2. 短信祝福不可冗杂

现在每逢节日，人们都会发短信祝福。一来一往足矣，二来二往就多了，三来三往就成了繁文缛节。

3. 重要电话可先短信预约

有时要给职务等级高的或重要人士打电话，知道对方很忙，可以先发短信："领导，您好！有事向您汇报（对接），请问是否方便给您打电话？"如果对方没有回复，一定不是很方便，可以继续等待短信，过一段时间再联系。

4. 及时删除涉密短信

一些人经常把手机放在桌上然后外出，也许有好奇之人就会顺手翻看短信。如果上面有一些并不希望别人看到的短信，就可能引起麻烦。如果不幸被对方传播出去，后果就更严重。

5. 注意把握发短信时间

频繁发短信不仅是不认真工作的表现，也会打扰对方的工作。如果对方正在主持会议或者正在商谈重要事项，闲聊天式的短信更会让对方心中不悦。

发短信不能太晚。如果发送太晚，会影响对方休息。

6. 发挥短信提醒功能

如果事先已经与对方约好参加某个会议或活动，为了防止对方忘记，最好事先再提醒一下。提醒时用短信而不要直接打电话。打电话似乎有不信任对方之感。短信就显得非正式、亲切得多。短信提醒时语气应当委婉，不可生硬。

任务二　了解 QQ 及微信交流礼仪

一、QQ 交流礼仪

QQ 是一款基于 Internet 的即时通信（IM）软件，是两人或多人之间，通过网络进行文字、语音与视频交流的社交应用形式。当前，QQ 作为一种重要交流工具，已经得到了越来越多的人认可。

（一）QQ 交流礼仪规范

1. 尊重为本

尊重是礼仪的核心宗旨，尊重他人是自身良好品质和素养的体现，也是建立良好人际关系的基础。美国诗人惠特曼曾说："对人不尊敬的人，首先就是对自己不尊重。"孟子也说过："敬人者，人恒敬之；爱人者，人恒爱之。"只有相互尊重，人与人之间的关系才会融洽和谐。

　　QQ 聊天时,对他人的尊重表现在:初次与陌生人交谈时,不能先没有文字问候就直接发语音或视频的请求;当别人正在忙碌而无暇回复之时,不能频繁地发送窗口抖动;面对不同的交往对象,应当尊重其宗教信仰,尊重其风俗习惯;不要轻易挑起争端,造成语言上的冲突;交谈结束后,不宜一声不响地就下线,而应该道上一句"再见"后再下线。

　　2. 宽容为怀

　　宽容是获得友谊、扩大交往的基本要求,它是为人处世的较高境界,也是有较高修养的表现。这意味着要有容人的雅量和多替他人考虑的品德,要求在面对别人的过失时,不斤斤计较,不计得失地与对方继续进行友好交往。"海纳百川,有容乃大",能设身处地替别人着想,原谅别人的过失,是现代人的一种礼貌修养。当运用 QQ 聊天时,如果有人称呼不得当,说话语气不友好,发过来的话错字连篇,甚至发错信息时,应当以宽容为怀,不去计较。

　　3. 自律自约

　　自律就是自我约束、自我控制、自我对照、自我反省、自我检讨。通过礼仪的教育与训练,人们会在心中树立起一种高尚的道德信念和行为修养准则,并以此严格约束自己,在社交活动中自觉地按礼仪规范去做,使自己成为一个高尚的且受欢迎的人。与人聊天时,应以不妨碍别人的自由为准,不损害他人的利益。每当发出去一条信息之前要仔细检查语法及用词,不使用挑衅用语和脏话。

　　4. 回避隐私

　　在与他人沟通交流时,要学会尊重他人的隐私,这是对别人的一种尊重。网络的最大特点是它的匿名参与性,所以 QQ 聊天时尤其注意这一点,它包括了:不主动询问别人的名字、单位、住址、电话;面对女士,不问年龄、婚否、体重、服饰、价格等;对于男士,不问钱财、收入、履历;不随便谈论他人的宗教信仰和政治立场等。

　　(二)QQ 交流礼仪注意事项

　　1. 遵时守信

　　孔子曰:"民无信不立,与朋友交,言而有信。"当你与别人约定时间在 QQ 上聊天或商谈某项事情时,一定要严格按照事先约定的时间上线。如果因为网络或其他原因拖延了时间或者不能如期上线,要通过电话或短信的方式告知对方,或者待能上线后说明理由并真诚地向对方道歉。

　　2. 热情有礼

　　热情的人总会获得良好的人缘,建立良好的人际关系。与面对面的交流相比,QQ 聊天看不到对方的表情、动作,感受对方是否热情主要是凭借文字信息获取。因此,要非常注意措辞及说话的口吻。热情的态度会使人产生受重视、受尊重的感觉。相反,对人冷若冰霜,则会伤害到别人的情感。比如,当别人用问候语"您好"向你打招呼时,同样要用"您好""上午好""下午好""晚上好"等问候语及时回复,千万不能置之不理或隔了很长的时间才给予回应。

　　3. 忙而有礼

　　当你有工作要处理而又开着 QQ 时,应该把登录状态设置为"忙碌""请勿打扰"模式。假定设置成了以上模式,仍然有好友和你打招呼时,此时也应当见缝插针地回复对方;如果你确实非常忙,无暇顾及别人的消息,那就如实告诉对方并表示歉意,并将自己的模式设置为"隐身",或者暂时下线专心工作。

对于另一方,如果登录后看到对方处于"忙碌""请勿打扰"状态,最好不要与之闲聊。如果确有重要事情,尽快用言简意赅的语言陈述完毕即可。

4. 善于寻找合适的话题

平时与人交流时,如果不会寻找话题,就有可能出现冷场的局面,这个时候就会影响到交谈的气氛。QQ 交流时,如果不善于寻找话题或者话题寻找不合适,也会出现这样的状况。聊天时寻找到了合适且丰富多彩的话题,气氛就会轻松愉快。聊天在于创造一种愉悦和谐的谈话气氛,要使交谈双方都感到这次谈话是令人愉快的,而不致使对方落入尴尬、窘迫之境,所以尽量避免谈论容易引起争执的话题,不要涉及令人不愉快的内容,如疾病、死亡;不要涉及他人的隐私,尤其是面对陌生人时,千万不能出口就问"你叫什么名字""你家是哪里的""你多大""你漂亮吗"等类似的话题。

5. 注意语言表达礼仪

若想在交际中获得良好效果,掌握一定的语言表达艺术是非常重要的,因为它是表达思想及情感的重要工具,是人际交往的主要手段。面对面的交流时,谈话得体,常常办事顺利。QQ 交流时,主要载体是文字语言,要准确、严谨。懂得文字语言的表达礼仪,就可以使你的谈吐风趣、高雅且富有感染力。

二、微信交流礼仪

微信是腾讯公司推出的一款通过网络最快速地发送语音短信、视频、图片和文字,支持多人群聊的手机聊天软件。移动互联网的广泛应用催生出大量的网络社区,而微信朋友圈便是其典型的代表。微信朋友圈集 QQ 好友、手机通讯录、"附近的人"等多渠道为一体,是拓宽交友层面的一种网络通信工具和一个全方位社交平台。因此,加强微信礼仪规范就显得更为迫切和必要。

(一)微信交流礼仪规范及注意事项

1. 礼仪规范

安全第一,谨慎交友。对待通过"摇一摇""附近的人""漂流瓶"等功能结识的尚不熟悉的人,应保持安全距离,切勿轻易透露个人信息。微信朋友圈是极其便利的全方位社交平台,使用者应具备主动沟通的意识,适时主动地向认识的亲朋好友打招呼、致以问候,经营、维护使用者的人脉资源。发送语音消息前,应通过文字信息询问聊天对象是否方便接收语音信息。发送语音消息时,应确保语音、语调清晰、背景无杂音,以便于聊天对象接收信息。坚持文明沟通、用语礼貌。微信礼仪与现实生活中的沟通礼仪无异,在微信的具体使用中,"您好""谢谢"等礼貌用语不可少。对上传至朋友圈的消息负责。由于朋友圈中不乏使用者的亲朋好友,紧密的"线下交往"及对彼此的信任,使得微信使用者更容易相信朋友圈中的某些消息。这反而为谣言及诽谤提供了滋生的土壤,我们应全力避免这种情况的发生。杜绝营销类"软广告",切勿频繁地刷屏。转发他人文章,须标明原作者并附上文章来源、出处。尊重、保护他人隐私,凡朋友圈上发布的照片或信息,应自觉予以保密,不公开、不私用。

2. 注意事项

经常翻看朋友圈,对感兴趣的内容点赞,多点赞别人的动态,用欣赏的眼光对待微信好友。及时回复,争取做到一分钟内回复,不能间隔太久,这是尊重别人。提倡互粉、互赞、互评的"三互精神",多鼓励和肯定别人,少说教和批评别人。这样大家都能有个好心情。力争内容原创,不要经常只转发别人的内容,这也是尊重他人和自己。不要频繁刷朋友圈,最多每小时发一次,太过频繁会让别人感到不适。如果有可能,尽量把每天的内容规划一下,多发布积极向上的内容,发一些自己的生活照片,转发一些你感兴趣的文章,原创一些你自己对所从事行业的专业点评。时刻牢记人民教师的工作宗旨,不要宣传违法、违规信息。切忌大半夜玩微信乱发信息,注意合理作息。

(二)掌握运用好"五要"原则

1. 起名要规范

相当多的人认为,微信用户名就是网名,起名可以随心所欲。比如,有些微信用户用党和国家机关名称来命名;有些用外国政要人名来命名,更有甚者采用恐怖分子的名字;有人把丑当美,视低俗为高尚;有的名称则让人难记难懂,如一长串英文字母和数字、看不懂的似汉字又非汉字等。应本着利于交往、利于记忆的目的,起一个规范、高雅的微信名,不能随波逐流、标新立异、哗众取宠。

2. 加友要礼貌

添加他人为好友,要在备注栏里作自我介绍。不做自我介绍就加他人,会让被添加的人感到困惑,更多的时候会被直接忽略掉。在现实生活中,我们经常会莫名其妙地收到很多弹出信息,而这些信息大多是毫无半点用处的,究其原因是我们"被"拉入了各种各样的"群"。因此,添加微信通讯录中的好友入微信群,最好要事先征得当事人的同意。

3. 沟通要对等

沟通对等,一方面体现在沟通方式的对等上。沟通信息时,一般采用文字,尽量不用语音。文字表达直观,语音很多时候不方便听取,有时甚至会因为发音不标准或不清晰而让人产生歧义或误解。一方采用文字,另一方为图省事而进行语音回复,本身就是沟通上的不平等,会使人感觉缺乏修养。表情符号作为一种"非语言的表达方式",在一定情境下比文字更简练、更形象、更传神、更富有表现力,但用来回复上级仅仅使用表情符号是不妥的。表情符号并未设定明确含义,每个人的用法都可能不同,在不同情境下含义也可能不同。由于文化环境的差异,对同一个表情符号会有不同的理解。

沟通对等,另一方面体现在沟通过程的对等上。微信和短信不同,发短信只要对方手机开机就能正常收到信息,微信则需要在手机上网的前提下才能正常发挥功能。要事先检查微信是否正常运行,以确保能及时回复他人信息,因故未及时回复的要表明歉意。

4. "晒圈"要慎重

打开朋友圈,会发现各种"晒":加班晚回家了、参加会议培训了、早中晚吃什么、买衣服了、去旅游了等都要晒朋友圈。事实上,微信"朋友圈"并非仅仅包括自己的家人和好友,还包括上级、同事,"朋友圈"其实已具有媒体属性,是一个公共场合。一般来说,应做到三个坚守:一是要坚守政治底线,牢固树立四个意识,增强政治敏锐性和政治鉴别力,对重大原则和大是大非问题要有清醒认识,不制作、传播有严重问题的文章、言论、音视频等信息内容。二是要坚守道德底线,坚守高尚的品格,严以修身、严于律己,不断提升道德境界,追求高尚情操,自觉远离低级趣味,自觉抵制歪风邪气,敢于黑脸,敢于亮剑。三是要坚守法律底线,严格执行保密法规和制度,不泄露涉密信息,不传播非法出版物,不宣扬封建迷信、淫秽色情。

5. 点赞要恰当

微信朋友圈的生命力在于其互动性。在实践中,常会发现一些不规矩、不正常的现象:有的人不看内容先点赞,哪怕别人发的是令人悲痛的事情,标题不看就直接点赞,这种点赞只能引起他人的愤怒,不如不赞;有的人只给领导点赞,其他人一概不点赞,溜须拍马的形象在众人面前表现得淋漓尽致;有的人希望别人多关注,多点赞自己"晒"的内容,但对他人所发所"晒"内容不点赞、不评论;有的人点赞先看人,例如同为一个办公室的同事,只为甲点赞,从不为乙点赞,丝毫不顾及别人感受,人为制造人际关系矛盾。使用微信点赞时,一是要对同事真诚相待,只有真诚才能获得别人的好感。二是要坚持等距离原则,不厚此薄彼。对上级要尊重而不恭维。只做表面功夫或吹捧、溜须拍马,对领导的不足之处却三缄其口,甚至文过饰非的行为,必将对领导的威信造成损害。

任务三　了解传真及电子邮件收发礼仪

一、传真收发礼仪

(一)什么是传真

传真(fax)是指用传真机通过电话线路传输印刷材料(文本或图像)。原始文件被传真机扫描并转换为位图文件,传真机把传输内容(文本或图像)看作单独的确定图像。在这种数字形式下,信息被作为电信号通过电话系统传输,接受传真的机器重新恢复电码图像,并打印出一张传输文件的复印件。

(二)传真收发礼仪规范

传真已普及成为不可或缺的办公设备,很多学校都在使用电话、传真一体机对外保持联络。幼儿园教师在使用传真机时的礼仪规范主要有以下三点:

1. 必须合法使用

根据国家相关规定,任何单位或个人在使用自备的传真设备时,均须严格按照电信部门的有关要求,认真履行必要的使用手续,否则即为非法之举。具体而言,安装、使用的传真设备,必须配有电信部门正式颁发的批文和进网许可证。如欲安装、使用自国外直接带入的传真设备时,首先必须前往国家所指定的部门进行登记和检测,然后方可到电信部门办理使用手续。使用自备的传真设备期间,按照规定,每个月都必须到电信部门缴纳使用费用。

2. 必须得体使用

使用传真设备通讯,必须在具体的操作上力求标准而规范。不然,也会令其效果受到一定程度的影响。本人或本单位所用的传真机号码,应被正确无误地告之联系对象,在有必要向对方发送传真前,最好先通报对方。这样做,既提醒了对方,又不至于发错传真。发送传真时,必须按规定操作,并以提高清晰度为要旨。与此同时,也要注意使其内容简明扼要,以节省费用。单位所使用的传真设备,应当安排专人负责。无人在场而又有必要时,应使之自动处于接收状态。为了不影响工作,单位的传真机尽量不要与办公电话采用同一条线路。

3. 必须依礼使用

幼儿园教师在使用传真时,必须牢记时刻维护个人和所在单位的形象问题,必须处处不失礼数。在发送传真时,一般不可缺少必要的问候语与致谢语。发送文件、书信、资料时,更要谨记这一条。人们在使用传真设备时,最为看重的是它的时效性。因此在收到他人的传真后,应当在第一时间内即刻采用适当的方式告知对方,以免对方惦念不已。需要办理或转交、转送他人发来的传真时,千万不可拖延时间,耽误对方的事。

(三) 传真收发注意事项

1. 了解功能

使用前,应认真了解传真机的主要功能,必须正确使用。使用传真设备通信,必须在具体的操作上力求标准且规范,否则会令其效果受到一定程度的影响。假如对传真机的主要功能了解得不够,就难以使其真正发挥作用。例如,表格、图案的传真效果有可能失真,因此传送或接收此类文件时应格外注意。

2. 拟好文稿

用于传真的文稿内容应简单明了,字体要稍大且清楚,字间隔与行距应适当,这样发送后才能呈现清晰。发送传真时,必须按规定操作,并以提高清晰度为要旨。

3. 联络确认

本单位所使用的传真机号码,应正确无误地告知重要交往对象。对于主要交往对象的传真号码,也务必认真记好。为防止失误,发出传真前应先向对方拨打电话,既是确认对方号码是否有误,也是告知对方准备接收。传真发送完毕之后,一般要再次拨打电话确认对方是否已经收到。

4. 注意保密

公共传真机保密性不高,容易泄露秘密。未经事先许可,不应传送保密性强的文件和材料。可通过公文系统传送。

二、电子邮件收发礼仪

(一) 什么是电子邮件

电子邮件是一种用电子手段提供信息交换的通信方式。通过网络的电子邮件系统,用户可以非常低廉的价格、非常快捷的方式,与世界上任何一个角落的网络用户联系。

(二) 电子邮件收发礼仪规范

电子邮件已被广泛运用到工作及个人生活中,幼儿园教师在日常工作和个人生活当中常常会使用电子邮件,如何做到电子邮件收发有礼有节、不失礼数,可从以下几方面做起:

1. 注意行文规范

向他人发送的电子邮件,一定要精心构思,认真撰写,要主题鲜明,语言流畅,内容简洁。若是随想随写,既不尊重对方,也不尊重自己。在撰写邮件时,千万不要忽略主题,切忌主题空白。邮件的主题能够方便收件人迅速了解邮件内容,节省对方的时间。主题语言应明确邮件的中心要点,同时力求简短精确。撰写正文部分时,应参照普通信件或公文的要求和格式,用语礼貌,格式规范,以示对对方的尊重。同时,表达应尽可能简洁明了,篇幅不宜过长,以方便收件人阅读。引用数据、资料时,最好标明出处,以便收件人核对。若需提供查阅、联系方式等,应注明途径,如链接网址等。

2. 注意时效性

应当养成定期打开收件箱接收信息的良好习惯,最好是每天都查看一下邮件信息,以免遗漏或耽误重要邮件的阅读和回复。应当及时回复邮件,一般应在收件当天予以回复。特别是收到他人的重要电子邮件后,应该即刻回复对方,不能置之不理或迟迟不回。若因公出差或者其他原因而未能及时查阅和回复邮件,应在收件后的第一时间迅速回复,并向对方致歉。

3. 了解其功能

有相关文件需要同时发送给对方时,建议使用附件功能,以方便对方下载。需要注意的是,附件越大,收件人下载附件的时间就越长。当准备发送较大附件时,应先对其进行必要的压缩,然后再上传。电子邮件发件时应当慎选功能,不要做过多的修饰,以免人为地增大其容量,浪费下载时间。不可用电子邮件与他人谈天说地,更不宜作为网上"交友"的工具。若往来邮件双方都使用了自动回复功能,往往会由于信件不断地自动回复而造成邮箱爆满,给双方带来麻烦。因此,应当慎用自动回复功能。

4. 注意安全保密

要保守国家机密,不可发送涉及机密内容的邮件以及单位内部资料,不得将所在单位的邮箱密码随意转告他人。要尊重他人的隐私权,不擅自转发别人的私人邮件。

(三) 电子邮件收发礼仪注意事项

1. 主题要提纲挈领

添加邮件主题是电子邮件和信笺的主要不同之处,在主题栏里用短短的几个字概括出整个邮件的内容,便于收件人权衡邮件的轻重缓急,分别处理。标题不能留空白,要简短,不宜冗长,要清楚反映邮件的内容和重要性。切忌使用含义不清的标题,如"××先生收",也不要用无实际内容的主题,如"嘿!"或是"收着!"可适当使用大写字母或特殊字符(如"＊"等)来突显标题,以引起收件人注意,但应适度,特别是不要随便用"紧急"之类字眼。

2. 恰当的称呼和得体的问候语

不少人写邮件一开始就直接说事情,给人的感觉是"你应该知道我是谁",有的只用"你好",这些都是不礼貌的做法。开头问候语应当是称呼换行空两格写,最简单的开头英文写"Hi",中文写"您好"。

3. 有始有终要有签名和日期

邮件在结尾时都应签名,这样方便对方可以清楚地知道发件人信息。签名档文字应与正文文字匹配,以免出现乱码。字号一般应比正文字体小一些。邮件的日期与时间要明确,最好明确到年、月、日、时,以免因双方认知的不同而产生误会。

经典故事

工作电话别玩"猜猜我是谁"

有个部门经理接到了这样一个电话,号码很熟悉,声音也听过,但一时想不起来对方是谁。寒暄了几句之后,偏偏来电的人提问道:"聊了这么久,你知道我是谁吗?"这位经理不好意思地说:"对不起,感觉挺熟悉的,但一时想不起来。"对方又说:"那你就猜猜!"该经理耐着性子想了半天也没猜出来,只好跟对方说自己脑子不好使了,希望见谅,告诉他自己的姓名。不料对方生气地说:"既然猜不出来,那就算了吧。过几天咱们再联系。"经理也很不高兴地说:"好吧,改天咱们再聊!"就随手把电话给挂了。

后来,这个人又打过几个电话,都是找部门经理的另外一个同事。原来,他是和这家公司合作多年的业务伙伴,与这个部门经理也打过几次交道,而且还吃过几回饭。事后,从别人口中才知道,那个客户多次抱怨这个部门经理,交往这么久了居然猜不出他是谁,让他很生气,所以以后再也不跟这儿合作了。

(来自百度文库,有整理)

案例分析

接电话技巧

毛先生是杭州某三星级酒店的商务客人。他每次到杭州,都住这家三星级酒店,并且每次都会提出一些意见和建议。某天早晨 8:00,再次入住的毛先生打电话到总机,询问同公司的王总住在几号房。总机李小姐接到电话后,请毛先生"稍等",然后在电脑上进行查询。查到王总住在 901 房间,而且并未要求电话免打扰服务,便对毛先生说:"我帮您转过去。"说完就把电话转到了 901 房间。此时王先生因昨晚旅途劳累还在休息,接到电话就抱怨下属毛先生不该这么早吵醒他,并为此很生气。总机李小姐的做法是否妥当?

【分析】

李小姐的做法欠妥。她应该考虑早上 8:00 通话是否会影响客人休息。应迅速分析客人询问房间号码的动机,此时毛先生的本意也许并不是要立即与王总通话,而只是想知道王总的房间号码,便于事后联络。在不能确定客人动机的前提下,可以先回答客人的问话,同时征询客人意见。必要时还可委婉地提醒客人,现在时间尚早,如要通话是否 1 h 之后再打。这样做既满足了客人的需求,又让客人感受到了服务的主动性、超前性、周到性。

(根据网络资料整理)

项目测评

自测项目	分值	评分标准	自评分	小组评分	实得分
接打电话礼仪	35	1. 模拟给不同的对象拨打电话 2. 模拟接听电话 3. 掌握接打电话礼仪规范			
通讯及互联网与家长沟通礼仪	35	1. 掌握QQ及微信沟通技巧 2. 搜集QQ及微信沟通案例 3. 分析QQ及微信沟通案例			
传真和邮件收发礼仪	30	1. 能规范给老师发邮件 2. 了解收发传真基本规范			

参 考 文 献

[1] 吕艳芝.教师礼仪的99个细节[M].2版.上海:华东师范大学出版社,2017.

[2] 隋雯,高昕.幼儿教师口语[M].4版.北京:高等教育出版社,2022.

[3] 刘素梅.教师礼仪素养[M].长春:东北师范大学出版社,2010.

[4] 何丽芳.酒店礼仪[M].广州:广东经济出版社,2005.

[5] 刘长凤.实用服务礼仪培训教程[M].北京:化学工业出版社,2007.

[6] 李季湄,冯晓霞.3—6岁儿童学习与发展指南解读[M].北京:人民教育出版社,2013.

[7] 唐志华.幼儿教师礼仪基础教程[M].上海:复旦大学出版社,2012.

[8] 金秀美.教师礼仪实训教程[M].北京:科学出版社,2012.

[9] 李昀.形象决定未来[M].桂林:漓江出版社,2010.

[10] 钱维亚.幼儿教师口语[M].3版.北京:高等教育出版社,2022.

[11] 彭林.中华传统礼仪[M].北京:中国人民大学出版社,2021.

[12] 张秋筠.商务礼仪教程[M].北京:中国商务出版社,2007.

[13] 仓野路凡,宗像智子.型男[M].北京:中国画报出版社,2011.

[14] 徐克茹.商务礼仪标准培训[M].北京:中国纺织出版社,2007.

[15] 吕彦云.国际商务礼仪[M].2版.北京:清华大学出版社,2020.

[16] 卓萍,程娟.普通话与幼儿教师口语[M].2版.北京:高等教育出版社,2019.

[17] 李跃儿.幼儿园那些事儿[M].南宁:广西科学技术出版社,2012.

[18] 余世维.有效沟通[M].北京:北京联合出版公司,2012.

[19] 周全星,崔军红.教师礼仪[M].北京:教育科学出版社,2012.

[20] 谷静敏.商务沟通与礼仪[M].青岛:中国海洋大学出版社,2011.

[21] 郑健成.学前教育学[M].上海:复旦大学出版社,2012.

[22] 向多佳.幼儿教师必知礼仪规范[M].北京:中国轻工业出版社,2018.

[23] 程克英.幼儿教师礼仪[M].重庆:西南师范大学出版社,2019.

[24] 张慧,谭甲文,杨廷树.幼儿教师礼仪[M].北京:现代教育出版社,2015.

[25] 柏桦.中国政治制度史[M].4版.北京:中国人民大学出版社,2022.

[26] 赵晓丹.幼儿园教师的沟通与表达[M].北京:北京师范大学出版社,2012.

[27] 晏红.幼儿教师与家长沟通之道[M].北京:中国轻工业出版社,2017.

[28] 潘鸿生.有效的沟通技巧——别输在不会表达上[M].北京:北京工业大学出版社,2017.

读者意见反馈

为收集对教材的意见建议，进一步完善教材编写并做好服务工作，读者可将对本教材的意见建议通过如下渠道反馈至我社。

咨询电话　400-810-0598

反馈邮箱　gjdzfwb@pub.hep.cn

通信地址　[ZK(]北京市朝阳区惠新东街 4 号富盛大厦 1 座
高等教育出版社总编辑办公室[ZK)]

邮政编码　100029

责任编辑邮箱　zhangqb@hep.com.cn

专业教师 QQ 群
[STFZ]69466119[STBZ]